TIBETAN SHADOWS © 2008 MEDIANE srl

Author: Claudio Cardelli
Published by MEDIANE srl
Editing & Art direction: Max Serio for MEDIANE srl
Marketing & Productions: Paolo Gorlani e Claudio Rossi
English translation and text adaptation by Pat Scalabrino
Desing & Artwork by Riccardelligraph

Cover photo © Claudio Cardelli

ALL RIGHTS RESERVED: No portion of this book may be reproduced mechanically, electronically or by any other means, including digital distribution without written consent from the publisher.

ISBN 9788896042052
Catalog Number: phc 15000
IBAN TRV003020

First printing October 2008
Printed in EU

Mediane and PhotoCult are trademarks of Mediane srl Italy

Mediane - www.mediane.it
Centro Direzionale Milanofiori - Palazzo A5 Strada 4
20090 Assago - Milano - ITALY
(c) & (p) 2008 Mediane srl

TIBETAN SHADOWS

Claudio Cardelli

THE DALAI LAMA

FOREWORD

Ever since travel to Tibet began to open up again nearly thirty years ago, friends have asked me whether I advised or supported their going there. My unequivocal answer has always been, "Certainly, if you can, please go to Tibet. See for yourself with your own eyes how things are, make up your own mind what circumstances the Tibetan people are living under, and when you come home, tell others what you saw." I remain convinced that the Tibetan people's desire for freedom and autonomy is a just cause and that we have the simple truth on our side.

Claudio Cardelli has long been a friend of the Tibetan people. He took my advice to heart and was among the early young travellers to visit Tibet in the mid eighties. Since then he has worked hard in many different ways in Italy to spread awareness of the plight of the Tibetan people.

This book, *Tibetan Shadows,* contains his account of his experience in Tibet and the Himalayan region, as well as his recent impressions upon revisiting Tibet after a gap of 20 years. He amply illustrates what he has to say with a collection of vivid photographs. I have no doubt that readers already interested in Tibet and the people and culture of the Himalayan region will find much here to stoke their interest, while for those who are not familiar with this part of the world, the book will serve as a reliable introduction.

20 September 2008

TIBETAN SHADOWS

Claudio, ti ricordi?
Quella barca che scendeva lenta sul fiume a Varanasi nella luce incerta dell'alba… tu a prua a fotografare le scalinate del Gange già brulicanti di pellegrini, sadhu, brahmani, gente comune. Ed io, afferrato dai primi morsi della consapevolezza di un tempo che scorreva inesorabile come la corrente delle acque che navigavamo, sussurrai rivolto più a me che a te, "Come vorrei che la nostra vita fosse come questa barca e una volta arrivata alla fine del percorso potesse tranquillamente voltarsi e tornare indietro". Quanti anni fa? Venti, venticinque? Onestamente non me lo ricordo, probabilmente eravamo nella seconda metà degli '80 del secolo scorso, quando la fine del primo decennio del 2000 ci sembrava un'epoca incredibilmente distante, remota, irreale, avvolta com'era nelle nebbie di una lontananza percepita (a torto) come siderale. Eppure nella mia memoria il ricordo di quegli attimi è rimasto vivido come se si trattasse di una scena avvenuta pochi istanti or sono.

Perdonami questo incipit così languido, e forse un filo retorico, ma confesso che il vedere la grande mole di fotografie che compongono questo tuo libro mi ha emozionato e toccato nel profondo. E non solo per la loro bellezza, poesia, capacità di raccontare persone, storie e mondi. Ma anche e soprattutto, perché in buona parte di quei viaggi eravamo insieme e ne abbiamo condiviso emozioni, fatiche, entusiasmi, stupori, malie… l'immensità dell'universo indo-tibeto-himalayano, un mondo che quando l'abbiamo percorso (non oserei dire in lungo e in largo ma per buona parte questo sì, penso potremmo dirlo) era ancora poco conosciuto al grande pubblico. Poco calpestato dalle suole delle fanterie degli eserciti del turismo di massa. Inutile ricordare che mi riferisco al Sikkim di trent'anni fa, alle feste invernali del Ladak, al Mustang dell'aprile 1992, tanto per dare qualche indicazione di massima al lettore.
Un mondo perfetto? Un paradiso? Una Shangri-la? Pas du tout. Niente affatto. Più semplicemente, ma quanto meravigliosamente, un mondo ancora in buona parte arcaico, essenziale, ciclico, innocente come può esserlo un bambino. E proprio per questo detentore di quella straordinaria qualità che è, almeno ai miei occhi, la capacità di essere stupefatto, di meravigliarsi, di entusiasmarsi. Un mondo che era, per noi che vi entravamo con rispetto e amore, un altrove temporale più che geografico. La distanza che potevamo percepire in quegli incontri non era tanto una distanza di chilometri quanto di epoche. Sia che guardassimo, nel gelo dell'inverno himalayano, i monaci del monastero di Likir celebrare le loro danze rituali o che camminassimo avvolti nel vento sui sentieri del Paese di Lo durante i giorni della mietitura dell'orzo, quando i piccoli campi coltivati brillavano come oasi dorate nel mezzo dell'oceano di grigi e rossi delle montagne circostanti, la sensazione era proprio quella di essere al centro di un impossibile viaggio nel tempo. È questo, credo di poter parlare anche per te, che ha reso quelle esperienze così magiche, potenti, incredibili.
E poi il Tibet. O meglio, tutti i Tibet che abbiamo conosciuto ed a cui ci siamo legati in un abbraccio così forte da risultare in alcuni momenti perfino soffocante. Quante volte abbiamo raccontato questi Tibet tramite la parola (io), la fotografia (tu) e l'immagine in movimento (entrambi)? Il Tibet della policromatica religiosità, dei suoni potenti e suggestivi delle cerimonie monastiche, del caleidoscopio dei mandala di sabbia, delle policromie delle danze rituali, delle esplosioni sonore dei dibattiti dei monaci. Poi il Tibet del territorio, sia quello vero e proprio sia le aree dove vivono popolazioni di cultura tibetana presenti lungo l'arco himalayano. E anche questo Tibet dei paesaggi ci ha ammaliato con l'ampiezza sterminata dei suoi orizzonti, le altezze ciclopiche delle sue vette, l'intensità struggente dei suoi tagli di luce e dei suoi colori. Infine il Tibet dell'esilio, della diaspora, dei rifugiati. Delle donne e degli uomini costretti a fuggire dal loro Paese da una delle più brutali, violente, crudeli invasioni che la storia del novecento (pur non certo

TIBETAN SHADOWS

avara in proposito) ricordi. È il Tibet dell'impegno sociale, dell'aiuto alla lotta del popolo tibetano, della solidarietà a quanti erano soli davanti al gigante cinese, dimenticati da tutti in modo particolare dai "buonisti di professione e da quanti si indignano solo a senso unico se ci sono di mezzo gli Stati Uniti. La scoperta di questo Tibet fu per me una sorta di ritorno ai giorni "militanti" della mia adolescenza e prima giovinezza e per te rappresentò la scoperta di quella dimensione politica che fino ad allora avevi conosciuto poco o niente. E forse questo è il Tibet che ci ha scosso più profondamente. Il Tibet che ci ha più entusiasmato, coinvolto e, in alcune occasioni, anche deluso. La battaglia al fianco di quanti non sono disposti ad accettare lo status quo, a chinare la schiena di fronte all'arroganza del potere militare, economico e politico di Pechino. Che continuano ad esprimere una fierezza antica e si rifiutano di farsi omologare come una delle tante "minoranze etniche" della Cina. A lottare, nonostante tutto e nonostante tutti, per il loro sacrosanto diritto alla libertà e all'autodeterminazione.

Bene, caro Claudio, ecco messe sulla carta in modo alquanto confuso e raffazzonato un po' delle emozioni che la visione delle foto del tuo libro (e la lettura dei testi che le accompagnano) mi hanno suscitato. Come sai, sto scrivendo queste poche righe nella mia casa di Bretagna guardando un cielo livido che abbraccia un oceano in tempesta e squassato dai venti. E all'immediata vigilia della prima visita del Dalai Lama in queste terre. Coincidenze significative avrebbe detto Jung e che non si fermano qui. L'Hotel de Ville (il municipio) del paese in cui vivo espone una grande bandiera tibetana insieme a quelle di Bretagna, Francia, Unione Europea. E l'altro ieri, alla sfilata dei bagadoù (le bande musicali) che chiude il bel Festival de Cournouaille a Kemper, sulla cornamusa di un suonatore sventolava una bandierina tibetana. Come il Tibet, la Bretagna perse la sua indipendenza e negli anni della Rivoluzione Francese subì un analogo martirio. Nei territori bretoni il terrore giacobino mostrò uno dei suoi volti più barbari. Esecuzioni di massa dei dissidenti, distruzione di chiese, monasteri, conventi, umiliazione delle tradizioni locali. Eppure la cultura bretone è oggi più viva che mai. Oltre quattrocento anni di dominazione e assimilazione francese non l'hanno distrutta. L'altro giorno sono andato a fare la spesa in un supermercato di Kemper ed era tutto arredato con enormi stendardi su cui era scritto, Fiers d'être Bretons. E non si tratta solo di parole. Questa fierezza, questo legame vivo ed attuale con le proprie radici, con la propria memoria lo respiri ovunque qui in Armorica ed è assolutamente reale.
Ma perché questa digressione sulla Bretagna e la sua cultura vivente? Perché vorrei chiudere con qualche parola di speranza. Voglio pensare infatti che anche la nazione tibetana sarà in grado di superare il momento presente, vale a dire la pagina più nera della sua storia millenaria. Voglio credere che i tibetani continueranno ad essere fieri di esserlo. Voglio immaginare un futuro in cui Lhasa sia tornata ad essere la capitale di un paese libero. E soprattutto vorrei che tutti fossimo consapevoli che l'eredità del Tibet non appartiene solo alle donne e agli uomini del Tetto del Mondo, ma all'intera umanità.

Ritengo che questo tuo libro, Claudio, costituisca un valido contributo per diffondere questa consapevolezza.

Piero Verni
(Quiberon, Bretagna meridionale, 31 luglio 2008)

TIBETAN SHADOWS

∧ L'autore con Piero Verni in Mustang nel 1998
  The Author with Pieri Verni. Mustang 1998
< L'autore e Piero Verni durante un'intervista con il Dalai Lama nel 1988
  The author and Piero Verni interviewing the Dalai Lama on 1988

TIBETAN SHADOWS

Claudio Cardelli

- **7** Breve capitolo sulla storia recente del Tibet
- **29** Mustang Ultimo tibet
- **45** Ladakh - Il Paese dei Valichi
- **71** Buthan
- **83** Dharamsala
- **95** Tibet 1987-2004: La conquista del West
- **113** A Fosco Maraini

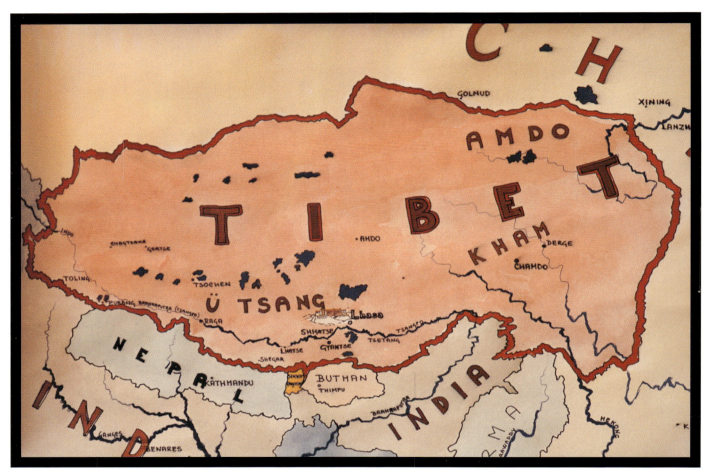

Mappa del Tibet storico prima dell'invasione cinese del 1950
Map of the hisotrical Tibet before the chinese invasion in 1950

Alba nei pressi di Gyantse
Dawn on the platou, close to Gyantse.

Ombre Tibetane

Breve capitolo sulla storia recente del Tibet

La "luce" del Tibet, della sua particolare forma di buddismo, della sua originale, strana ed arcaica cultura immutata per secoli, si è irradiata fino ad aree geografiche lontanissime dai confini del "Tibet Nazione" così come si presentava alla vigilia dell'invasione cinese, nell'ottobre 1950. Ovverosia un paese grande più o meno come l'Europa occidentale. Ma dalle pendici himalayane alla Mongolia e fino alle steppe della Siberia, nelle regioni del lago Baikal, o dalle foreste intricate dello Yunnan ai deserti pietrosi del Ladakh, la "luce" tibetana permeava anche l'esistenza di milioni di devoti non propriamente tibetani. Essi riconoscevano il Budda incarnato nel suo principio della compassione, Chenresi, nei Dalai Lama, pontefici e sovrani di un popolo arrivato alle soglie dell'era atomica rinchiuso volontariamente in un universo interiore e un sistema sociale tanto complessi quanto contradditori e affascinanti.

L'invasione dell'esercito di Mao ha spezzato una specie di strano incantesimo che proteggeva il Paese delle Nevi riportandolo alla cruda realtà: quella di un pianeta a pezzi dopo una guerra mondiale e in cui gli equilibri geopolitici più importanti erano saltati. L'arcaica, e un po' ottusa, visione del mondo di un clero troppo occupato nelle piccole e meschine faide di potere in attesa della maggiore età dell'allora sedicenne Dalai Lama, lasciò il Tibet senza alcuna speranza di fronteggiare il poderoso e fanatizzato esercito di Mao. L'impossibile convivenza con gli occupanti cinesi per nove anni, la rivolta di Lhasa del 10 marzo 1959, la fuga del Dalai Lama in India e il buddismo che si diffonde in occidente proprio grazie ai maestri e lama tibetani fuggiti alla repressione cinese... Sul Tibet e sul suo futuro calano dunque nere ombre di incertezza, dolore, abbandono. I paesi confinanti di cultura tibetana rimangono gli ultimi baluardi di un mondo che ha intrigato, a volte forse troppo, un occidente in crisi di valori e certezze interiori. Baluardi che, a differenza del Tibet originario, attaccato e sgretolato da un'occupazione militare, vedono la loro identità minata dagli implacabili processi di globalizzazione e, più spesso, da un turismo un po' becero e superficiale importatore di modelli tanto devastanti quanto di facile attecchimento. Le cupe profezie del XIII Dalai lama che parlavano di un Tibet occupato da forze oscure e antireligiose così come del nuovo spazio trovato dal buddismo nel mondo occidentale, si sono puntualmente avverate. Le luci si sono tramutate in ombre e le "Ombre del Tibet" e delle sue tristi vicende recenti ora pervadono i cuori e gli sguardi dei profughi tibetani in India, in Nepal ma anche in Europa, negli USA. Allo stesso modo inquietano le coscienze di noi occidentali, divisi fra un sogno illusorio di una "peace and love" tardo hippie, di libertà e diritti umani conquistati con la non violenza gandhiana, a cui tanto si rifà il Dalai Lama, e i fatalismo cinico della realpolitik, che ci dice che contro i potenti interessi economici attorno alla Cina nessuno può nulla. L'ostica relazione dell'Occidente

con il misterioso Tibet del secolo scorso è divenuta oggi una consuetudine infarcita di seminari, iniziazioni, mandala di sabbie colorate, in ogni dove. Da un impenetrabile isolamento, il mondo tibetano è divenuto dunque una presenza quasi familiare per una umanità inquieta e alla ricerca di nuovi riferimenti interiori.
Lama tibetani residenti in tante città e metropoli europee o americane fondano centri di Dharma, la dottrina buddista, in cui affluiscono persone di ogni censo e categoria sociale, culturale, professionale. Associazioni e support group, presenti più o meno in tutti i paesi del mondo, richiamano continuamente alla irrisolta questione tibetana. Fanno azione di lobbying tra politici, imprenditori, gente del mondo dell'arte e dello spettacolo. Richard Gere, Sharon Stone, Harrison Ford, David Crosby, Philip Glass, tanto per citarne alcuni, diventano i testimonial della "Tibetan Struggle" e affiancano il Dalai Lama nei suoi tour "politico religiosi."
Si raccolgono fondi per progetti umanitari e si promuovono adozioni a distanza dei piccoli rifugiati in India o Nepal. Il Dalai Lama gira il mondo, instancabile, alla ricerca di sostegno politico; conquista i cuori di tanta gente comune e di quelli che cercano alternative ai miti corrosi degli anni '60, ma non "sfonda" a livello di governi e potentati economici, ricattati dal sempre più arrogante ed arroccato governo di Pechino che considera Sua Santità il nemico pubblico N° 1. Tutti sembrano essere solidali con la causa, ma la "Questione Tibetana" è ben lontana da una soluzione anche di genuina autonomia che il Dalai Lama chiede da molti anni ad una Pechino sorda, e repressiva. Dharamsala, una piccola borgata indiana alle pendici dell'Himalaya, è divenuta ora la "piccola Lhasa" e ospita il quartier generale del Governo Tibetano in Esilio. Mentre scriviamo il Tibet è un focolaio di rivolta. Le manifestazioni pacifiche e inaspettate del 10 marzo 2008 a Lhasa sono state represse nel sangue e la sofferenza silenziosa di anni è esplosa in aperta ribellione.
È iniziata la guerra mediatica tra Pechino e il resto del mondo. La Cina che cerca di far passare la rivolta come una macchinazione del Dalai Lama in vista delle Olimpiadi e il Governo Tibetano in Esilio che si chiama fuori dalle responsabilità di aver in qualche modo manovrato le manifestazioni. Il Dalai Lama chiede dialogo su un problema evidente e mai risolto e Pechino risponde con insulti e richiami durissimi all'occidente a "non interferire" nei loro affari interni. La situazione è dunque molto dinamica ed è difficile sapere la sua evoluzione. Può dunque essere interessante in questo momento volgere uno sguardo al passato e alle vicende storiche e politiche del Paese delle Nevi. Raccontiamo qui brevemente, per quanto si possa, le principali fasi storiche attraverso cui si è transitati per arrivare alla situazione del Tibet odierna.

Il Tibet Cuore dell'Asia

Un Universo sconfinato, spazi immensi e disperate solitudini, montagne invalicabili e monasteri arroccati su inaccessibili speroni di roccia. Monaci, briganti, pastori, nomadi erranti sugli altipiani con mandrie di yak e scure tende, al cui interno rudimentali stufe mescolavano il loro fumo con quello degli incensi e delle lampade votive. Visi bruni e rugosi segnati dal sole degli altipiani e arcani sorrisi testimoni di una serenità interiore generata da un antico e solido pensiero religioso e filosofico. Prodigi, miti e leggende delle montagne intrisi del buddismo proveniente dall'India e del culto sciamanico, il 'Bon, che albergava un tempo sul Tetto del Mondo.

Questo, più o meno, è come l'immaginario popolare occidentale ha vissuto per almeno tutto il secolo scorso il misterioso mondo tibetano… Più recentemente il Tetto del Mondo è stato etichettato come una "teocrazia feudale!". Con questo termine semplicistico è stato spesso liquidato quel complesso sistema di governo che per secoli ha guidato la nazione tibetana. Un sistema di governo dove si mescolavano pragmatismo e metafisica, religione e secolarità, che vedeva nel Dalai Lama la sua figura centrale ma che contemplava una struttura consigliare complessa ed articolata, il Kashag, dove confluivano religiosi e laici.
Se per un occidentale è difficile comprendere o accettare, alle soglie del terzo millennio, un tale sistema di potere è indubbio che, sia pur con risvolti a volte contraddittori, nel corso dei secoli la società tibetana si è distinta per un generale equilibrio ed un'armonia sociale che proveniva fondamentalmente dal pensiero buddista. Tale pensiero permeava, e permea tuttora nonostante il prepotente "moderno" si sia inserito in molti strati della società, gran parte dell'esistenza nel mondo tibetano e gli conferisce peculiarità e unicità.
L'immagine del mondo tibetano è indissolubilmente legata all'immagine dei monasteri arroccati su inaccessibili speroni di roccia o adagiati sui fianchi delle montagne. Inquietanti nell'aspetto ed enormemente attrattivi, sembrano, per dirla con Alexandra David Neel: "laboratori misteriosi ove operano forze occulte". Ma al di là delle suggestioni metafisiche i monasteri del Tibet sono stati per secoli il centro del sapere universale sugli altipiani. Ai monasteri era, ed è ancor oggi in parte, delegato tutto l'insegnamento non solo religioso, ma anche medico, artistico, astrologico. Essi organizzavano le festività e determinavano quella presenza forte dell'elemento religioso buddhista anche nel vivere quotidiano del mondo laico. I frammenti della storia antica a noi pervenuta ci raccontano l'altipiano del Tibet abitato da feroci popolazioni nomadi. Capi clan conducevano le loro tribù lungo spazi sterminati assieme a greggi ed armenti. Ritmi di vita e spazi

△ Veduta del Potala
The Potala Palace

TIBETAN SHADOWS

∧ Novizi all'interno del monastero di Drepung
Novices inside the Drepung Lamasery

fisici e temporali che probabilmente influenzano inconsapevolmente la predisposizione alla introspezione e alla contemplazione. Alcuni di questi capi iniziano a strutturare un potere e un desiderio di dominio e a fondare delle vere e proprie dinastie. Infatti già attorno all'VIII secolo il Tibet si presenta come uno stato in forte espansione sotto la guida della dinastia di Yarlung. Nel 600 circa nasce il primo modello di società stanziale sul tetto del mondo. I primi edifici in muratura (lo Yumbulhakang di Tsetang è ancora in piedi anche se più volte ricostruito) e i primi rudimenti del culto buddhista che viveva in India la sua massima espansione, sono di questo periodo. Song Tsen Gampo (569-649), considerato il vero fondatore della potenza tibetana, aveva due mogli: Briguti Devi, nepalese, che portò con sè scritture buddhiste e immagini religiose e Weng Cheng, cinese, a cui si deve la grande statua del Buddha Sakyamuni, conservata e venerata ancor oggi nel tempio di Jokhang a Lhasa.

Fu Songtsen Gampo che decise di inviare in India una delegazione guidata dall'erudito Thonmi-Sambhota, con il compito di adattare al tibetano una delle scritture sacre in uso in India. Secondo Maraini questo costitituisce il primo importante passo di un'opzione culturale e religiosa che porterà il Tibet sempre di più a ruotare attorno al mondo indiano piuttosto che a quello cinese. L'apogeo dell'impero tibetano fu raggiunto sotto Tri Son Detsen che vide nel Buddhismo il veicolo per unificare, nella cultura e nel pensiero filosofico e religioso, tutto il mondo tibetano. Nell'821 Trison Detsen stabilì con l'imperatore della Cina un editto che, conservato su una stele a Lhasa limitava con molta chiarezza i confini e l'autorità delle due potenze: "… tutto ciò che si trova ad oriente appartiene alla grande Cina… tutto ciò che si trova ad occidente costituisce senza possibilità di contestazione il paese del Grande Tibet."

Egli, affascinato dalla dottrina che conosceva grande splendore nel subcontinente indiano, chiamò dall'India alcuni maestri come Shantarakshita, che però incontrò diverse difficoltà con i "rozzi montanari del Re", e Padmasambawa, un grande yogi e maestro tantrico originario dello Swat (odierno Pakistan del nord) che attraverso i suoi potenti esorcismi ottenne immediato e travolgente successo.
Tutta la vicenda di Padmasambawa e della sua "missione in Tibet" è divenuta una sorta di epopea intrisa di prodigi, potenti esorcismi, miracoli. Egli, che nel Tibet viene chiamato "Guru Rimpoche" (prezioso maestro)

attraversando tutta l'area del Tibet meridionale e molte località della catena Himalayana, disseminò il suo percorso di templi, monasteri, chortèn e caverne sacre. La storia si confonde con il mito, e la biografia del "Guru nato dal Loto" è uno dei testi ormai sacralizzati del mondo religioso tibetano.

A lui si deve la fondazione del monastero di Samye, nel Tibet centrale, dove si narra che avvenisse la più spettacolare tenzone esorcistica di Padmasambawa contro le forze avverse, probabilmente sacerdoti Bonpo, che popolavano il Tetto del Mondo. Più tardi lo stesso re Tri Son Detsen, per mettere fine alle dispute tra i maestri, prevalentemente cinesi, fautori di una forma di buddhismo che contemplava l'illuminazione "improvvisa" il "Chan" (che diverrà poi lo Zen in Giappone) e i seguaci della via "graduale" indiana, istituì una specie di concilio a Samye e a Lhasa. Fu Kamalasila che guidò i maestri indiani ad una vittoria dialettica totale che costrinse i cinesi a tornarsene scornati in patria.

Dalla fine della dinastia di Yarlung e con il ripristino dell'autorità Bonpo da parte del sovrano Lang-darma il buddhismo conosce un periodo di grande crisi. Persecuzioni ed emarginazione fecero precipitare il Tibet in un buio medieovo. La dinastia finì anche se rampolli della casa reale in questo periodo fondarono i due importanti regni di Guge e del Ladakh nel Tibet occidentale. In poco tempo il paese finì con l'essere in mano a capi locali che governavano piccoli territori in totale anarchia. Il buddhismo sopravvisse in piccole aree del Tibet orientale e solo attorno all'anno mille alcuni maestri tibetani come Rinchen Zangpo si recarono in India dove soggiornarono a lungo tornando con numerosi testi sacri. Allo stesso tempo maestri indiani come Atisha salirono al Tibet a portare la loro predicazione. Questo periodo coincide con le prime invasioni islamiche dell'India che gettarono il paese nella totale devastazione. Fu allora che molti maestri indiani preferirono abbandonare il loro paese per trovare rifugio nel Paese delle Nevi. Nel contempo anche il Tibet generò un gran numero di menti spirituali di altissimo livello tra cui Marpa (1012-1096) Milarepa, il "San Francesco tibetano" (1040-1123), Gampo-pa (1079-1153), Bronton (1005-1064) ed altri. Tutti gli avvenimenti sopraccennati (la scelta di una scrittura alfabetica simile al sanscrito, la vittoria della corrente buddhista indiana al concilio di Samye e Lhasa, il Tibet divenuto il rifugio del buddhismo perseguitato dai musulmani in India) fanno chiaramente capire come nel corso dei secoli il mondo tibetano sin dall'inizio della sua storia, abbia conosciuto una sorta di affinità culturale e religiosa verso il mondo indiano piuttosto che con quello cinese da cui invece è andato sempre più alienandosi.

Il Dalai Lama

Il Dalai Lama è il capo politico e spirituale del Tibet. Il Dalai Lama che ormai tutto il mondo ha imparato ad amare per le sue doti di gentile e saggia attitudine alla non violenza, alla sopportazione e alla diplomazia si chiama Tenzing Gyatso: egli è la XIV incarnazione terrena di Avalokiteshvara, bodhisattva della compassione e "patrono" del Tibet. I tibetani lo chiamano familiarmente "Kundun", "la presenza". Vive in India dal 1959 nel piccolo villaggio montano di Mc Leod Ganj, sopra Dharamsala: Premio Nobel per la pace nel 1989, il Dalai Lama sta conducendo da oltre quarant'anni la sua pacifica lotta per restituire al popolo tibetano la patria, la dignità di nazione e il diritto di poter vivere secondo le proprie attitudini e aspirazioni. Come nasce la figura del Dalai Lama?

Nel 1200 l'impero mongolo era al suo apogeo. In Tibet si andavano da tempo delineando quelle che poi divennero le varie scuole o "lignaggi" del buddhismo tibetano. Molti di coloro che rimasero fedeli agli insegnamenti originari di Padmasambawa finirono col confluire in un lignaggio chiamato Niyma-pa (gli antichi) mentre Atisha, il maestro arrivato dall'India, dette inizio ad una linea di maestri che fondarono la scuola Kadam-pa. Attorno alla metà dell'anno mille un principe fondò un monastero in grande stile, Sakya, che nel tempo divenne anche un importante centro di potere. Nel momento in cui i mongoli sembrava volessero invadere il Tibet, gli abati di Sakya, abili e astuti uomini di governo oltre che dotti prelati, furono incaricati di trattare con i potenti Khan.

Il Sakya Pandita Kunga Gyaltsen giocò le sue carte con grande abilità e cedendo una parte del suo territorio come protettorato, si fece nominare agente e rappresentante del Khan mongolo, una specie di "Vicerè teocratico delle Steppe" (MARAINI - *Segreto Tibet*). Quando i mongoli conquistarono la Cina la posizione degli abati di Sakya divenne ancora più importante. Essi furono nominati "Tishè", precettori imperiali, stabilendo così quel rapporto tra abati ed imperatori che nei secoli conoscerà intensità variabili. In pratica il pontefice tibetano si offriva come intercessore dell'imperatore per gli "affari divini" e l'imperatore ricambiava con garanzie di protezione terrena. Con la caduta dell'impero mongolo anche il potere dei Sakya decadde e, fino al 1959, essi continuarono ad esercitare la loro influenza in una area limitata della regione di Tsang e in alcune regioni del Nepal settentrionale (Mustang). Nei tre secoli dalla fine dell'impero mongolo alla ascesa al potere dei Ching (dinastia manciù degli inizi del 1700) il Tibet conobbe una totale indipendenza anche se i Ming più volte reclamarono diritti su alcuni territori. In questo lungo periodo si consolidò quella società monastica che alla fine coniugò a sé il potere spirituale e temporale. Le scuole buddiste tibetane conobbero alterne vicende. I già citati Nyimapa si consolidarono in piccole comunità monastiche a carattere fortemente iniziatico e come tali sono rimaste.

I grandi asceti e mistici Marpa, Milarepa, Gampopa diedero invece origine ad una linea di reincarnazioni che videro nella figura del cosiddetto Karmapa il loro leader. Ma è al grande riformatore Tsong Kapa che si deve la creazione della scuola Gelug-pa ("quelli dell'ordine virtuoso") che darà poi origine alla creazione del Dalai Lamato. Tsong Kapa è una figura centrale del buddhismo del Tibet. Egli promosse la costruzione del grande monastero di Ganden, vera e propria città monastica, che in alcuni momenti arrivò ad ospitare diecimila religiosi. Più avanti suoi discepoli completarono l'edificazione dei grandi complessi di Drepung e Sera, quintessenza del potere temporale e spirituale della scuola da lui fondata: I Gelug-pa.

Per quasi due secoli, dal XV sec al XII sec, la storia del Tibet non è altro che la storia della lotta per la supremazia fra le scuole non riformate, in particolare la Karmapa, e la emergente scuola Gelug-pa popolarmente chiamata anche del "cappello giallo". Si consolidò in questo periodo, ufficialmente nel 1475 con il riconoscimento di Gedun Gyatso successore di Gedun Trupa nipote di Tsong Kapa, anche la tradizione di riconoscere in un bambino, nato entro quaranta giorni dalla morte del predecessore, il nuovo venerabile maestro di un particolare monastero. Questa tradizione diverrà poi lo strumento, che coniugava le esigenze della cooptazione e del concetto di reincarnazione già allora molto popolare, per il riconoscimento dei Dalai Lama e di tutti i grandi maestri del mondo tibetano. Ma i primi Dalai Lama furono "retroattivi".

Fu il terzo successore di Tsong Kapa, Sonam Gyatso, che affascinò a tal punto il principe mongolo Althan Khan da divenirne il mentore spirituale. Egli convertì al buddhismo molti dei suoi feroci cavalieri mongoli. Il principe lo chiamò così con l'appellativo di Dalai "Oceano" sottinteso "di saggezza". Il titolo fu poi esteso, appunto retroattivamente, agli altri successori di Tsong Kapa, Gedun Trupa, il primo Dalai, e Gedun Gyatso, il secondo.

Morto Sonam il sucessore venne poi trovato "con metafisica diplomazia"(MARAINI) tra i nipoti dello stesso Althan Khan. Era il IV Dalai Lama, fu chiamato Yonten Gyatso. Lasciò il suo corpo nel 1616 ma colui che diede il massimo potere e prestigio alla scuola Gelug pa e al Tibet fu Lobsang Gyatso, il V Dalai Lama "Il Gran quinto". Non ancora ventenne il Gran Quinto si trovò ad avere rapporti con il nuovo principe delle

steppe Gushri Khan. Il giovane Dalai riuscì ad affascinare il Khan mongolo e ad ottenere un'alleanza. Con l'aiuto delle cavallerie mongole il Tibet orientale, ancora in mano ai sacerdoti bonpo, fu sottomesso. La provincia di U-Tsang fu riunita e pacificata e il Khan, ormai signore di gran parte delle provincie del Tibet, fece dono di esse al Gran Quinto. Ecco che il Tibet sotto il v Dalai Lama costituisce ormai una realtà politica, religiosa, artistica e culturale di grande rilevanza nel panorama asiatico e, soprattutto, completamente distinta da quella cinese. È in questo periodo che prendono forma, crescono in dimensioni e si moltiplicano i simboli in pietra del potere teocratico del clero buddista: i "Gompa".

Se osserviamo ancora oggi ciò che rimane degli oltre seimila monasteri e templi buddhisti distrutti durante il decennio allucinato della rivoluzione culturale, non possiamo non rimanere impressionati dal grande senso di potente e grandioso fascino che questi edifici esercitano. Le architetture del Tibet sono elegantemente inserite nell'ambiente circostante. Le fortezze sembrano emanazioni naturali delle rocce da cui nascono. Oltre a Ganden, Drepung e Sera, probabilmente i monasteri più vasti del mondo, impressionanti erano il Labrang, nel Tibet orientale, Il Tashillumpo, a Shigatzè sede del Panchen Lama, la seconda autorità in Tibet dopo il Dalai Lama, il complesso in stile mongolo di Sakya e, naturalmente, l'edificio che più di tutti ha simboleggiato il Tibet nei secoli: il Potala di Lhasa che, nella struttura arrivata ai nostri giorni, fu completato dal Gran Quinto. Anche nelle regioni Himàlayane di cultura tibetana si trovano esempi, minori come mole ma non meno affascinanti, di architetture monastiche di gran valore artistico e architettonico. È il caso di Thiksey, nel Ladakh o di Karsha e Phuktal, nello Zanskar, stupendi esempi di agglomerati di costruzioni residenziali e di culto ancor oggi intatte nella struttura e nella funzione. Vale la pena di ricordare qui una reincarnazione "particolare".

Tra i Dalai Lama, il "caso" del sesto, Tsangyang Gyatso, costituisce uno degli episodi più incredibili e affascinanti tra le vicende di incomprensibile metafisica che riguardano il Paese delle Nevi. Fu scelto dal reggente che, tenendo nascosta per oltre dieci anni la morte del Gran Quinto, aveva ulteriormente allargato i confini del Tibet fino al regno occidentale di Guge. Appena grandicello il giovane Dalai si rivelò intelligentissimo e astuto ma non nel senso dell'ascetismo e della diplomazia politica. Al contrario egli eccelse nella poesia e nella composizione di musiche e motti. Costantemente attratto dal fascino femminile scrisse tra le più belle poesie di un amore tormentato e impossibile. Egli creò in Tibet un nuovo genere letterario. Erano canti di folclore e di amore che, pur esistendo nella tradizione popolare, non avevano mai ricevuto onore e dignità. Le poesie del sesto divennero popolarissime e fanno ancor parte della straordinaria eredità culturale del Tibet.

Tante cose con cura trascritte con il più nero inchiostro,
furon poi cancellate dall'acqua.
I ghirigori segreti del cuore mai e poi mai li cancelli neppur volendo
L'augusto volto del Lama su cui vorrei meditare rifiuta di apparirmi
e il dolce profilo di lei, pur scacciato, rinasce in chiaro splendore.
Se rispondo ai sentimenti di lei la religione patisce. Se vago tra erme montagne
il cuore di lei s'addolora.

Il reggente Senge Gyatso impose al giovane Dalai di rinunciare alle proprie prerogative spirituali. Un provvedimento inutile. I tibetani erano sconcertati. Alcuni sostenevano l'evidente errore, altri giuravano che il Dalai si comportava così per metterli alla prova. Comunque lo amavano molto. Intanto la dinastia Ming, dopo due secoli, cominciava a dar segni di decadenza ed il potere stava per passare a tribù della Manciuria che in poco tempo presero il potere spodestando i vecchi imperatori. Come sempre accade la nuova dirigenza, i Ch'ing, pur non essendo cinese, sentì il bisogno di "sistemare" quei territori che in qualche modo avevano fatto parte dell'influenza cinese. E il caso del Dalai Lama "aberrante" era un buon pretesto per ridimensionare l'influenza che ormai Lhasa esercitava in mezza Asia centrale.

I Ch'ing riconquistarono il Sinkiang e cercarono subito di riaffermare una qual forma di sovranità sul Tibet. Inviò un piccolo e ben organizzato esercito su Lhasa. Spodestò il reggente e decretò il sesto una incarnazione "spuria". Con l'inizio della dominazione manciù in Cina anche per il Tibet si profilarono all'orizzonte nuove e poco allegre vicende. Il capo della tribù degli Zungar, rivale di Lahazang Khan, piombò su Lhasa con un esercito di feroci e biechi saccheggiatori. Mise il settimo Dalai Lama, ancora fanciullo, sul trono del Potala, e occupò la città per tre durissimi anni. A questo punto ai tibetani non rimaneva che chiedere aiuto al Kangh Si, signore del celeste impero. Nel 1720 le truppe cinesi entrarono per la prima volta a Lhasa.

TIBETAN SHADOWS

∧ Scene di strada a Gyantse
  Steer scene in Gyantse
< Tempio nel monastero di Sakya
  Temple inside the lamasery of Sakya

Il Tibet Oggi

Da quanto detto finora appare ben chiara una storia e un percorso culturale e religioso che ben delineano il concetto di "nazione tibetana". Volendo approfondire quella che oggi viene ormai generalmente chiamata "La Questione Tibetana" contemporanea, è necessario infine prendere in considerazione alcuni elementi di valutazione. Da un lato la Cina continua a sostenere di aver maturato diritti politici sul Tibet nel corso addirittura di millenni (i tempi cinesi sono sempre molto lunghi…) In qualunque pubblicazione cinese che riguardi il Tibet è divenuto quasi un'ossessione il ritornello della principessa Weng Cheng andata in sposa al re tibetano Song Tsen Gampo e seguita da un grande carro trasportante la statua del Buddha ancor oggi conservata al Jokhang di Lhasa. Allo stesso modo è innegabile, e per i cinesi è un gran vanto, che durante la dinastia Ch'ing dal 1720 al 1912 la Cina esercitò nei confronti del Tibet una forma di larvato protettorato. Dopo la caduta dell'impero manciù dei Ch'ing è però altrettanto vero che dal 1912 al 1951 il Tibet, sotto il XIII Dalai Lama, era di nuovo una nazione grande quanto l'Europa occidentale, totalmente indipendente e che, tra l'altro, stampava monete e francobolli, rilasciava passaporti, ed esercitava pieni controlli di frontiera. Così come è altrettanto innegabile che ci fu un periodo della storia (IX secolo) in cui l'impero tibetano giunse alle porte di Pechino. In ogni caso dal punto di vista del diritto internazionale il Tibet viene oggi riconosciuto come una nazione indipendente "De Jure e De facto" (cfr. M. VAN WAALT - *The Status of Tibet*) e le varie commissioni di giuristi internazionali ammettono questa identità.

Resta comunque chiaro che se valutassimo i diritti di una nazione sull'altra in base alle vicende storiche passate, l'Inghilterra potrebbe rioccupare l'India, la Francia l'Algeria o l'Indocina, gli spagnoli potrebbero rivolgere la loro attenzione all'Italia che a sua volta, rifacendosi all'impero romano, occuperebbe mezzo Mediterraneo e via di questo passo. Purtroppo lo strapotere cinese, il senso di inattaccabilità che la nomenclatura di Pechino è riuscita a comunicare in America ed in Europa e l'illusoria credenza di un suo ruolo cruciale nel futuro benessere economico dell'Occidente, ma già oggi vediamo qual è l'impatto sull'economia occidentale del regime schiavista dei nuovi mandarini, hanno portato anche il Governo in Esilio del Tibet e il Dalai Lama stesso ad una totale e rassegnata abdicazione alla causa dell'indipendenza del Paese delle Nevi. Questo in nome di una illusoria "genuine authonomy" che Pechino dovrebbe concedere al Tibet (non si vede perché al Tibet si e non al Sinkiang o alla Mongolia interna…) Questa posizione di resa totale ha suscitato non poche reazioni di malcontento e di critica anche all'interno della stessa comunità tibetana, in esilio e non. In realtà la presenza cinese in Tibet, afferma Fosco Maraini: "fa parte di un quadro superato della storia mondiale, quello delle conquiste imperialiste e dei domini coloniali, perciò può mantenersi soltanto con la cruda forza priva di qualsiasi legittimità. E il comportamento bestiale dei cinesi nei confronti dei tibetani fa addirittura supporre che essi avvertano il male sostanziale dell'occupazione nel profondo delle loro coscienze."

Certo è che i pochi viaggiatori che riuscivano a penetrare la misteriosa Terra delle Nevi anche nel secolo scorso si trovavano immersi in una dimensione arcaica e struggente. Un vero viaggio nel tempo veniva intrapreso da chi avesse avuto la ventura di affacciarsi dal valico del Natu La in Sikkim sulla lunare piana di Tuna a 4500 metri di quota ma alle falde di vette di 7-8000 metri. É impressionante l'idea che negli anni '40 all'inizio dell'era atomica nel Tibet fosse sconosciuto l'uso della ruota. Sì, proprio così, in Tibet si viaggiava a piedi e a cavallo, le merci venivano trasportate dagli yak e singolare è la storia delle due Austin fatte portare smontate dall'India dal XIII Dalai Lama. Furono montate a Lhasa da un meccanico indiano e non percorsero mai un metro: non c'erano strade. Le carcasse delle due Austin giacciono ancora, ricoperte dalla vegetazione, in un angolo del giardino del Norbulingka, la residenza estiva dei Dalai Lama.

Questo paradosso rispecchiava una scelta precisa che aveva mantenuto il Tibet in una situazione socio-politica inamovibile per secoli.

Era, come dice Heinrich Harrer, una nazione "intenzionalmente non progredita" e che aveva rivolto tutte le sue attenzioni al progresso spirituale. Un terzo della popolazione maschile era in monastero, e certo non erano tutte vocazioni, ed ai monasteri era delegato tutto il sapere religioso, filosofico, medico, matematico, artistico. Non esistevano scuole laiche e molti funzionari o aristocratici che desideravano una educazione di carattere moderno venivano inviati in India. Dai monasteri veniva anche la gestione delle festività quasi sempre a carattere religioso con spettacolari rappresentazioni di danze rituali, i Cham, esposizioni di tanke gigantesche, riti, offerte, preghiere collettive. L'unica forma di spettacolo popolare laico era rappresentata dall'Ache Lhamo una sorta di teatro in piazza rappresentato da compagnie erranti di villaggio in villaggio a raccontare le storie e i miti della tradizione popolare tibetana.

Per valutare e giudicare la società tibetana dovremmo dunque privarci dei preconcetti tipici del forte eurocentrismo che caratterizza il mondo occidentale e accettare l'idea che la felicità di un popolo non si può imporre attraverso modelli economici e sociali a lui estranei. In fondo al Tibet è successo un po' questo. Nella Cina di Mao era insopportabile l'idea che proprio lì accanto (si fa per dire… sei mesi di viaggio!) tra quelle inospitali lande montagnose, vi fosse un popolo arretrato materialmente che si occupava principalmente delle cose dello spirito. Non che il Tibet fosse un paradiso in terra o la mitica Shangri La idealizzata da James Hilton negli anni '30. Era semplicemente un pezzo di medioevo buddista arrivato pressoché intatto alle soglie

dell'era atomica e per questo andava "liberato" dai veleni della religione ed avviato ad una luminosa serie di riforme radicali che avrebbero migliorato decisamente il tenore di vita, il reddito pro capite, l'uguaglianza sociale e tutte quelle cose delle quali ai tibetani, che non avevano mai conosciuto miseria vera e propria e tensioni sociali, importava poco o niente. E tutto questo senza minimamente considerare comunque la qualità intellettuale del pensiero buddhista e della società tibetana anche ai livelli più popolari ma, altresì, considerando il popolo tibetano una accozzaglia di barbari e superstiziosi montanari.

Con la caduta dell'Impero manciù dei Ch'ing agli inizi del secolo scorso ed il precipitare della Cina nel caos dei "Signori della Guerra" il Tibet si ritrova nella fortunata occasione di ribadire la propria indipendenza. L'astuto XIII Dalai Lama gioca abilmente le sue carte tra le mire espansionistiche del Raj britannico, che con una spedizione militare fino a Lhasa nel 1907 cerca di imporre un trattato commerciale ai riluttanti lama, e le manovre russe impegnate nel cosiddetto "big game" di Kiplinghiana memoria. Trattati e confini ridefiniti vedono il Tibet rivivere un ultimo bagliore di indipendenza. Il governo del XIII Dalai Lama stampa francobolli, batte moneta, rilascia passaporti, mette insieme un esercito più di facciata che di sostanza. Adotta la suggestiva bandiera che anche oggi noi vediamo alle manifestazioni anticinesi davanti alle ambasciate o per le strade delle capitali europee. Ma le cose in Cina stanno cambiando velocemente, Il "grande timoniere" Mao alla testa di un esercito impressionante per numero di uomini ed equipaggiamenti, prende il potere nel 1948 e dichiara la nascita della Repubblica Popolare Cinese. Afferma che una delle priorità della nuova nazione è la liberazione del Tibet dalle forze imperialiste occidentali.

Fu nel 1950 che, per voce del generale Chu Teh Zhu Deh, la Cina rese pubblica la sua decisone di "liberare" il Tibet. I cinesi forzarono le frontiere in due punti e l'esercito tibetano, armato di rudimentali fucili ad avancarica che rispecchiavano assieme alle pittoresche uniformi lo stato di arretratezza tecnologica del paese, opposero una eroica ma inefficace resistenza. In pochi giorni l'esercito cinese ebbe via libera ed avanzò fino a Lhasa che raggiunse nell'aprile del 1951. L'isolazionismo del Tibet, la vacuità di potere e le faide interne seguite alla morte del XIII Dalai Lama nel 1933, l'incapacità di cogliere la nuova realtà politica scaturita alla fine della seconda guerra mondiale trovarono il paese indifeso di fronte all'aggressività della neonata Repubblica Popolare Cinese. Dunque l'esercito tibetano oppone una misera ma eroica e inutile resistenza. Il giovane Dalai Lama, l'attuale, non ancora insediato viene messo al riparo a Yatung ai confini col Sikkim. Inizia un balletto di disperate delegazioni che vengono inviate in India a cercare accordi, aiuti. Tutto ormai precipita. L'ambasciatore cinese a Delhi consiglia di inviare le delegazioni direttamente a Pechino.

TIBETAN SHADOWS

Lì, dopo diversi giorni di segregazione e impossibilitata a comunicare con il governo di Lhasa, la delegazione viene obbligata a siglare con dei sigilli falsificati un accordo in diciassette punti che, se da un lato garantiva mielosamente varie forme di autonomia al Tibet, ne decretava di fatto la sparizione come nazione indipendente. Purtroppo dobbiamo ammettere che nella situazione di oggi l'applicazione dei 17 punti, siglati peraltro anche da Pechino, sarebbe una ben accettabile soluzione per il Tibet. Il mondo occidentale comunque, di fronte a questo sopruso, non alzò un dito.

Seguirono dieci anni di tormenti durante i quali i cinesi sottoposero il Tibet a tutte le angherie e vessazioni possibili. La convivenza era una vana speranza: due mondi antitetici si scontravano sul Tetto del Mondo.
Nel marzo del 1959 la tensione era al suo apice. Si era sparsa la voce che i cinesi volessero rapire il Dalai Lama. Tutta Lhasa si era riversata alla cattedrale del Jokhang per assistere agli esami religiosi del giovane sovrano. Dopo una ventina d'anni di studi il Dalai Lama finalmente consegue il titolo di Geshe, dottore in teologia, e lo farà nel modo più brillante dibattendo con i più venerati e importanti maestri. In mezzo a tutti questi preparativi irrompe la visita di due ufficiali subalterni cinesi che chiedono una immediata accettazione di un invito, per il Dalai Lama, ad assistere ad uno spettacolo teatrale organizzato dal comandante supremo delle forze cinesi in Tibet. Il rifiuto è senza appello, pur diplomaticamente gentile. Si proporrà un data entro dieci giorni. Il Dalai Lama ha altro a cui pensare. La reazione cinese è velenosa e si mette in moto un implacabile ingranaggio. La visita viene fissata per il 10 marzo ma Sua Santità si deve presentare solo e senza scorta armata. I sospetti divengono certezze e gli oltre 100. 000 pellegrini presenti a Lhasa divengono il catalizzatore di una reazione anticinese mai vista fino ad allora. Il popolo del Tibet è deciso a proteggere il suo giovane sovrano e guida spirituale. Iniziano qua e là piccole scaramucce che culminano con alcuni morti davanti alla missione indiana. Ai funerali delle vittime la collera dei tibetani è incontenibile. Il Dalai Lama annuncia che non accetterà l'invito. Il fermento si trasforma in agitazione e poi in aperta rivolta. I cinesi furenti continuano a fare passi falsi attraverso grossolane e intimidatorie missive. Intanto rinforzi armati continuano ad arrivare a Lhasa. Il Norbulingka, residenza estiva del Dalai Lama, è circondato e sorvegliato da monaci. Verso sera gli altoparlanti cominciano a vomitare sarcastici insulti e minacce. Poi il finimondo. Racconta un vecchio monaco in una testimonianza raccolta da Claude Levenson: "fu un diluvio di frastuoni, di ferro, di proiettili, di fumo, di urla di terrore e un odore di sangue. Il baccano si placò verso l'alba, quando su un paesaggio di morte sorse un giorno livido, del color della polvere. Dai corpi aggrovigliati salivano lamenti, rantoli, sospiri,

alcuni feriti supplicavano di essere finiti… Con alcuni monaci ci eravamo messi a rivoltare tutti i cadaveri per il timore che sua santità fosse tra le vittime… " Ma il Dalai Lama è in viaggio travestito da soldato e protetto da due robusti guerrieri Khampa alla volta dell'India. Per il Tibet inizia il periodo più tragico della sua storia.

Negli anni che seguirono più di un milione di tibetani morirono in seguito alla repressione cinese e la quasi totalità dei templi e monasteri andò distrutta. Il Dalai Lama, assieme a oltre centomila esuli, trovò rifugio a Dharamsala, in India, dove vive tuttora. Il Dalai Lama nel 1959 fu seguito da decine di migliaia di uomini, donne, anziani, bambini che arrivavano nelle afose foreste indiane stremati dalla fatica, dagli stenti e dal freddo degli alti passi himalayani. Trovarono una accoglienza calorosa, l'antico legame di amicizia con l'India non poteva essere rinnegato, ma anche un grande imbarazzo politico. Nel tempo si insediarono in diverse località che il governo assegnò loro per poter ricostruirsi una esistenza decorosa. Furono anni durissimi. I tibetani in un primo tempo furono impiegati nella costruzione delle alte strade himalayane. Senza tecnologia ma solo con le nude mani il popolo del Tibet esule affrontò quei lavori durissimi. Col passare degli anni però la grande iniziativa e laboriosità dei tibetani furono in grado di ricostruire, oltre ad una realtà economica lavorativa di tutto rispetto, l'essenziale della loro eredità culturale. Oggi nell'India del sud, Karnataka, troviamo gli insediamenti più importanti come numero di rifugiati. A Mungod e Bylakuppe sono stati ricostruiti i grandi collegi monastici di Ganden e Sera e la microsocietà tibetana si è riunita nei suoi valori fondamentali. Anche nel nord dell'India sono nati importanti insediamenti. Himachal Pradesh e Uttar Pradesh ospitano i principali centri ma nche nel remoto Ladakh ci sono campi profughi di tutto rispetto come quello di Choglamshar. A Mussorie e Dhera Dun troviamo i più importanti centri educativi religiosi e laici. Qui vengono a studiare anche i ragazzi di molte aree himalayane fuori dal Tibet, Ladakh, Zangskar, Mustang ecc. Da un certo punto di vista l'arrivo dei profughi assieme a quello di importanti lama e maestri ha ridato agibilità culturale a remote regioni per le quali Lhasa era terra lontana e inarrivabile.
Il Nepal ospita un cospicuo numero di rifugiati che, in particolare a Kathmandu, hanno creato una importantissima realtà economica legata al mondo delle spedizioni e dei trekking. Il centro che oggi viene, come già detto, considerato da tutti come la "Piccola Lhasa ", capitale politica e morale del Tibet in esilio, è Dharamsala, nella alta valle di Kangra, sede del governo Tibetano in esilio e residenza del XIV Dalai Lama, Tenzing Gyatso. Appare chiaro dunque che se oggi la cultura del Tibet in qualche modo è riuscita a sopravvivere al terremoto dell'occupazione cinese, lo si deve al lavoro, alla tenacia, all'amore dei rifugiati,

della gente comune, per le proprie radici e la propria cultura. A loro va il nostro supporto, la nostra amicizia e la nostra solidarietà. A dispetto della realpolitik e dei penosi e tristi momentanei compromessi della storia. È certo che la presenza della cultura tibetana nel mondo di oggi non sarà mai più quella dello Shangri La amato e vagheggiato da un occidente inquieto e senza riferimenti interiori.

Forse spogliato delle sovrastrutture rituali e simboliche rimarrà solo l'essenza dell'insegnamento del Buddha che ha modellato nei secoli una società tanto originale quanto affascinante. Non sarà facile per un occidente consumista ed affamato di emozioni più che di valori, rinunciare alla parte esotica e suggestiva della koinè tibetana, ma per chi ci riuscirà sarà sicuramente un arricchimento verso il traguardo di una migliore consapevolezza esistenziale e, di conseguenza, di una più profonda serenità interiore. Per i tibetani in Tibet e per quelli sparsi per il mondo rimane l'esile speranza di un cambiamento radicale all'interno della Cina che, senza precipitare nel caos dei "Signori della Guerra" o conoscere le frammentazioni e le separazioni dell'ex impero sovietico, sarà l'unica strada per una vera autonomia del Tibet e per la salvezza di un mondo da ombre che stanno per diventare notte fonda.

∧ Pellegrini a Sakya
   Pilgrims in Sakya
 > Vecchia pellegrina a Tsurpu guarda la foto del Dalai Lama
   An old pilgrim lady look at the Dalai lama picture
 ≫ Vecchia peelgrina a Tsurpu, sede del Karmapa
   Old pilgrim lady in Tsurpu, home of Karmapa

TIBETAN SHADOWS

△ Il Villaggio di Kagbeni, porta del Mustang, 1992
The Village of Kagbeni, entrance of Mustang, 1992

Mustang Ultimo Tibet

"L'aereo da Jumla che stiamo aspettando è caduto subito dopo il decollo" La notizia ci viene data dall'imperturbabile funzionario della piccola pista di atterraggio di Jomoson a 2800 metri nel Nepal centrale. "Ma - aggiunge - nessun problema, ne arriverà un altro da Pokhara; sapete, questi piccoli Twin Otter li caricano troppo, qualche mancia al controllore, qualche chilo in più e poi succede come oggi: dopo pochi metri dal decollo, giù nel bosco! per fortuna non è morto nessuno". Esterrefatti da tanta disinvoltura non possiamo fare a meno di guardare e soppesare i nostri bagagli ai lati della pista erbosa. Il peso è certamente diminuito rispetto a poche settimane fa quando da questo punto iniziavamo a piedi la nostra più straordinaria avventura nel mondo himalayano: il viaggio nel paese di Lo, il Mustang.

Ero stato da queste parti dodici anni prima, nel 1980. Un lungo trekking di oltre 200 km fino alle porte del Mustang. Allora, entrare nel "reame proibito" era cosa assolutamente impensabile. Si sapeva che oltre quelle montagne brulle e spazzate da un vento impetuoso e implacabile c'era una terra che pochissimi europei avevano visitato. Due, forse tre. C'era un libro pubblicato da un francese negli anni '60 e pochi cenni del nostro Tucci in un volume dedicato alla civiltà della Kali Gandaki, il fiume turbinoso che avevamo risalito negli ultimi cinque giorni. Il Nepal allora seguiva una politica di stretta segregazione di diverse aree himalayane. Il Dolpo era chiuso così come gran parte del Nepal occidentale. A parte la zona del Kumbu, alle pendici dell'Everest, aperto dagli anni '50, molte altre aree di grande interesse etnico ed escursionistico venivano gelosamente dispensate col contagocce lasciando gli appassionati di cultura tibetana ad attendere spasmodicamente il momento di varcare frontiere proibite. C'era una specie di bollettino dei permessi che girava tra gli "addetti ai lavori" molti dei quali non esitavano a tenere nascoste alcune notizie di imminente apertura per essere i primi a "varcare i cancelli".

In quegli anni il Mustang era per me qualcosa di veramente irreale ed irraggiungibile. Dall'inizio degli anni '50 al 1992, anno in cui il Mustang fu aperto ai primi visitatori stranieri, solo quattro europei visitarono il remoto regno di Lo. Nel '52 fu il nostro Giuseppe Tucci a compiere una breve ricognizione fino a Lo-Mantang. Alcuni anni dopo toccò all'inglese David Snellgrove di mettere piede nella terra proibita, ma egli non arrivò mai alla capitale. Sfinito da un lungo pellegrinaggio attraverso l'impervia regione del Dolpo decise di inviare un suo accompagnatore con una macchina fotografica a documentarsi sulla capitale del Mustang. Sempre all'inizio degli anni '50 anche lo svizzero Toni Hagen capitò da queste parti per effettuare

dei rilievi topografici. Fu infine il francese Michel Peissel nel '64 a soggiornare per due mesi nella terra di Lo e a pubblicare il primo vero resoconto su questo dimenticato angolo di Asia: "Mustang Royame Tibetain Interdit"

Il percorso che da Pokhara, afosa località del Nepal ai piedi dei grandi colossi himalayani, porta al Mustang, è considerato uno dei più bei trekking della regione himalayana. In quel anno lo facemmo in piena stagione monsonica. Generalmente questa scelta è sconsigliata dalle guide, ma in realtà è un viaggio pieno di suggestioni a contatto con una natura selvaggia e rigogliosa. Fiumi impetuosi, vegetazione prepotente ed invasiva, brulicante di vitalità bagnata. Fiori, felci, sanguisughe. Come dice Sthphen Bezruka " A trek for few nepalophiles. " Concordo decisamente. La dimensione è più romantica e sfidante e le apparizioni improvvise delle montagne gigantesche che fiancheggiano la gola si rivelano eventi di una drammaticità sensazionale.

Il trek parte dai 600 metri di Pokhara e, condizioni climatiche permettendo, si è già sovrastati dalle lontane cime di oltre ottomila metri che apparentemente sbarrano il passo e la visuale verso l'ancora lontano Mustang. Il sentiero si snoda lungo pittoreschi villaggi dove ormai da parecchi anni sono sorti essenziali ma accoglienti luoghi di sosta e di ristoro. Naudanda, Lumle, Birethanti, Ulleri, Ghorapani ci fanno vivere l'eperienza rasserenante di quel quieto mondo rurale dell'alto Nepal. Le pietre levigate che formano il sentiero raccontano la lunga vita di questa importante carovaniera che porta al Tibet.

La via si è sviluppata lungo la gola di un fiume, il Kali Gandaki (femmina nera) che nasce in Tibet e si fa strada, violento e limaccioso, tra due montagne di oltre ottomila metri: il Dhaulagiri (Montagna bianca) 8222 m e l'Annapurna (Dea madre delle messi) di 8020 metri. Da questo punto di vista la gola del Kali Gandaki, che nel momento in cui divide le due montagne scorre a circa 2700m di altezza, è la gola più profonda del mondo. Il Mustang era nato e si era sviluppato lungo questa antica carovaniera detta "la via del sale". Dall'altipiano arrivavano lana, sale e pelli mentre dalle pianure salivano verso il Tibet grano, orzo e cotone. Oggi il selezionato, e strettamente sorvegliato, turismo se da un lato può offrire al Mustang un' opportunità di sviluppo, potrebbe anche decretarne la fine attraverso una compromissione irreversibile dei delicati equilibri, dei valori e dell'identità fortemente tibetana in cui il paese si riconosce.

Lungo il tragitto le due montagne appaiono colossali da ogni punto d'osservazione. Dal passo di Ghorepani si disvela l'impressionante veduta della parete sud del Dhaulagiri. Una colata verticale di roccia e ghiaccio di oltre quattromila metri considerata una dei cimenti più temerari dell'Himàlaya.

La montagna è isolata, possente e dalle forme splendidamente armoniche: una vera "cattedrale di ghiaccio, roccia e purissima neve" per dirla con Maraini. Più mastodontico e complesso appare invece il massiccio dell'Annapurna. È una specie di enorme ferro di cavallo con al centro un ghiacciaio chiamato "il santuario" e tutta una serie di cime che lo incorniciano. Le vette chiamate "Annapurna" sono 4 ma dello stesso massiccio si possono considerare il Macchapucchare, il cervino himalayano, l'Hinchuli o Annapurna sud, il Nilgiri. Tra l'altro le due montagne sono gli unici due ottomila del Nepal la cui vetta non segna il confine con il Tibet. Tutti due i massicci sono compresi nel territorio nepalese. Con due giganteschi "ombrelli" del genere è chiaro che alle nuvole monsoniche risulta impossibile raggiungere e benedire di pioggia l'assetato Mustang. Curiosa è l'immagine estiva dei due massicci, quando si osservano da nord le nuvole bianche giunte da sud quasi in vetta alla barriera himalayana ma, come stremate, incapaci di superarla. Il Mustang proibito, quello chiuso da sempre ai visitatori, comincia però dalla borgata schiettamente tibetana di Kagbeni. Un delizioso villaggio adagiato attorno al suo piccolo e rosso monastero.

Siamo in un'area che fino a qualche decennio fa era sì amministrata dal Nepal ma conservava ancora la fisionomia e lo stile di vita dei piccoli reami feudali che la governavano. In particolare Mustang e Dolpo, così sono arrivati ai nostri giorni. Le loro "aperture" al mondo esterno hanno creato nuove opportunità per viaggi avventurosi e "di atmosfera". I "tibetofili" in giro per il mondo hanno guardato a queste enclave come ad un bocconcino prelibato da assaporarsi possibilmente in pochi intimi. Ma quale sarà l'impatto del turismo con i loro fragili equilibri? Diverranno un secondo Khumbu, l'area dell'Everest e degli Sherpa, dove alpinismo e turismo hanno creato più sconquassi, soprattutto ambientali, di una piccola guerra? Ora la nuova gestione politica del Nepal, la fine della monarchia, le tensioni nelle valli causate dalla guerriglia maoista reazione figlia naturale di anni di corruzione, privilegi e disuguaglianze scandalose, gettano nuove ombre sullo sviluppo turistico del piccolo e sassoso eden himalayano. Il governo del Nepal, in parte conscio di queste problematiche, aveva comunque deciso di limitare l'afflusso a questi tesori dell'umanità con criteri di tipo burocratico ed economico.

Il primo anno, 1992, solo 200 visitatori sono stati autorizzati ad entrare nella terra proibita. Con una tassa di 700 $ la settimana e l'obbligo di organizzare una spedizione in piena regola con tanto di cuoco, portatori e ufficiale di collegamento, il costo di un viaggio in Mustang raggiunge cifre ragguardevoli che solo forti motivazioni possono indurre a sborsare. Tali criteri sono stati estesi al Dolpo, impervia regione adiacente al

Mustang, e lo saranno probabilmente anche alle rimanenti aree ancora chiuse del territorio nepalese. Nel 1980 quando venni per la prima volta da queste parti sapevamo che alla fine del nostro cammino, dopo giorni e giorni di marcia in piena stagione monsonica, con le sanguisughe che si attaccavano alle gambe dopo pochi minuti di sosta, avremmo trovato il passo sbarrato da un cartello "Restricted area, Please don't go beyond this point". E così fu. Uno sguardo oltre quel cartello rivelava una lunga vallata tortuosa segnata da un fiume che, da arido e sassoso d'inverno, diveniva un biscione urlante di acqua fangosa e dirompente durante l'estate. Montagne di mille tonalità senza un albero. Grigi, neri, ocra, gialli, si fondevano l'uno nell'altro a dichiarare età, componenti e vita della montagna, i suoi rapporti con gli agenti atmosferici. Non un villaggio, non un albero, non una traccia di sentiero. Eppure, oltre tutta questa disperazione, ci doveva essere un antico regno tibetano con la sua capitale a 4000m d'altezza. Con un re e i suoi feudi. Con i monasteri arroccati sui dirupi e una vita senza tempo che scorreva a dispetto del XX secolo.

Eravamo giunti a Marpha, pittoresco centro dei Takhali, l'etnia predominante da queste parti del mondo. Un villaggio con una architettura così originale da essere stato fatto oggetto di studio da un team di architetti giapponesi. Marpha è veramente un esempio splendido di armonia con l'ambiente circostante. Basta salire qualche decina di metri sulla fiancata della montagna per ammirare le fantastiche geometrie dei tetti a terrazza con i cortili interni protetti da cumuli di legna posta ad essiccare Da un paio di giorni il monsone ci aveva abbandonato e un violentissimo sole stava finalmente disidratando i nostri zaini e le nostre ossa. Ero seduto oziosamente su un gradino di una casa lungo la piccola strada che attraversa il villaggio. Con me c'era Khamgar, un tibetano profugo che si guadagnava da vivere facendo la guida nell'area del massiccio dell'Annapurna. Khamgar negli anni a seguire fu, come molti rifugiati tibetani, colpito dalla tubercolosi. Il suo fiato si accorciò drammaticamente e la possibilità di caricare pesi azzerata. A Khamgar venne meno il sostentamento per se e la sua famiglia. Vive sempre a Tibetan Refugee di Pokhara e dopo quasi trent'anni ci sentiamo e scriviamo sempre.

Stavamo stancamente chiacchierando in attesa di percorrere le ultime tre ore di strada fino a Jomoson quando si sente lontano, ma molto forte, un concerto di campanacci a diverse tonalità. Sempre più forti e vicini, sembra un'orchestra di gamelang indonesiano. Poi, ad un tratto, ecco spuntare il primo di una serie interminabile di muli. Sono bardati con vistosi pennacchi rossi ed il primo spicca sugli altri per l'altezza della sua "decorazione". Hanno tutti un grosso carico che non riesco ad identificare. Sono sacchi compatti

e sembrano molto pesanti. "They come from Mustang" mi dice Khamgar come se mi avesse comunicato un piccolo dettaglio. Quella parola "Mustang" mi arriva alle orecchie come un gong. Il Mustang! dunque quei muli possono andare e venire come vogliono. Non hanno bisogno di speciali permessi. Liberi di varcare frontiere e di sfuggire ai controlli dei militari che presidiano i punti nevralgici dell'alto Nepal. Un senso di invidia assurda mi assale nei confronti di quelle bestie. Un desiderio illogico di essere uno di loro, carico compreso. Ma ora, mi dico, arriverà anche il padrone degli animali. Un Lopa, così si chiamano gli abitanti del regno di Lo, lo potrò vedere ed anche parlargli con l'aiuto di Khamgar. Ma dopo un po' la carovana finisce e di "umani" nessuna traccia.

"È semplice" mi spiega Khamgar "da queste parti i muli sono abituati a viaggiare da soli. Conoscono perfettamente la strada e sanno dove andare e dove fermarsi. Vengono accolti nei villaggi da persone incaricate che li alloggiano, gli danno da mangiare e l'indomani preparano di nuovo il carico. Arrivano a destinazione dov esono ricaricati di altra merce con la quelle iniziano di nuovo il percorso contrario. È una antica consuetudine, lungo il Kali Gandaki nessuno ruba nulla e il capo mulo è "più intelligente di un Newari" ride fragorosamente Khamgar. Io sono esterrefatto. Continuerò a pensare a quell' incontro per quindici anni.

Nella primavera del 1992 ricevetti una telefonata dagli amici Piero Verni e Silvio Aperio. Con Piero da oltre un decennio abbiamo messo in piedi un rapporto di amicizia e collaborazione professionale che ci ha visti più volte insieme tra le montagne dell'Himalaya e i campi profughi dell'India. Silvio è il titolare di una agenzia viaggi di Firenze specializzata in viaggi nel sub-continente indiano e nelle zone himalayane. In quanto tale ha strettissimi contatti con il governo nepalese ed alcuni corrispondenti locali che gli avevano fatto pervenire la notizia dell'imminente apertura del Mustang per un esiguo numero di visitatori. Silvio, che aveva disponibili quattro permessi, mi chiese con aria scherzosamente vaga se fossi "per caso" interessato a visitare il Mustang in anteprima assoluta. In poche ore la spedizione era decisa. Quattro vecchi frequentatori del tetto del mondo, Piero Verni, Aldo Tempesti, Silvio ed io, furono così i primi italiani, dopo 40 anni dalla visita di Tucci, a mettere piede nel Regno proibito di Lo. Atterrato, dopo un volo a dir poco avventuroso, sulla pista in terra battuta di Jomoson la prima cosa che cercai fu proprio una carovana di muli. Il villaggio era molto cambiato da allora. Moltissime nuove costruzioni adibite a piccole locande si perdevano lungo il sentiero principale e avevano dato al paese una vaga fisionomia Livignasca. L'aria rarefatta ed il maestoso Nilgiri

△ I nostri portatori in marcia lungo il Kali Gandaki, 1994
  Our porters marching along he Kali Gandaki, 1994
▷ I nostri portatori arrancano su per la gola di Samar, 1992
  Our porters marching hard along the Samar gorge, 1992
≫ Tipico chorten del Mustang. Sullo sfondo, la vetta dell'Annapurna (8020mt), 1994
  A tipical chorten of the Mustang. On the back, the top of Annapurna (8020mt), 1994

TIBETAN SHADOWS

torreggiante sopra di noi, ci fecero dimenticare subito l'afa e la calura premonsonica di Pokhara, da dove eravamo partiti solo quaranta minuti prima. Terminate le lungaggini burocratiche, i controlli meticolosi del kerosene e dei viveri, muoviamo di buon passo verso la prima tappa: Kagbeni. Li vidi subito i muli, appena fuori Jomoson. Facevano la spola tra una cava nel fiume e il villaggio con i loro carichi di pietre. Un piccolo tragitto, qualche chilometro, ma sempre, come allora, in assoluta indipendenza. Nel corso del viaggio ne incontrerò ancora tanti in entrambe le direzioni. I loro campanacci sembrano, assieme al sibilare del vento, la colonna sonora costante di queste vallate. A Kagbeni si sbrigano le ultime formalità. Il foglio di carta con la mia foto e la corona della monarchia nepalese mi procura un senso di grande euforia e sicurezza. Ora passerò oltre il cartello e quella lunga, sinuosa e rumoreggiante vena di acqua grigia che corre giù dal Tibet sarà il mio sentiero. Ed infatti il tragitto comincia a snodarsi in continui saliscendi lungo i fianchi del fiume Kali Gandaki che in questa parte alta scorre in un ampio bacino. Il paesaggio è surreale. Alle nostre spalle la parete nord del Nilgiri si innalza sempre più maestosa mano a mano che ci si allontana dallo spartiacque principale himalayano.

Solitari mercanti a cavallo si incontrano lungo la strada e ogni quattro, cinque chilometri ci si imbatte in un villaggio. In poche ore si sprofonda in remoto medio evo. Ecco Tangbe con le sue teorie di Chortèn (ricettacoli per le offerte) rossi e grigi. Del suo grande monastero è rimasto solo il nucleo centrale. Il resto è stato distrutto negli anni '60. In quel periodo qui nel Mustang aveva preso forma una eroica quanto inutile guerriglia anticinese ad opera di tibetani Khampa. Fieri e coraggiosi i Khampa cessarono le loro azioni su richiesta dello stesso Dalai Lama. Era una guerra persa e il sacrificio dei Khampa non poteva sortire alcun effetto specie nel momento in cui i pochi aiuti americani vennero meno in seguito agli accordi Nixon-Mao del 1972. Molti guerriglieri si tolsero la vita pur di non finire nelle mani della polizia nepalese. Una pagina gloriosa e triste della resistenza tibetana all'occupazione cinese.

Paesaggio maestoso. I ghiacciai scintillanti si innalzano come altari sopra i colori abbaglianti del terreno: ocra, rosso, giallo, grigio. Qua e là piccoli villaggi dove l'irrigazione, con acque convogliate sapientemente dalle montagne, crea il miracolo di colture di orzo, grano saraceno e pochi altri vegetali che danno due, a volte tre, raccolti in una sola estate. L'orzo è l'alimento base di tutta l'area tibetana. Quando è abbrustolito e impastato con il burro diventa la "tsampa". Viene anche distillato come "chang" la birra acidula degli altipiani o come "rakshi", una specie di gradevole grappa. D'inverno il termometro precipita e i Lopa scendono a valle fino

alle pianure indiane per i loro piccoli commerci. La cultura è tibetana, anzi il Mustang è Tibet allo stato puro, incontaminato. È sicuramente più Tibet del Tibet vero e proprio, invaso dalla Cina a partire dagli anni '50. Arrivarci non è comunque semplice. In totale si tratta di scarpinare per circa 200 chilometri di saliscendi su dirupi a volte spaventosi e a picco su fiumi in piena. La ricompensa di questi disagi è però straordinaria: per gli innamorati della cultura tibetana nessun luogo può offrire l'emozione di questa terra fuori del tempo. Non un elemento di modernità incontriamo dopo Kagbeni. Gli uomini si spostano a piedi o sui piccoli ma fortissimi cavallini tibetani annunciati sul sentiero dal suono dei loro campanelli portato dal vento che sale impetuoso lungo la gola del fiume Kali Gandaki, la gola più profonda del mondo, al cui cospetto anche il Grand Canyon appare misera cosa. La situazione politica del Tibet occupato ha inferto un notevole colpo alla già povera economia del Mustang. Il paese era nato e si era sviluppato lungo l'antica carovaniera detta "la via del sale". Dall'altipiano arrivavano lana, sale e pelli mentre dalle pianure salivano verso il Tibet grano, orzo e cotone. Oggi a nord di Lo Mantang è stato attrezzato un posto di frontiera con il Tibet che si apre in coincidenza con la transitabilità dei passi, due volte all'anno.

Si sono così affacciati, soprattutto nella parte alta del paese, i tipici prodotti cinesi che hanno invaso, assieme alle guardie rosse, il tetto del mondo: i thermos e le trapunte. Adesso i 12.000 abitanti di Lo distribuiti in un'area di 12.000 Kmq. sperano forse che il turismo possa migliorare la loro magra, ma finora equilibrata, economia. Problemi ce ne sono, soprattutto dal punto di vista sanitario. In tutto il paese c'è un solo medico, tradizionale tibetano, che vive a Lo Mantang. Il resto del territorio dispone di una piccola infermeria per villaggio: una piccola stanza semi buia e totalmente priva di aspetto "sanitario", un armadietto vetrato con delle aspirine, una scatola di ampicillina, della tintura di iodio, alcune bende di dubbia sterilità e degli antispastici. Un po' amareggiato, l'infermiere nepalese mi dice che la gente preferisce curarsi con i rimedi tradizionali della medicina tibetana, con tutti i limiti di questa pur interessante ed originale disciplina. E così la sua presenza in Mustang gli appare vuota ed inutile. In realtà lungo il percorso mi sono imbattuto spesso in gravi problemi di salute, infezioni respiratorie, della cute, parassitosi e altrettanto spesso mi sono state chieste insistentemente medicine "occidentali".

In questi giorni, luglio 1992, in Nepal ci sono le elezioni amministrative. Da qualche anno il Nepal si è trasformato, da monarchia assoluta, in una monarchia costituzionale che prevede l'esistenza di partiti politici. Nessuno oggi immagina che tra altri quindici anni la monarchia "divina" del Nepal verrà spazzata

via prima da una strage di cui non si saprà mai la reale matrice e poi dalla guerriglia maoista del "Compagno Prachandra" che in pochi anni si impossessa di ampie aree del paese fino ad entrare nel palazzo del governo di Kathmandu. A Choile una lunga carovana di cavalli simile in tutto a quelle che secoli or sono attraversavano le aride steppe del Pamir e del Tibet, si muove alla volta di Jomoson dove si trova il seggio elettorale: sono i rappresentanti dei villaggi che hanno diritto al voto e che si preparano a portare la loro solidarietà al partito del Congresso, che oggi sembra riscuotere la simpatia e la fiducia dei Lopa.
Noi intanto continuiamo la nostra marcia nella direzione opposta alla volta di Lo Mantang.
Quando dopo otto ore di marcia, siamo giunti a Tsarang, uno degli insediamenti più importanti del Mustang. Il villaggio si è rivelato dopo un lungo dosso sassoso in una fiammeggiante luce del tramonto. Un grande chorten rosso, il tipico monumento funerario budhista del mondo tibetano, apre la via principale che si sviluppa fino ai piedi del vecchio e possente palazzo reale; più a destra un enorme monastero Sakya-pa, la scuola buddhista prevalente in Mustang, rosso e grigio, si staglia con le sue centinaia di banderuole di preghiera al vento, contro una parete di caverne trogloditiche. Gente carica di erba rientra dai campi agitati dal vento cantilenando vecchie canzoni tibetane, nell'aria il suono dei campani degli yak.
Qualche giorno dopo siamo arrivati a Lo Mantang, la capitale. È una città fortificata a pianta quadrata a quasi 4000 metri di altezza, nella quale si accede attraverso un unica porta. Dentro, tra vicoli e angiporti, tutti i segni vivi e vitali del vecchio Tibet: chorten, mulini di preghiera, muri "mani" e due monasteri, uno dei quali contiene opere d'arte di eccezionale bellezza.

Infine il palazzo reale. Non dimenticheremo mai più quella udienza da Jigmed Trandul, attuale re del Mustang e xxv discendente di Ama Pal. Il suo "palazzaccio" è nel cuore della cittadella. Avevamo mandato da alcuni giorni un "emissario", il nostro cuoco Pemba, per chiedere un'udienza che ci è stata concessa. Siamo nella buia stanza sede dell'ufficio postale di Lo Mantang. Qui i postini viaggiano ancora a cavallo.
Stiamo spiegando alla nostra guida nepalese Bhalaraj, che non conosce le usanze tibetane, la cerimonia delle "katag", le bianche sciarpe che si portano in offerta quando si va a visitare qualche persona importante. Ecco! Ci vengono a chiamare. Nella penombra iniziamo a salire le scale ripide di questo mondo di favola. Enormi mastini tibetani ringhiano e abbaiano cupi al nostro passaggio. Un vociare sommesso annuncia una piccola folla di cortigiani, mendicanti, postulanti, gente venuta a chiedere il giudizio del re su controversie di vario genere. Due cavalli bardati scendono le scale dal terzo piano: "Sono quelli del re e della regina - ci sussurrano - con i quali dopo l'udienza raggiungeranno la loro residenza di campagna". Piero, Aldo, Silvio ed

io ci guardiamo più volte senza parlare; la folla si allarga per far passare questi quattro italiani con cavalletti, macchine fotografiche e telecamere. E infine lui, il Sovrano. È veramente regale, alto, massiccio, con lunghi capelli intrecciati e raccolti da un cappio rosso, un orecchino di turchese a destra, come portavano i nobili tibetani ed un largo, aristocratico, luminoso sorriso. Siede su una specie di divano ricoperto da tappeti tibetani. Dietro di lui una grande bacheca piena di statue, divinità del buddismo tibetano, fotografie di Lama, abati e, in alto, il ritratto del re e della regina del Nepal
Da quando nel 1964 il Mustang è divenuto definitivamente parte del Nepal il suo sovrano ha perso il potere politico ufficiale ed è stato insignito del grado di colonnello dell'esercito di Sua Maestà il Re del Nepal. Ma per gli abitanti di Lo nulla è cambiato nei confronti del loro "vero" sovrano. Egli è giudice inappellabile di tutte le piccole dispute tra gli abitanti. Ogni giorno il suo palazzo vede un continuo avvicendarsi di persone che chiedono consigli, aiuti, udienze. Il suo carisma è intatto e le sue apparizioni durante le festività suscitano entusiasmo e deferente sudditanza.

Il re ha un piccolo allevamento di stupendi e rarissimi molossi del Tibet di cui spesso fa dono ai monasteri circostanti. Passare davanti ad uno di questi "mostri" e sentirlo ringhiare o "ruggire" con la sua voce da gong, è un'esperienza che raggela il sangue. Dopo due ore di conversazione sulla storia del Mustang, sulle prospettive economiche del paese in funzione di un eventuale turismo prossimo venturo e sui rapporti con il Daila Lama, massima autorità religiosa anche qui in Mustang, il re ci congeda cordialmente e scende in strada. Fuori lo scudiero ha preparato i due cavallini.

Improvvisamente dal portale del palazzo reale un servitore fa uscire alcuni cavalli elegantemente bardati. Le loro stalle sono ai piani superiori. Sono i cavalli del re e della regina del Mustang che, subito dopo, li salgono in un rullare di tamburi e sgangherato squillare di un oboe suonato da un mendicante sbrindellato che nei giorni precedenti avevamo visto più volte nelle case di Lo Manthang. È un vero e proprio corteo reale sbucato fuori dalle remote periferie del tempo. Una guardia del corpo armata di un vecchio Enfield degli anni venti precede tutti, poi la regina con la sua treccia tibetana ed un paio di misteriosi occhiali scuri che ne proteggono il volto, poi il re che, sorridente, saluta la piccola folla di sudditi, infine il segretario che con indosso una giacca a vento blu stinta avanzo di qualche spedizione alpinistica e acquistata da qualche mercante salito sin quassù da Kathmandu, chiude lo struggente corteo. Sotto le mura, tra i bambini che giocano correndo nella polvere e gente che si inchina devotamente, il xxv discendente di Ama Pal e la sua

consorte in abito di broccato azzurro, lunghe trecce ed occhiali scuri, si avviano con una piccola scorta verso la loro residenza di campagna, in un'atmosfera che non doveva essere molto diversa da quella vissuta dal suo antenato 700 anni fa. Intanto il sole scompare dietro le montagne e il vento finalmente si placa….
 Dove vanno? a Trenkar, ci dicono, in "campagna". Il re va un po' a riposarsi dopo la festa. Ha visto, ricevuto, benedetto un mare di gente ed ha bisogno di "staccare". Fuori dalla porta della città gli ultimi bambini continuano a correre dietro ai cavalli fino a che il corteo gira a sinistra, fiancheggia per un po' le mura e infine si perde al tramonto tra i dirupi lungo il torrente…. Una sirena lancinante annuncia l'arrivo del Twin Otter da Pokhara. Poco dopo, nell' unico piccolo squarcio di sereno concesso da un monsone ormai incombente, compare il bimotore della Royal Nepal Airlines; guardiamo verso l'alto e il rombo di quel piccolo aereo sembra veramente volerci svegliare da un sogno.

La prima considerazione che facemmo assieme a Piero Verni sul nostro primo viaggio in Mustang fu che, dopo quasi vent'anni di frequentazione del mondo tibeto-himalayano, non ci saremmo mai aspettati di piombare, alle soglie del terzo millennio, in un Tibet medioevale intatto come ci era apparso il remoto Regno di Lo. Questa situazione, ovviamente, non potrà durare a lungo e già dopo due anni, tornato da quelle parti, notai alcuni segnali di una impostazione turistico-ecologica un po' artificiale che alcuni maggiorenti cercavano di imporre al paese. Ciò nonostante il Mustang è, a nostro parere, il viaggio più interessante che un amante della cultura tibetana possa effettuare oggi. Il governo del Nepal cambia continuamente le regole di accesso al paese e quello che è valido oggi potrebbe essere cambiato il prossimo anno.
Resta da vedere quale sarà la politica che la nuova Repubblica Federale del Nepal adotterà nei confronti del turismo, trekking, alpinismo, ecc. In linea generale si può comunque considerare costante la politica di "numero chiuso", che sembra ormai adottata anche per aree di grande interesse etnografico come Dolpo ed altre remote regioni rimaste chiuse fino a qualche anno fa. Dunque per andare in Mustang occorre mettersi in moto con largo anticipo chiedendo il permesso tramite le pochissime agenzie che, a tutt'oggi, organizzano viaggi nel regno di Lo.

Il permesso è piuttosto costoso e al momento la tariffa è di 700 $ per settimana (ne occorrono come minimo due dal momento che si supera il villaggio di Kagbeni, l'ultimo avamposto raggiungibile "liberamente").
A queste occorre aggiungere il costo dell'ufficiale di collegamento, circa 1000 $, e tutti i costi della spedizione vera e propria: guida, portatori, cuoco ed eventuali cavalli. Si tratta dunque di un viaggio non comune

come del resto non sarà assolutamente comune quello che troveremo al di là del posto di polizia di Kagbeni. Il viaggio è effettuabile solo a piedi o, volendo, in groppa ad uno dei docili pony del Tibet che vengono regolarmente usati dagli abitanti. Da Kagbeni a Lo Mantang e ritorno sono circa centosessanta chilometri e, tenendo conto che non andiamo da quelle parti per un cimento atletico, occorrerà calcolare un paio di settimane di permanenza per avere il tempo di visitare monasteri e templi, ma anche per addentrarci un po' nelle tranquille abitudini di vita dei Lopa. La stagione migliore per visitare il Mustang è la tarda primavera-inizio estate. In questo periodo, fine maggio-inizio giugno, si celebra nella capitale il festival del Tee Jee. Uno spettacolo straordinario di danze rituali, esorcismi, folklore nella cornice medievale della piccola capitale.

In inverno, novembre-febbraio, l'accesso al paese è vietato. C'è comunque da sottolineare che in questa stagione gran parte dei Lopa scendono in Nepal e in India per i loro piccoli commerci e, oltre alla morsa del gelo, il visitatore si troverebbe di fronte allo spettacolo desolante di un paese spopolato. La poca gente rimasta se ne sta rintanata in casa ed anche il re passa buona parte del tempo a Kathmandu. In piena stagione monsonica il Mustang non è scalfito dal torrente di pioggia che si rovescia nel subcontinente indiano. Sarà comunque importante considerare che le probabilità di raggiungere Jomoson in aereo diminuiscono drasticamente; senza considerare i rischi oggettivi di un volo a vista in mezzo a nuvolaglie e pareti di roccia e ghiaccio.

Per raggiungere Jomoson occorrerà perciò aggiungere una sessantina di chilometri a piedi dalla località di Birethanti. L'itinerario si snoda attraverso i villaggi della Kali Gandaki. Disponendo di tempo questo trekking, a mio parere, è un ottimo modo di avvicinarci all'ambiente trans-himalayano. Dai tropici afosi e opprimenti in pochi giorni saliremo al passo di Ghorapani (2800m). Da qui si ammira un superbo Dhaulagiri (8160m) con la sua immane parte sud, oltre quattro chilometri verticali di roccia e ghiaccio. Poi si scende, ma dovremmo dire "si precipita", di quasi milleottocento metri fino alle sorgenti calde di Tatopani. Infine una progressiva salita di quota ci riporterà, attraverso alpeggi di conifere e magnifiche cascate, ai villaggi takhali di Tugkche, Marpha e Jomoson. Il Mustang è ora alle porte.

∧ Le "tungchen" gigantesche trombe telescopiche rituali, accompagnano le danze del Tee Jee
  Tungchen. Tibetan telescopic horns used during the Tee Jee ritual dances

> La tanka di Padmasambawa viene dispiegata nella piazzetta di Lo Mantang
  The big tangka of Padmasambawa on the main wall of the little square in Lo Mantang

≫ Tra il pubblico al festival del Tee Jee
  Common people at the Tee Jee festival

∧ Vedute invernali del monastero di Lamyuru (XI sec) fondato da Rinchenzangpo-Uno dei più spettacolari dell'Himalaya. -1990
  *Winter scenery of Lamayuru Gompa (XI cent) founded by Rinchenzangpo. One of the most impressive in the whole Himalayas*Varie fasi delle danze di
〉 Danze rituali. Gli Shanag, i "Cappelli Neri"
  The ritual dances. The Shanag (Black Hats)

Il Paese dei Valichi

IL Ladakh fu il mio "battesimo " tibetano. Mentre nel 1976 prestavo il servizio militare a Firenze presso la Costa San Giorgio, fui invitato una sera ad assistere ad una proiezione di un certo Dott. Piemontese presso il Sesto Miglio Club di Sesto Fiorentino. Era il periodo in cui assieme al mio amico e collega Flavio Di Luca stavamo allestendo il nostro "Bimbo" un pulmino 238 Fiat con cui saremmo di lì a poco arrivati in India attraverso la Turchia, Iran, Afghanistan… Pakistan: "La madre di tutti viaggi".
Ogni giorno mettevamo su accessori e migliorie varie per renderlo più possibile grintoso ed "adventurer". In realtà il "bimbo" rimaneva implacabilmente il pulmino tipico per il trasporto dei muratori al cantiere e, nonostante la grata davanti ai fanali, la Air Camping le tanniche della benzina sul tetto oltre alle scritte adesive varie reperibili all'epoca, il nostro mezzo non aveva lo "charme" del classico Wolkswagen a parabrezza diviso, emblema del mondo hippie, e non aveva la cattiveria delle "Aziza", le Land Rover di Nino Cirani, il nostro vero mito di allora.

Il dott. Piemontese presentava i suoi reportage con un super 8 affiancato ad un paio di proiettori per diapositive a dissolvenza incrociata. Durante la presentazione, avveniristica per l'epoca, le macchine alternativamente facevano partire immagini fisse o filmati. Era l'archeologia della multivisione e di tutto quello che la tecnologia digitale avrebbe messo a disposizione nei decenni successivi. Ma quanta emozione! Ricordo ancora, dopo tutti questi anni, ogni fotogramma di quella sera e la mia mente come una spugna assetata che si esaltava in quelle prime, uniche immagini colorate di un mondo che, fino allora, avevo visto solo nei bianco e nero della storia delle spedizioni in Tibet.

La serie di diapositive scorre morbidamente tra immagini dei laghi di Srinagar, il Dott. Piemotese fotografa la "Venezia dell Himalaya" a bordo di una languida "Shikara" la gondola kashmira che si aggira silenziosa tra i canali della incredibile città. La bacchetta magica della centralina Silma compie il suo incantesimo e la shikara, ripresa ora dal Super8, si anima iniziando a scivolare mentre l'acqua, prima bloccata dal fotogramma, ora scorre e si muove tra gli "oohh" sommessi del pubblico. La musica va su una cassetta per conto suo e mi sembra non c'entri quasi nulla con l'insieme, mi pare di ricordare fosse un ridondante Vangelis, ma siamo tutti incollati verso il telo bianco che ora ci racconta di una carraia devastata e che si fa strada tra valichi di oltre 4000 metri. È la luna. Ancora bacchette magiche, fotogrammi e spezzoni che si alternano.
La signora Piemontese cambia la cassetta e inizia un coro cupo di voci basse e cavernose. Sullo schermo i monaci di Thiksey. Animati. Bui e poco definiti ma "reali". Ho deciso: andrò in Ladakh. E infatti così accadde.

E sarebbe accaduto poi tante volte in questi trentacinque anni. Direi il Ladakh come il mio Tibet quieto e familiare. Direi il Ladakh come il passaggio dal medioevo ad un turismo non eccessivamente devastante. Direi il Ladakh come il paese che se d'estate si "dà" un po' troppo, d'inverno ha tutta la possibilità, il tempo e la voglia di ricomporsi e ritrovare quella dimensione che lo rende ancora una delle ultime oasi di cultura tibetana schietta dell'arco himalayano.

Verso il Piccolo Tibet 1984

In Ricordo di Ulisse Nardini

Srinagar, capitale estiva del Kashmir. Chiediamo informazioni su dove trovare, nella caotica stazione, l'autobus diretto a Sonamarg, alle pendici dell'Himàlaya. Eccolo, è laggiù, con tutta quella chincaglieria attaccata al parabrezza. Molto perplessi ci sistemiamo con largo anticipo sull'orario di partenza sperando di viaggiare con una certa comodità. Ma in pochi minuti arrivano tutti i passeggeri e lo spazio vitale si riduce al limite della sopravvivenza.

Ulisse, che con la sua barba bionda e i capelli lunghi assomiglia molto a Reinhold Messner e viene guardato con molta curiosità dai locali, trova posto sui sedili posteriori in compagnia di una grossa capra fatta salire, assieme al padrone, lungo la strada. Io mi sono sistemato in piedi nel "pozzetto" della portiera. Posso godermi il panorama e respiro l'aria frizzante che spiffera tra i pertugi della fatiscente corriera. Non è che la capra alteri più di tanto l'odore dell'ambiente. È solo il freddo pungente che ci permette di tollerare questo misto di nafta-ovino in salsa di curry. I nostri compagni di viaggio sono kashmiri dai nasi appuntiti e dalle grandi orecchie, intabarrati nei loro colbacchi di pelliccia e nelle calde coperte avvolte sulle spalle come mantelli. In un angolo, appartate come nelle moschee, viaggiano alcune donne simili a neri fantasmi nei loro chador, identici a quelli delle donne afghane.

La strada si snoda lungo gole impervie mentre la neve aumenta visibilmente. Dopo alcune ore di curve e saliscendi si svelano improvvisamente dei picchi arditi enormemente più alti delle montagne sottostanti. Sono cime senza nome. Una di quelle sulla destra deve essere il picco di Amarnath. Lassù si trova una

caverna sacra dove un'enorme stalagmite di ghiaccio dalla forma vagamente fallica si dice essere il lingam di Shiva. Questa colonna si dilata e si restringe con le fasi lunari ed in agosto migliaia di pellegrini arrivano quassù da tutta l'India. Lontano, fumi di ginepro si levano da piccole casette di legno ammassate ai piedi di una bastionata di montagne nevose. È il primo contrafforte del grande Himàlaya che sbarra il passo verso il Paese dei Valichi, il Ladakh. Siamo così arrivati a Sonamarg, piccolo alpeggio kashmiro dove d'estate le giovani coppie indiane in luna di miele si concedono romantiche passeggiate tra i boschi in groppa a piccoli pony di razza tibetana. Lassù, infinitamente lassù, si intravede una piccola scanalatura che fende la fiancata strapiombante di una immane parerte di roccia nevosa. È il valico dello Zoji-la, il passo delle betulle, 3750m., luogo di transito da secoli di tutte le carovane dirette al Tibet occidentale. Di qui passarono nel XVIII sec. i primi missionari diretti al Tibet. Per passare inosservati si erano travestiti da Sadhu (asceti) indiani, seminudi e coperti di cenere. Uno di questi cappuccini descrive i Sadhu indiani con una punta di orrore e sgomento e, riferendosi alla loro nudità e al fatto di tingersi il viso con strani segni (di solito shivaiti o vishnuiti), afferma: "Guardandoli si capisce subito di trovarsi di fronte a creature del demonio".

Il valico in questa stagione è chiuso. Nella gola si misurano anche dieci-dodici metri di neve. Sappiamo che i locali, se le condizioni del tempo lo permettono, raggiungono Drass, a circa venticinque chilometri da qui, camminando sul manto nevoso che specialmente nelle prime ore del mattino è duro come il cemento.
Siamo soli in questo romantico angolo di Himàlaya indiano. I piccoli cottage sono chiusi e qualcuno si affretta a cercarci un alloggio per la notte. Si danno molto da fare i kashmiri, sono conosciuti in tutta l'india come commercianti nati e non si fanno sfuggire neanche la più piccola occasione per guadagnare qualcosa. Ma questi luoghi comuni sembrano non valere in questo momento. Siamo due insoliti visitatori che per di più vogliono attraversare lo Zoji-la in marzo. Ci guardano tutti un po' stupiti e si prodigano gentilmente per trovarci una gelida stanza dove campeggia un enorme camino spento. "Ten dollars for wood, Sir!" Caspita, la legna costa il doppio della stanza!

Dopo pochi minuti un caldo e penetrante profumo di cedro stempera il nostro igloo. Ci addormentiamo come massi nei nostri sacchi e l'ultimo pensiero va alla muraglia di neve che ci aspetta l'indomani.
È ancora notte quando la jeep Mahindra del sig. Shakir ci sveglia col suo rumore di barattolame. Siamo già praticamente vestiti. Un po' d'acqua gelata sugli occhi, i sacchi un po' affumicati dentro gli zaini e saliamo a bordo. Iniziamo ad inerpicarci stentatamente su per i ripidi tornanti dello Zoji-la. Non si vede nulla se

non muri di neve ai lati della strada. Il debole fanale della Mahindra non arriva che a pochi metri e non ci rendiamo conto di cosa ci sia intorno. Conoscevo il passo per averlo percorso d'estate più di una volta sul cassone di un autocarro e ricordavo le carcasse di camion cadute in fondo alla gola e mai recuperate. Mi addormento forse per esorcizzare questi pensieri.

"Road finish, Sir!" Improvvisamente il motore si spegne, riprendo conoscenza e vedo Shakir brusco e frettoloso; sembra proprio volerci scaricare il prima possibile. Ci guardiamo intorno, non si scorge assolutamente nulla se non la vaga luce di una aurora ancora lontana. A pochi metri sono parcheggiate delle macchine per aprire la strada. Le loro sagome mostruose si delineano contro il debole chiarore di una grossa tenda da campo dove qualcuno ha acceso una lampada. Sono gli operai addetti alla manutenzione delle strade di montagna indiane. Ci invitano ad entrare. Facce scure e occhi arrossati dal fumo lampeggiano tra coperte, brandine ed una stufetta che emana un gradevole tepore. Ci offrono un tè kashmiro al latte, bollente e ricco di spezie, coriandolo, cannella e chiodo di garofano. È un nettare. Sono esterrefatti dalla nostra presenza lì e un tale, che si qualifica come "land surveyor", geometra, ci chiede dove cavolo ce ne stiamo andando a quell'ora ed in quel posto. Gli rispondo che abbiamo saputo che lo Zoji è praticabile a piedi anche a strada chiusa e, affermo con molta decisione, che non occorrono speciali permessi per stranieri. In India non si sa mai! Sorride e ci incoraggia dicendo che sarà una giornata splendida e che dobbiamo arrivare a Drass entro la tarda mattinata perchè con il sole ci può essere il pericolo di qualche valanga….
Ulisse ed io ci guardiamo un po' perplessi: "Ho pensato a tutto ma non alle valanghe" mormora Ulisse che ha molti programmi per il futuro. Confidiamo nella nostra buona sorte e ci allontaniamo lentamente dall'accampamento. Shakir, ingentilito dal tè, fa ancora qualche passo con noi portandoci uno zaino fino al punto in cui la vaga traccia di strada sparisce e un manto nevoso immacolato ci si para dinnanzi.
" You walk sloli sloli, ok Sir?". Ok Shakir, ma perchè te ne vai accidenti?
Una leggera ansia ci attanaglia per un attimo. Va bè, era stato tutto deciso da mesi e adesso non è proprio il caso di tirarci indietro. Zaini in spalla, salutiamo il "land surveyor" e cominciamo il nostro cammino verso il Ladakh. È piuttosto freddo e siamo decisamente emozionati anche perchè è la prima volta che ci capita di percorre dei sentieri in Himàlaya senza portatori o guide. Ma anche una certa eccitazione si fa presto strada, sopratutto quando si cominciano ad accendere le vette di sei settemila metri come illuminate da un ciclopico riflettore. È uno spettacolo mozzafiato quello che si dischiude dinnanzi ai nostri occhi. Stiamo camminando su un tappeto bianco e compatto di neve immacolata. La luce azzurro intenso dell'alba avvolge

tutto con una tonalità gelida e surreale. Il silenzio è assoluto, non una nuvola, non un alito di vento. Solo il debole affondare dei nostri scarponi sul manto nevoso intacca, con il suo rumore ovattato, questa solitudine metafisica. Una piccola falce di debole luna si posa su una cima senza nome.
Ricordo senza volerlo, quasi sollecitato da questo incanto, i versi di Leopardi: " e queste sovra i tetti e in mezzo agli orti posa la luna e di lontan rivela, serena, ogni montagna". Ogni montagna: il cuore del poeta, il nostro! Il buddismo Vajrayana (veicolo del fulmine) del Tibet specchia su queste montagne il ritratto dell'adepto che ha raggiunto allo stesso tempo sapienza e liberazione. Per questo lo vede come fatto ad immagine del diamante.

Vajra designa il fulmine, ma anche la natura adamantina, invulnerabile e indistruttibile della nostra mente. Una metafora del fulmine: il fuoco celeste la cui fiamma si pietrifica nell'assolutamente puro del diamante. Quel che più assomiglia a questi paesaggi è l'ossimoro incandescente. Il nero bianco, il fuoco gelido, la passione indifferente. Tutto quello che fino a qui si era creduto inconciliabile, trova la sua vera natura, gli estremi si toccano. Le montagne "formidabili", per usare un'altro aggettivo leopardiano, sembrano il disegno della serenità imperturbabile del Buddha dopo essere state l'immane cataclisma del fuoco generatore. Insegnano l'aggiogamento al principio superiore di opposti inconciliabili che solo nel luogo della purezza si possono riconoscere come componenti di una sola verità. Nel buddismo del Tibet, buddismo impregnato fortemente degli elementi yogici del tantrismo indiano, questo è rappresentato dalla polarizzazione fuoco-diamante ed erotismo-distacco. Il Buddha supremo Vajradhara, colui che detiene la folgore, è per i Tibetani l'essenza adamantina, il "Signore delle pietre".

Il passaggio dal fuoco alla pietra, dalla passione alla durezza proviene dalla tradizione filosofica indiana.
Ricordo molto bene la faccia soddisfatta di un libraio di Thamel, il quartiere tibetano di Kathamandu, nel mostrarmi in mezzo a centinaia di volumi sul buddismo, tantrismo, Tibet, Nepal ecc., un vecchio libro italiano. Un resoconto di un viaggio in India del poeta piemontese Guido Gozzano. Il titolo era "Verso la Cuna del Mondo". Gozzano cercava "qualcosa di inverosimile e di soprannaturale", come scrive egli stesso. Qui il suggerimento del paesaggio è proprio questo: trovare nuove convinzioni in cui rifugiarsi. Lo stesso Gozzano parla degli animali dell'India come del "vivaio del buon Dio". Qui è anche vivaio della mente. Nel nostro mondo troppe cose stanno al posto dell'intima convinzione di essere uomo. Qui alla fonte, ai primordi, è il fuoco del sole che ti brucia, mentre ad un passo, all'ombra, ti attanaglia il freddo a trenta

gradi sotto zero. Maraini scrive: " La bellezza del Tibet è forte, elementare, sublime. Due degli spettacoli più grandiosi della natura, i deserti e i ghiacciai, sono qui a contatto. Il deserto sale, fuoco e colore, a spegnersi sul ghiacciaio; il ghiaccio scende, gelo e luce, a ingioiellare le pietre. All'incontro un anello verde; l'acqua fa fiorire la solitudine. " (Segreto Tibet).

L'esperimento Whymper di fronte a questi picchi di diamante che si confondono col cielo è infallibile. Camminando un po' goffi ed appesantiti sotto i nostri carichi, ripetiamo con gusto alcuni slogan pubblicitari alle montagne che ce li restituiscono macinati, frantumati, rifusi, ridicoli in un brontolio distruttivo che era già nella nostra mente. "La mia sicurezza è Facis!!!" strillo ad Ulisse che, guardandomi di sottecchi, abbozza un sorriso dissolvitore del leggero panico insinuato dalla solitudine e dalla stanchezza, dalla luce accecante e dalla neve ormai molle sotto i nostri piedi. La serena montagna serve a questo. Sono nuovi colloqui con nuovi noi stessi. Ci guardiamo, Ulisse ed io, due estranei, felici, ma per poco. Fino a quando durerà il conforto di tali testimoni del silenzio. Il tempo e lo spazio sono altri, altri sono i ricordi. Non parliamo, e sappiamo che tutti e due pensiamo le stesse cose. Ricordi che sembravano importanti si dissolvono, affiorano altri che sembravano perduti. Il nostro colloquio in silenzio è confortato, suggerito dalla luce d'intenso azzurro che si compone di sassi, sappiamo ora chi è il Signore dei Sassi e lo sospettiamo persino in fondo al nostro cuore infedele.

Ci guardiamo compiaciuti ed emozionati come due ragazzini. Ci sentiamo un pò Fosco Maraini o Giuseppe Tucci, i nostri miti, sui cui libri avevamo idealizzato anche per noi questi momenti magici. Attraversare l'Himàlaya a piedi! Oggi, che anche quassù gli inclusive tours fanno scarrozzare i turisti sulle asmatiche Ambassador indiane durante la stagione estiva, questa ci sembrerà veramente una pagina memorabile delle nostre piccole avventure di viaggiatori di fine secolo. Penso a Tucci che passò da queste parti del mondo, di ritorno da una spedizione nel Tibet occidentale. C'era un passo del suo resoconto di viaggio che mi torna sempre alla mente e che ci illumina sul sentirsi "Essere" in queste lande desertiche: "In questa terra desolata, siamo come smarriti in un'afona solitudine: in tali silenzi l'uomo sembra confondersi con le forze cosmiche; scompare in lui ogni velleità demiurgica. Lo abbandona il demone che lo sospinge verso le sue tragiche fantasie ed i suoi sogni folli. Lo riafferra il senso dell'unità elementare delle cose. Germoglio espresso dalla terra egli si spersonifica, identificandosi con la versiforme energia fluente nel tutto.... " (Tucci: "Santi e Briganti nel Tibet Ignoto"). Vediamo lontano delle sagome squadrate e scure contro la parete della montagna.

Sono case. Del fumo sale dai tetti. È Drass, uno dei poli del freddo dell'Asia. Qui in gennaio si arriva anche a meno 50° e il paese non conosce il sole per mesi. Oggi forse siamo "solo" a meno 20° ma siamo così carichi e coperti che il freddo proprio non lo sentiamo. Ci avviciniamo. Sono scomparsi i tetti spioventi, non c'è un'albero. Su alcune case i vessilli vittoriosi del buddismo ci dicono che abbiamo cambiato mondo: siamo nel Piccolo Tibet.

Aperto al turismo nel 1975, il Ladakh, il "paese dei valichi", fu il primo territorio del transhimàlaya a carattere fortemente tibetano a dischiudersi al "turismo moderno". Terra di transito di carovaniere sin dall'epoca di Marco Polo, il Ladakh impressionò moltissimo i primi visitatori per il suo aspetto lunare. Costellato di monasteri e templi di grande valore artistico, il Ladakh, pur conoscendo specialmente nella stagione estiva un discreto numero di visitatori, non ha perso nulla del suo fascino. Abitato da una etnia in cui i tipici caratteri mongolici dei tibetani sono diluiti con quelli di popolazioni indoeuropee che abitano il centrasia, Dardi, Baltit, Brokpà, il Ladakh viene anche chiamato con il suggestivo appellativo di "Piccolo Tibet". Lungo la carrozzabile Srinagar-Leh (450km, due giorni di viaggio in estate) si trova il confine tra il mondo musulmano e quello buddhista. Dunque già qui a Drass i vessilli vittoriosi del buddismo fanno mostra di sé sui tetti a terrazzo in stile decisamente tibetano. Sonamarg, l'ultimo villaggio kashmiro, è a soli 30 km, ma l'atmosfera è completamente cambiata. La strada volge ancora verso nord e si avvicina a pochi chilometri dal confine col Pakistan. Ecco di nuovo, per un attimo, ripiombiamo in pieno ambiente musulmano. Siamo a Kargil. Nei piccoli negozi, nelle barbierie, negli hotel costruiti dopo il '75, campeggiano i ritratti dell'Ayatollah Khomeini. Kargil è luogo di sosta quasi obbligatorio nel viaggio per Leh. I 450 kilometri che separano la capitale da Srinagar non si riescono a coprire in una sola giornata e il villaggio di Kargil è proprio a metà strada. Poco oltre, lungo la strada, sulla destra, compare una gigantesca statua di Chamba, il Buddha futuro. I tratti sono insoliti, si intravvede uno stile che in qualche modo ricorda l'arte scultorea dell'antica Grecia. Infatti il Buddha di Mulbeck data quasi duemila anni. Fu costruito all'epoca di Kanishka, imperatore Kushana che nel II secolo diede vita ad un grande regno buddhista, che arrivava all'odierno Afghanistan, e ad una forma d'arte chiamata irano-buddhista intrisa di vaghe componenti mediterranee, probabilmente retaggio dei guerrieri greci stanziati lungo il percorso di Alessandro. Procedendo verso Leh si deve ora affrontare lo spettacolare passo del Fatu-la, 4200 m, una serie infinita di tornanti a strapiombo su vallate desolate e selvagge. Tutto è ammantato di neve dura come il cemento. La nostra piccola jeep Mahindra arranca con le sue gomme lisce a passo d'uomo. Improvvisamente, dopo una curva, compare uno dei complessi monastici più inquietanti e spettacolari di tutto il mondo tibeto-himalayano: Lamayuru. Il monastero, in perfette condizioni, fu fondato nell'anno mille da Rinchenzangpo, assieme ad altri 108 in tutto il Tibet occidentale, e sovrasta su un cucuzzolo il villaggio sottostante. La sua struttura attuale risale però al sedicesimo secolo. La leggenda parla di un antichissimo lago popolato dai serpenti naga che qui esisteva ai tempi del Buddha Sakyamuni. Uno dei discepoli del Buddha, l'Arhat Madhyantaka, grazie ai suoi poteri soprannaturali, prosciugò il lago e lo liberò dalle forze nefaste. Il monastero è chiamato dai ladakhi "tarpa ling", luogo della libertà, ed è abitato da una trentina di monaci. Il suo giovane abate è un ragazzo di una ventina d'anni che, come molti giovani Tulku "reincarnati", ha compiuto i suoi studi monastici nei collegi delle comunità tibetane in India. Dopo un pernottamento nella stanzetta al piano superiore di una casa ci svegliamo con i ghiaccioli sulla barba e sui baffi. Guardo Ulisse che emette fumetti dal fondo del suo sacco a pelo. La temperatura sul termometro appeso vicino alla finestra segna -18°. Non c'è male! A fatica risolviamo di uscire dai sacchi e dopo aver ingollato due o tre tazze di tè salato e bollente riprendiamo il cammino alla volta di Leh. La piccola capitale del Ladakh, Leh, "recinto per gli armenti", giace a 3600 m d'altezza ai piedi del monumentale palazzo reale del Gyalpo (il sovrano). È una tipica città centrasiatica senza tetti e con tutte le casupole dello stesso color ocra ammassate attorno alla via principale che funge da bazar. Il palazzo, che ricorda in qualche modo il ben più grande Potala di Lhasa, fu costruito nel XVI sec da Synge Namgyal, potente sovrano della omonima dinastia che governò il paese fino al XVIII sec. Il Ladakh, che nel corso della sua storia si mantenne sempre relativamente indipendente ma nell'area d'influenza del Governo del Tibet, finì, come spesso accade nella storia, col cadere nelle mani di coloro a cui aveva chiesto aiuto per riacquistare una totale autonomia, i Kashmiri. Leh pullula di piccoli hotels che sono nati uno dopo l'altro in seguito all'apertura al turismo del "Paese dei Valichi". Il Ladakh vive due vite, quella estiva caratterizzata dai lavori dei campi e dal flusso turistico che anima blandamente le sue vallate deserte, e quella invernale dove tutto si ricompone in una morsa di gelo che, apparentemente, paralizza la vita. Ma non è così. Soprattutto verso la fine dell'inverno, febbraio-marzo, inizia il periodo delle grandi feste che ogni monastero celebra con variopinte e festose danze rituali. Sembra proprio che il paese si riappropri in maniera totale di quella identità fortemente tibetana che, attraverso le danze dei monaci, trova la sua espressione più autentica. E intanto la gente passa il suo tempo nelle case dove le grandi stufe in ferro bruciano stancamente l'unico combustibile disponibile in un mondo senza alberi: lo sterco di yak essiccato. Si fila la lana, si tessono tappeti, si leggono le scritture, si aspetta la festa del vicino monastero.

Colori gioiosi contro il tirannico biancore della neve

I grandi sacrifici che richiede un viaggio invernale in Ladakh sono ampiamente ripagati dallo spettacolo del panorama delle valli imbiancate da una sottile ma tenace coltre di neve e dall'atmosfera delle feste celebrate nei monasteri. I principali monasteri rappresentano i Cham, le danze rituali tra febbraio e fine marzo. Il popolo ladako, agghindato per le migliori occasioni, raggiunge a piedi o su camion il sacro luogo delle danze. Ma questi eventi sono anche occasione di incontri e di nuove relazioni sociali; si combinano matrimoni, si fanno piccoli commerci. La gente, nella variopinta cornice dei Cham, costituisce uno "spettacolo nello spettacolo". Ecco i pubblico femminile che sfoggia i copricapi tempestati di turchesi azzurri, i "Perak", i broccati sgargianti indossati assieme a primitive pelli di capra per proteggersi dal freddo, i curiosi cilindri imbottiti e privati della tesa anteriore tipici di queste parti del mondo. I bambini con le loro "chupa" color rosso vinaccia corrono tra le maschere un po' impauriti e un po' affascinati da uno spettacolo che non sanno interpretare razionalmente ma che tocca già le corde intime della loro anima. Tutto questo insieme rende il Cham uno degli spettacoli più straordinari del mondo tibeto-himalayano. Siamo al villaggetto di Likir per assistere ad un festival di danze rituali. Sorge a quasi quattromila metri d'altezza attorno al grande gompa (monastero in tibetano). È lontano dalla strada principale e dalle sue terrazze si dischiude un paesaggio mozzafiato. Sullo sfondo le catene innevate dello Zangskar occludono l'orizzonte. Infinitamente laggiù, la valle dove l'Indo, mezzo congelato, scorre verso le pianure indiane. Il festival di Likir dura tre giorni che culminano con la esposizione di una grande "tanka" (pittura arrotolata su stoffa) che raffigura Tsong Kapa, il fondatore della scuola a cui fa riferimento il monastero. All'alba nel cortile gelido iniziano suoni surreali. La gente si ammassa per scaldarsi e beve tè in continuazione. Il sole gelido non riesce al far salire il termometro oltre 6-7 gradi sotto zero. I danzatori escono dalla porta principale e scendono maestosamente le scale ondulando le loro pesanti maschere. Si alternano danze che raffigurano gli animali deificati, il cervo, il corvo, il cane, alle danze delle deità terrifiche (Mahakala il "Grande Nero") alle danze degli Sha-nag: i cappelli neri. Queste ultime danze, cariche di simbolismo esoterico, ricordano l'episodio dell'uccisione del re Lang Darma ad opera di un monaco vestito di nero che, da una distanza straordinaria, colpì il perfido sovrano che aveva perseguitato il buddismo e restaurato l'antico culto Bon. Nella visione estrema e quasi paradossale del concetto di compassione buddhista anche questa soppressione di una vita umana, tesa ad impedire all'essere malvagio di accumulare un karma fortemente negativo, viene visto come un gesto altamente compassionevole. Le danze degli Sha-nag, che durano ore, procedono con passi solenni e cadenzati accompagnati da una musica grave e ripetitiva che a lungo andare generano tra il pubblico una specie di ipnosi collettiva.

I Cham risalgono come tradizione allo stesso Padmasambawa, il diffusore nell'VIII sec. del buddismo in Tibet, che fu il primo ad eseguire una danza rituale, volta a neutralizzare le energie negative che si opponevano alla diffusione del buddismoi in Tibet. Il Cham rappresenta sicuramente uno degli aspetti più affascinanti del Tibetano. La policromia dei costumi, maschere ed ornamenti… i suoni profondi e drammatici degli strumenti musicali… la potenza simbolica delle movenze dei danzatori… le metafore archetipiche delle "storie meravigliose" raccontate tramite i Cham sono tutte comunicazioni che toccano con grande forza il cuore e la mente di quanti assistono al sacro spettacolo. A questo proposito sarà bene dire subito che l'esecuzione di un Cham non ha nulla a che vedere con uno spettacolo o un avvenimento profano. Al contrario, le danze rituali, sorta di meditazione in movimento, sono parte integrante della tradizione tantrica e vengono rappresentate per motivi spirituali all'interno di una ben precisa cornice religiosa. Semplificando si può concludere che le maschere dei Cham rappresentano divinità che simboleggiano degli stati particolari della mente. Il danzatore, sempre un monaco, nel compiere i passi, nella gestualità dei mudra, nel ritmo del respiro che lo accompagna, subisce una sorta di trasformazione interiore che lo porta a "divenire" la divinità che egli rappresenta. Anche se nella maggior parte degli spettatori c'è una enorme difficoltà a cogliere tutti gli aspetti "formali" del Cham, tutta la suggestione del linguaggio archetipico delle danze e la consapevolezza di vivere un contatto diretto con il "soprannaturale" diviene patrimonio comune del pubblico e dei danzatori. Sicuramente il Cham è una delle manifestazioni principali in cui il popolo del Tibet ritrova la sua unità ed identità culturale. Il festival dura diversi giorni durante i quali si finisce col precipitare con la mente ed il corpo in una specie di "altrove assoluto". I suoni, i colori, il bianco della neve, l'ottundimento dell'altezza, i volti rugosi e unti di burro dei ladakhi in festa e il senso di lontananza assoluta dal nostro mondo ci trasportano nel magico incanto di uno sconosciuto passato che alberga dentro di noi e mai emerso. Mi allontano dal luogo delle danze quando il sole è sparito dietro una vetta e la luce si tinge di un gelido azzurro, per fotografare il monastero da lontano. Chiedo di poter salire sul terrazzo-tetto di una casa. Mentre, intirizzito, scatto qualche foto col cavalletto mi accorgo di uno strano bagliore rossastro alle mie spalle. Mi volto e vedo quattro fanciulle accovacciate che sorridono, bellissime. Hanno acceso un fuoco di ginepro per scaldarmi.

Ladakh 2004- Due ruote sul tetto del mondo.

A volte la vita ti fa doni inaspettati e affetti, passioni, impegni o professioni può accadere che, magicamente, si ritrovino mescolati, uniti, condivisi. Da ragazzo, come molti della mia generazione, ho avuto due grandi fortune, due grandi passioni: la musica e la motocicletta. Ero poco più che bambino e in campagna mi alzavo all'alba per avventurarmi di nascosto per le strade della Val Marecchia con una vecchia moto di mio zio Gianbattista, una Matchless 350 G3L dell'ultima guerra… Pochi anni dopo mi infilavo con il più grande entusiasmo, e conseguenti tribolazioni scolastiche, nell'ondata beat imbracciando la chitarra per non lasciarla mai più. Tanti anni dopo, alla fine dei '70, sposo la causa tibetana come un amore incondizionato e nel 2000 mi ritrovo a suonare, assieme ai miei figli e alla mia band i "Rangzen", a Dharamsala davanti al Dalai Lama e 10. 000 tibetani alla festa del TCV (Tibetan Children Village). Dopo due anni, con il vecchio amico Emerson Gattafoni, star del documentarismo in moto, sono infine protagonista di uno dei più bei viaggi della mia vita. In sella a due Pegaso raggiungiamo il Ladakh e la valle di Nubra nell'estremo nord dell'India lungo la carrozzabile più alta del mondo. Il viaggio ha sempre, comunque, una componente umanitaria e portiamo al TCV di Leh una bella somma raccolta in occasione del Castagneto Day- Sponsor Aprilia e Belstaff..
Io sono, in un certo senso, il coordinatore dei rapporti con le istituzioni tibetane e riesco ad ottenere una privatissima ed esclusiva intervista con il Dalai Lama.. C'è appena stato l'11 settembre e si parla dei problemi che affliggono il mondo e della cultura del dialogo e della "via di mezzo" che non scalfisce minimamente i dirigenti di Pechino..

Poi Emerson, improvvisamente, chiede al Dalai Lama se è mai stato in motocicletta (so che in cuor suo spera di fargli fare un giretto…) e, sorpresa, Sua Santità ci racconta che una volta, da ragazzino, non resistette alla tentazione e notte tempo si alzò di nascosto per mettere in moto la BSA di una delle sue guardie del corpo..La inforcò sollevandosi la tonaca rossa e cominciò a gironzolare per i giardini del Norbulinka… Ho ancora in mente il suo sguardo divertito e la mimica del suo muovere il manubrio… " Praticamente"sorride sornione" l'ho fatto proprio come un ladro… " Ma raccontiamo questa singolare avventura in Ladakh dal nostro arrivo a New Delhi..

Le due moto sono laggiù, nella penombra, rinchiuse in due enormi casse di legno dentro le quali hanno viaggiato dall'Italia a Nuova Delhi. Noi siamo sepolti da due giorni negli uffici della dogana aeroportuale della capitale indiana e nonostante la grande efficienza del nostro importatore e la assoluta regolarità dei nostri documenti sembra un'impresa impossibile tirare fuori le Pegaso da quel maledetto antro. La temperatura è vicina ai quaranta gradi. Centinaia di ventilatori muovono un'aria densa, pregna di mille odori contrapposti. Un esercito di uomini neri simili a diavolacci armati di piedi di porco apre casse e imballaggi per i controlli doganali sotto gli occhi stanchi di svogliati funzionari con carta e penna. Vedo materiale chimico di un'industria tedesca a me molto nota. Eì quella per cui lavoro.. Più in là enormi sacconi di iuta nascondono chissà quali maleodoranti merci. Materiale hi-fi e pezzi di ricambio meccanici. Muletti fatiscenti portano lentamente fuori uno dopo l'altro i colli sdoganati, ma le nostre moto non escono mai. Il mio compagno di viaggio Emersono Gattafoni, noto film-maker "on the road", ha già vissuto un'esperienza simile all'aeroporto di Bombay (oggi Mumbay) e non sembra prendersela più di tanto. Io, "vecchio viaggiatore dell'India", sono invece vicino ad una crisi isterica. In due giorni di pellegrinaggi in quei fatiscenti uffici abbiamo raccolto due enormi faldoni: carnet, assicurazioni, dichiarazioni autografe. Ma di uscire di lì non se ne parla, mentre nei nostri passaporti in pratica è marchiato a fuoco "Non uscirete dall'India senza le due motociclette".

Ed infine il miracolo: lo sfumacchiante muletto esce lentamente e ballonzolando con la prima delle due Aprilia. Poi arriva la seconda. Le casse si aprono sotto gli occhi di centinaia di indiani che hanno interrotto tutte le attività per vedere il rito. Le casse sollevano l'ingegnoso coperchio e i due "mostri" con i colori del Tibet, rosso ed ocra, paralizzano gli occhi e la bocca degli astanti. Attacchiamo le batterie, un po' di benzina e il ruggito del potente monocilindrico sovrasta tutti i rumori del vasto piazzale.

Alle sette di sera, mentre un pallido sole cala sullo smog della caotica capitale dell'India ci infiliamo, infine liberati, nello spaventoso traffico di camion, taxi, bus e veicoli di ogni genere. Urliamo e "sgasiamo" come due galeotti usciti dalla Caienna. Tra qualche giorno saremo infinitamente lassù, nell'aria tersa e rarefatta, tra bianche nuvole, cieli cobalto e in mezzo a scenari mozzafiato. Saremo in moto sul Tetto del Mondo.

Quest'anno, devo dire per nostra fortuna, il monsone è in spaventoso ritardo e tutta l'India sembra ormai allo stremo. La terra è arsa. Le piante già verdi appaiono però raggrinzite e piangenti. Il vento soffia come un phon acceso e il cielo è grigio, ma di pioggia neppure l'ombra. Lasciamo velocemente quella fornace e ci dirigiamo verso i 2200 m di Simla, la capitale dell'Himachal Pradesh, meta privilegiata del turismo montano dei britannici un tempo e degli indiani abbienti oggi.. Sono 360 km che corrono veloci sotto le nostre ruote dentate. Il caldo è attenuato dalla velocità. Il panorama dell'India piatta e "hubly" ci tiene compagnia per

poco tempo. Appaiono grosse nuvole nere che coprono i primi contrafforti montani. Qualche incerta goccia di pioggia e poi le prime curve dopo 300 km di pianura. Pieghe a destra e a manca. Le moto volano sicure e si mangiano in un lampo tutti i veicoli indiani che incontriamo su per le rampe alla volta di Simla. Non so più quante volte sono stato in questo paese, ma oggi, a cavallo di due potenti ruote, mi sembra ancora una volta un nuovo paese, una nuova prospettiva. L'aria. Il paesaggio che ti avvolge. La moto è veramente sinonimo di libertà. Devo ammettere che facciamo anche una certa scena… le motociclette sono decisamente più grosse di qualsiasi biciclo indostano. I nostri caschi, del colore delle moto, riportano una vistosa scritta "Eastern Roads-Tuscany-Tibet Raid" Eh si, perché la nostra partenza "ufficiale" è avvenuta in Toscana al Castagneto Day e la nostra "missione" è quella di portare i fondi raccolti in occasione di quell'evento e destinati ai bambini profughi del Tibetan-Children Village di Leh nel Ladakh.
Gli Indiani ci fanno sempre grandi saluti e già alla prima sosta inizia subito la consuetudine di posare per una foto accanto alle nostre moto. Seconda domanda di rito: "How does it cost?" Partiti dal prezzo vero della Pegaso dopo un po' cominciamo a calare viste le facce sbalordite per un prezzo con il quale in India si comprano tre Royal Enfield Bullet. La Bullet è praticamente un vecchio monocilindrico a cambio separato "brtitish style" considerata comunque l'ammiraglia delle moto disponibili in India. Tra le Pegaso e le Enfield inizia subito un silente contenzioso lungo tutto il viaggio perché, notiamo, quest'anno tra gli "alternativi" è di gran moda noleggiare il vecchio ferro di sua maestà e affrontare le impervie salite himalayane con la consapevolezza che però alle alte quote, data la carenza di ossigeno, si dovrà spingere l'ansimante moto a carburatore.

Noi ce la passiamo molto meglio perché, a parte i sessanta cavalli di cui dispone la Pegaso, i tecnici dell'Aprilia hanno inserito nel motore Rotax un diabolico congegno elettronico regolato da un altimetro che varia l'iniezione in funzione appunto dell'altitudine. Risultato: anche a 5700 metri dove tutti i veicoli indiani sembrano esalare l'ultimo respiro, le nostre moto si librano leggere e potenti. Il motociclista Enfield ha inoltre un look che, come spesso accade, nella sua finta trasandatezza diviene fatalmente un must, con particolari estetici e dettagli che appaiono casuali ma in realtà estremamente accurati e da cui non si può prescindere. Egli infatti deve avere un'aria vagamente selvaggia. Indossa per lo più canotte semi lerce e non porta mai il casco. Quasi sempre sulla fronte in alto campeggiano vecchi occhiali tipo saldatore. Tatuaggi e piercing con discrezione. La moto, poche cromature e vernice malandata, è carica all'inverosimile. Zaini, tanniche di benzina, feticci vari di vaga reminiscenza hippie. Il motociclista Enfield è belloccio e ha la barba

d'ordinanza nonché l'aria vagamente sprezzante verso di noi centauri "hi tech" e con fichissime giacche, che però ci prendiamo le nostre silenti rivincite lasciandogli per ricordo le foto dei nostri tubi di scarico. Eh.. non c'è nulla da fare, il gas chiama e sia Emerson che il sottoscritto non resistiamo spesso dallo slegare i nostri cavalli su per gli ultimi tornanti asfaltati della Hindustan-Tibet Highway. Dopo Simla la musica cambierà completamente e il nostro pane quotidiano saranno frane, torrenti in piena da guadare, pietre e polvere, impervie salite e baratri paurosi attraverso però i più bei scenari naturali del mondo.

Simla, o Shimla, è una colata di migliaia di case in stile misto indo-britannico, che precipitano lungo la fiancata di una enorme montagna nel pre-himalaya indiano. Conta oggi circa 130mila abitanti e fa impressione perché nessuno si aspetterebbe un agglomerato urbano così grande in mezzo a questi monti. Ci appare tutta coperta di una fitta nuvolaglia nera che stenta, per nostra fortuna, a scaricare il diluvio che trattiene. Dal piccolo villaggio montano che era alla fine dell'ottocento la città è diventata ora la "Cortina dell'Himàlaya" e il crescente turismo interno indiano l'ha eletta a meta privilegiata per sfuggire al forno crematorio della pianura prima dell'arrivo della stagione delle piogge. Per noi è solo la prima comoda tappa del nostro lungo pellegrinaggio in groppa alle due "Pegaso" 650 tra le valli e i picchi del "Piccolo Tibet".

Grazie al munifico Emerson, produttore della spedizione e del film che ne ricaveremo, alloggiamo all'Hotel Clarks Oberoi, il primo albergo acquistato dal Signor Oberoi. Di questa storia il personale dell'albergo è molto orgoglioso mentre ci mostra le grandi camere con ampi caminetti e il mobilio coloniale affascinante e decadente.

Solo, nel vasto appartamento che mi è stato assegnato, respiro il vago odore di muffa che proviene dalla vecchia moquette. Penso a Kipling che amava soggiornare e scrivere quassù, ai funzionari britannici con le loro signore agghindate con inadeguati e scomodi abiti fine secolo. Ai "coolies" ai "seepoys". Penso a quell'India sparita. Gli indiani alla fine dell'ottocento erano circa 160 milioni. Quando ci venni la prima volta erano 600 milioni. Oggi sono un miliardo.

Abbiamo insistito per parcheggiare le nostre moto praticamente dentro l'albergo non già per il timore di furti quanto per l'irresistibile voglia degli indiani di salirci sopra, mettere le marce, smanettare ecc. Per fare questo Emerson percorre a motore acceso una ventina di metri nell'unica isola pedonale di Simla, quella di Main Road. Non l'avesse mai fatto! L'infrazione ci costa una buona mezz'ora di aspro contenzioso verbale con un poliziotto in vena di renderci il soggiorno alquanto sgradevole.

La vivacissima Main Road, piccola ma densa di tutto, si snoda quasi a ridosso del crinale estremo della città: negozi di ogni genere, piccoli ristoranti, bar con qualche pretesa di stile occidentale e una fiumana di folla variopinta che lentamente si riversa per vicoli e angiporti. Scimmie sgradevoli saltellano familiarmente fra la gente. Indiani fighetti in jeans e Ray-Bam si mescolano a mendicanti musicisti che si fanno largo tra lamentose nenie. Sull'ampio piazzale che sovrasta la città ai piedi di una grande cattedrale anglicana, bambini, turisti e ragazzotti ciarlieri posano per delle foto o fanno piccoli patetici giretti in groppa a sonnolenti cavalli Kathyavari (quelli con le orecchie curve all'indentro).

Quando lasciamo Simla il clima è perfetto. Siamo in quota e l'aria è frizzante. I grandi alberi sempre verdi ombreggiano lungo la bella strada asfaltata degna appunto della Cortina himalayana ma dopo pochissimo ecco che cominciamo a precipitare verso la gola del turbolento Sutlej, un affluente del Gange che nasce sull'altipiano del Tibet. È un forno. Non tira un alito di vento. La roccia primordiale che la disegna è rovente. Il fiume, limaccioso, urla sotto di noi e la strada è un disastro continuo. Frane, pietre, massi enormi che improvvisamente ci sbarrano la strada. Abbiamo la sensazione di una roulette russa. I camion ci ignorano e anzi a volte sembra che si divertano a schiacciarci contro le pareti della montagna o a spingerci nei precipizi non protetti lungo la carrozzabile. Anni fa scrissi della grande civiltà ed educazione stradale dei camionisti indiani. Oggi non potrei più sostenere la stessa cosa. Anche sulle lente carrozzabili del subcontinente indiano si respira quella maledetta aggressività generata dai veleni del "mondo nuovo". Quella della fretta, del guadagno, della competitività esasperata, dell'odio sociale.

Stremati da una tappa massacrante pernottiamo a Kalpa, uno sperduto e magnifico villaggio a 3300 metri nella remota regione del Kinnaur. Nell'incredibile complesso di templi indù assistiamo ad una inquietante cerimonia. Due divinità, una maschile ed una femminile, forse Shiva e Parvati, sono state trasportate a spalla da una cupa processione notturna e da due villaggi lontani. Si incontrano infine a Kalpa, in una complessa cerimonia nel cortile del tempio, per simulare attraverso ammiccamenti e toccamenti, tra musiche ritmate ma dissonanti, un amplesso mistico. C'è n'è abbastanza per turbarsi comunque in quel misto di ritualità pagana e raffinate allusioni esoteriche, là dove l'universo femminile la fa da padrone, con tutto il suo simbolismo tantrico e la lasciva iconografia a noi spesso incomprensibile nella sua giusta rappresentazione.
Siamo diretti in Spiti, remota area di cultura tibetana. A Sumdo (confluenza), a 18 km dal confine col Tibet, imbocchiamo l'omonimo fiume affluente del Sutlej. Sono completamente spariti gli alberi ed un deserto

∧ Danze rituali a Likir. Pubblico, monaci, danzatori, gioielli, tanka gigantesche, suoni di trombe e cimbali in una delle più significative espressioni della cultura tibetana.
   Cham at Likir. People, monks, dancers, jewellery, enormous tangkas, cymbals and oboes sound everywhere. On of the most significat expression of the tibetan culture
> Vedute della capitale del Ladakh, Leh- Il corso e il palazzo del Gyalpo. il re. 1984
   Some views of Leh, capital of Ladakh. The mall and the ancient royal palace of "Gyalpo"

pietroso, tra orride forre e montagne ora francamente insormontabili, si dischiude innanzi a noi. La strada sembra però tornata decente e iniziamo a salire con un certo brio. Dietro di noi c'è una Toyota Qualis fabbricata in India e guidata dal valente Mohen su cui viaggiano i tre amici che ci fanno un po' da scorta. Giulio, Valeria e Marialidia. La Toyota, fortunatamente, ci obbliga a tenere una media tranquilla. Più volte Emerson ed io consideravamo il fatto che se fossimo stati soli avremmo macinato molti più chilometri in un giorno aumentando però di troppo la nostra già elevata percentuale di rischio di incidenti.

Mentre già immaginavamo e pregustavamo il nostro arrivo a Tabo, uno dei più antichi monasteri buddisti della regione ad un paio d'ore di strada, ci si para innanzi un improvviso ostacolo.

Un torrentaccio limaccioso che precipita impetuoso da una altezza sconosciuta sopra le nostre teste, ha devastato la strada mal tracciata che è tagliata sul fianco del dirupo. Da vicino lo spettacolo è pauroso. L'acqua sembra aumentare di intensità e portata minuto dopo minuto. Concitate discussioni se passare o meno. "Le moto ce la fanno!", propone qualcuno, "è inutile che passino le moto se non può passare la macchina!" conclude un altro. "Very, very dangerous!" sentenzia infine Mohen dando un'occhiata sinistra al baratro di cinquecento metri dove si perde il rombante torrente. Mentre stiamo lì non sapendo che pesci pigliare e l'acqua sembra divorarsi attimo dopo attimo la terra, la strada, la montagna, arriva un bus locale che, gagliardo, si lancia verso il guado. Ma si pianta nel mezzo e senza più speranze di muoversi dalla trappola. La gente fugge fradicia d'acqua recuperando alla bene e meglio i poveri bagagli sul tetto. In pochi minuti l'autobus abbandonato è sovrastato dalla nera acqua che lo fa traballare, che entra nell'abitacolo e viene sparata fuori dai finestrini aperti e occupando tutta la sezione degli stessi; quindi inizia a muovere lentamente verso il burrone e poi, sotto gli sguardi ammutoliti degli astanti, precipita scomparendo.

"This is India!" mi sussurra un allampanato soldato sikh allontanandosi e scuotendo la testa.

Siamo esterrefatti! Dobbiamo tornare indietro: un incubo! Dobbiamo aggirare tutto lo Spiti. Centinaia di chilometri. Di qui non si passa più fino alla fine dei monsoni. Siamo impietriti. Ci sono saltati tutti i programmi. Non possiamo più procedere.

È tardi e dobbiamo trovare un pernotto da queste parti. L'unico villaggio nei paraggi e Nako, un insediamento in puro stile tibetano benedetto da un minuscolo lago a oltre 4000 metri di quota.

È una notte stellata di rara limpidezza quella che ci avvolge in pochi attimi, mentre le lievi luci si spengono e le banderuole di preghiera continuano a garrire alla fresca brezza notturna che sale dalla lontana e profondissima valle dello Spiti. L'autobus inondato, le frane, i burroni e poi la gente di Nako intenta festosa

alla raccolta dell'unica loro ricchezza: i piselli. Lontani dal mondo aspettano due volte in una estate l'arrivo dei camion dall'India a cui consegnare in cambio di una manciata di rupie il frutto delle loro fatiche. "Puoi trovare i nostri piselli anche a Bombay" mi dice orgoglioso un ragazzo addetto alla pesa. È una giornata intensa quella che ci scorre nella mente mentre ci addormentiamo come massi.

Il brusco cambio di itinerario non ha spento il nostro entusiasmo. Fedeli al motto "se hai la soluzione perché ti disperi? se non hai la soluzione perché ti disperi?" studiamo un itinerario alternativo per raggiungere Manali la cittadina montana ai piedi del primo vero valico himalayano: il Rothang pass a 3970 m. La mappa ci dice che si può "scavallare" dalla valle del Sutlej attraverso un passo minore, si fa per dire, di 3300 metri: il Jahlori Pass. La scelta si rivela fortunata perché, dopo un pernottamento nella afosa Rampur ci ritroviamo su un "meraviglioso" viottolo di due metri e con remote tracce di un vecchio asfalto che si insinua però attraverso un fantastico habitat naturale. Dense foreste e freschi torrenti di montagna ci accompagnano lungo i cento chilometri di "scorcia" che abbiamo dovuto affrontare. È un percorso sconosciuto al turismo e a bordo delle nostre due Pegaso è un vero piacere della guida. Quando arriviamo a Manali è ancora giorno e facciamo in tempo a visitare questo vecchio quartier generale estivo degli hippies degli anni settanta. Ora anche Manali è invasa dalla immonda colata di cemento indiano senza stile e regole e ha perso ogni attrattiva romantica per gli "alternativi". Cerco qua e là le vestigia della Manali che vidi all'inizio degli anni '80 e sono francamente allibito dalla capacità degli indiani di partorire i più orrendi mostri edilizi che la nostra mente può immaginare.

Da Manali parte la famigerata Manali-Leh Highway: 500 chilometri di stradaccia a quote vertiginose tra scenari spettacolari e i più alti valichi stradali del mondo. Ora arranchiamo sul Rothang in un frizzante mattino tra le ultime giganteschi conifere che presto, subito dopo il valico, spariranno del tutto fino a lasciar posto al deserto d'alta montagna. Sul valico, festose e colorate, migliaia di "lung-ta", lett. "Vento-cavallo", le votive e colorate banderuole di preghiera, diffondono la loro sacralità benedicono il paesaggio, raccolgono desideri e voti. Impossibile restare indifferenti ad un tale tripudio di simbolismi e religiosità popolare. Il vento soffia quasi gelido e i fasci infiniti di bandiere sembrano respirarlo ritmicamente con movimenti lievi ma possenti. Una energia inarrestabile si sprigiona da quegli straccetti colorati che nel tempo sbiadiranno e spariranno consunti dal vento, dalla pioggia e dalla neve a predicare sempre e comunque la fatale impermanenza di tutte le cose. La media di percorrenza oraria in queste strade e di 15-20 km in un'ora.

Saliamo, saliamo sempre e la testa comincia a dolere in modo allarmante. La strada è un inferno, ma quello che ci circonda è veramente il paradiso. Ognuno ha una sua personale idea di un paradiso materializzato che il più delle volte si immagina in isole tropicali, bianche spiagge e palmizi reclinati dolcemente ad accogliere il fortunato sognatore mentre sorseggia latte di cocco o rum.

Per me il paradiso sulla terra è fra queste lande disperate. Tra questi orridi precipizi e in questa luce abbagliante dove ogni sfumatura di colore delle rocce, ogni folle geometria geologica mi trasmette potentemente il racconto della creazione del mondo e mi induce alla meditazione.

In questo deserto le nostre moto solcano timide e insignificanti questa specie di carraia chiamata pomposamente "highway". Siamo travolti dall'immensità del paesaggio. Anfiteatri ciclopici di montagne da ogni lato. Per noi la strada è adesso tutta in salita.

Superiamo il Baralacha La a 4890 m. Poi impegnativi guadi fino alle cosce in torrenti gelati e quindi ancora il Taklang La a 5100 m. Il giorno successivo, dopo un pernotto con cefalea e febbre in una tenda a Sarchu a 4400m affrontiamo il Lachlung La, 5300 m. È il punto più alto dell'intero percorso. Le nostre teste sembrano scoppiare. Sembra di avere il cervello a bagno nell'olio. Il respiro e serrato e la sosta sul valico dura il tanto necessario per fare un po' di riprese. Un contributo di Emerson per il suo documentario e poi il bisogno di scendere, scendere che si fa imperioso. Le uniche a non accusare l'altezza sono le due Pegaso che si sono mangiate la strada con la massima disinvoltura. Sul limitare del passo un camion tenta per tre volte lo strappo finale senza successo. Poi fa una lunga retromarcia e ansimando e fumando come un drago riesce infine a passare dall'altra parte.

Ora, finalmente, si torna a scendere e in poco tempo cominciano a comparire le tipiche strutture funerarie del Tibet: i Chorten. Poi ecco piccoli agglomerati di case bianche con sopra i tetti la legna posta ad essiccare e le finestre bordate di nero per impedire l'ingresso nelle case alle forze negative. L'orzo verde smeraldo che esplode nei piccoli campi irrigati. I mulini di preghiere lungo i muri votivi o alimentati dalla forze dei torrenti ed infine un cartello "First Indus view point" La prima veduta dell'Indo: Siamo arrivati nel Ladakh. Il "Piccolo Tibet".

TIBETAN SHADOWS

Un grosso carro armato indiano appare improvvisamente mentre percorriamo il piccolo viale costellato di chorten sotto il monastero di Shey alla periferia di Leh- Subito dopo ne segue un altro. Ruggisce ed emette un sinistro rumore di ferraglia. I soldati che lo guidano e quelli che sono in torretta ridono smaccatamente come se stessero giocando con le "macchinine". È un immagine drammatica. I simboli del pacifico pensiero buddista fanno da cornice a questi strumenti di morte. Il Ladakh è pieno di basi militari. Un luogo che fino agli anni settanta non conosceva l'esistenza di prigioni per la totale assenza di crimine è oggi la roccaforte indiana per la difesa dello stato del Kashmir dove da moltissimi anni è in atto quasi una guerra civile fomentata e diretta non certamente dalla gente comune. Ormai è cosa nota: il Pakistan rivendica il territorio del Jammu Kashmir a maggioranza musulmana. Da anni infiltra terroristi per destabilizzare la regione e proprio durante la nostra permanenza qui un commando di terroristi ha sparato alla cieca su una tendopoli di pellegrini Indù che si recavano in pellegrinaggio ad Amarnath: 9 morti e centinaia di feriti. L'India dello spirito… L'India delle lotte non violente ma duramente caparbie del Mahatma Gandhi è oggi sommersa da una ondata di fanatismo terribile e che causa orrendi massacri.

In questi giorni in Ladakh, terra di cultura tibetana a tutti gli effetti, c'è un gran fermento per l'arrivo di Sua Santità il Dalai Lama, leader spirituale indiscusso per gli oltre 100. 000 abitanti del "Paese dei Valichi". Si rinfrescano le scritte dei muri votivi, grandi striscioni di benvenuto attraversano le strade il cui misero asfalto viene sistemato da centinaia di "indian workers" che tentano un po' di fortuna da queste parti del mondo. Anche noi, che siamo venuti fin quassù per portare il contributo sostanzioso della Global World Foundation al Tibetan Children Village di Leh, tra qualche giorno avremo l'onore di essere ricevuti dal capo politico e spirituale del popolo Tibetano. Un uomo straordinario, un vero buddha. Egli si dibatte però con grande difficoltà tra la sua etica non violenta, la ricerca di dialogo ad oltranza con la sordomuta controparte cinese, e che occupa il suo paese dal 1950, e il dolore e l'impazienza del suo popolo oppresso ed esule che da decenni non vede alcun risultato concreto in questa ricerca quasi cocciuta di un negoziato che non è mai venuto e che, probabilmente, non verrà mai.

Ho visto Leh la prima volta nella seconda metà degli anni '70. Il Ladakh era appena stato aperto. I sedici giorni di viaggio che occorrevano da Srinagar si erano ridotti a due con l'apertura della ardita carrozzabile lunga 450 km che copriva finalmente l'intero percorso. Era una pura città medievale senza luce elettrica e senza condutture idrauliche. Sembrava di essere precipitati di colpo nel Tibet dei missionari gesuiti, del fermento religioso che aveva trasformato il "Tetto del Mondo" da terra di nomadi e briganti al laboratorio dello spirito che fu negli ultimi dieci secoli. Ci sono poi tornato varie volte fino al 1990 e in varie stagioni senza notare cambiamenti apprezzabili nella "personalità" di questa remota cittadina a 3700 metri di quota. Ma oggi mi appare veramente irriconoscibile, almeno nella sua parte centrale, complice la migrazione in massa di gran parte dei commercianti e negozianti di Srinagar forzati all'esodo dalla spaventosa crisi turistica del Kashmir. Dopo qualche giorno di angoscia ci faccio il callo e Leh mi finisce col diventare familiare e gradevole come una donna che trovavi bellissima e in cui dopo tanti anni, superato il soprassalto del passare del tempo, ritrovi alla fine il fascino intatto.

Facciamo base a Leh per un bel po' di giorni mentre ci concediamo escursioni motociclistiche a Lamayuru, Hemis, Likir, Matho, Thiksey e tutti gli altri splendidi monasteri della regione che, devo dire, fuori le mura della capitale, rimane sempre uno dei luoghi più affascinanti del mondo. In moto poi è veramente eccitante. Ma la nostra meta "hard" è la mitica valle di Nubra. L'ultima valle dove l'India finisce. L'ultimo spicchio settentrionale di terra indiana oltre la quale si entra in Tibet a oriente e in Pakistan a occidente. Per arrivare a Nubra si valica il passo stradale più alto del mondo il Khardung La a ben 5700 metri di quota. Da Leh si comincia a salire e le nostre Pegaso, con il loro congegno regolato dall'altimetro che varia l'iniezione del carburante (almeno così l'ho capita) non sembrano risentire per nulla della altezza vertiginosa che stiamo raggiungendo. Anche le nostre nuovissime giacche "Lhasa", che stiamo "collaudando" in queste situazioni estreme, ci proteggono a dovere ma nulla possono per le nostre teste e i nostri polmoni che invece danno letteralmente i numeri. Quando raggiungiamo la vetta fatichiamo persino a parlare mentre l'improvviso scenario della catena del Karakorum e del massiccio del Siachen, quasi 8000 metri, ci ammutoliscono definitivamente. Parafrasando Fosco Maraini: "Siamo a tu per tu col respiro dei continenti…." Emerson, per contro, si accende una sigaretta. Poi scendiamo vertiginosamente a Nubra e veramente il paesaggio diviene surreale. La valle è gigantesca e le mille sfumature delle immani rocce strapiombanti finiscono con l'infrangersi sul bagliore della sabbia quasi "sahariana" che è depositata nel fondo valle. Le nostre moto si perdono come due piccoli punti insignificanti in questa vastità metafisica. Monasteri arroccati su guglie vertiginose… dune sabbiose a 4000 metri di quota… verde accecante dove arriva l'acqua… Un elicottero militare appare sulle nostre teste e si perde subito tra le rocce…. Una sbarra sulla strada: "È assolutamente proibito oltrepassare questo punto a qualsiasi veicolo" L'India finisce qui!

La signora Jetsun Pema, sorella del Dalai Lama e coordinatrice di tutto l'istituto educativo dei bambini tibetani rifugiati: il Tibetan Children Village, ci ha preparato una accoglienza degna di capi di stato. "Per arricchire il vostro documentario" ci dice con aria vaga "se venite domattina verso le 10,30 vi faccio preparare una piccola cerimonia dai ragazzi e che vi può essere utile" Convinti di andare ad un piccolo ricevimento scolastico, quando ci troviamo in sella alle nostre moto in mezzo a 2000 bambini che fiancheggiano il lungo viale che porta al TCV e che applaudono e cantano il loro benvenuto, prima lo stupore e poi una commozione devastante ci assalgono mentre non riusciamo a trattenere le lacrime. La piccola banda, le sciarpe bianche, il direttore dell'istituto e i suoi collaboratori, la signora Pema.. Tutti ci festeggiano commossi e ci fanno sentire veramente dei grandi amici. È la grande ricompensa, il premio affettuoso, la gratitudine di tutti questi bambini profughi che hanno il difficile compito di tenere in vita la cultura e la tradizione del popolo del Paese delle Nevi e a cui noi abbiamo portato la nostra piccola parte di sostegno.
È arrivato infine il gran giorno.

Il sole brucia violento ogni volta che si fa largo tra le tronfie e bianche nuvole nel cielo blu notte del Ladakh. La residenza del Dalai Lama è una piccola dimora in stile tibetano e con il tetto a pagoda in mezzo ad un bel giardino faticosamente strappato al deserto.

Per entrare dobbiamo superare ben tre controlli anche se super accreditati e accompagnati dal direttore del TCV. Il governo indiano teme molto il rischio di attentati a Sua Santità. Dire che siamo emozionati è dire nulla. Per i miei amici è la prima volta mentre per me sono passati esattamente vent'anni dal mio primo incontro con Kundun ma quello che provo davanti a quest'uomo non è mai cambiato.
A volte mi permetto di essere in disaccordo con certe sue strategie politiche ma quando sono al suo cospetto sento di trovarmi di fronte ad un essere veramente speciale. Capace di essere affabile, cordiale o addirittura confidenziale e, improvvisamente, farti sentire dinnanzi ad un buddha, un illuminato. Soffiamo e respiriamo profondamente, ci stropicciamo gli occhi. Lui arriva con il suo sorriso unico e mi accarezza affettuosamente. Mi tremano un po' le gambe… Ad uno ad uno gli porgiamo le nostre kata, le bianche sciarpe augurali, e vacillando lo seguiamo nel piccolo salotto. Si accoccola nella posizione del loto sulla poltrona togliendosi le ciabatte di plastica e ascolta con il suo sguardo penetrante la mia tiritera formale per rompere il ghiaccio. Facciamo alcune domande per l'intervista che andrà sul film. Si ferma, sembra che si colleghi con qualche altra parte della mente. Inizia a rispondere con tono deciso e voce imperiosa. Il Dalai Lama crede fermamente

al dialogo, al compromesso, per risolvere ogni genere di conflitto; alla non violenza come metodo di lotta.
È affascinante e carismatico ma non riesco a convincermi, pur augurandomi di avere torto, che riuscirà a ottenere alcun risultato dai cinesi che, anzi, da anni si fanno beffe di ogni sua ragionevole proposta. La santità non è di questo mondo, tanto meno dei governanti della Repubblica Popolare Cinese.
C'è uno scambio di regali. Giulio ha portato un magnifico computer portatile con cui Sua Santità, gli diciamo goffamente, potrebbe comunicare col mondo. Si fa una grande risata e dice che a lui sembra di comunicare benissimo. Comunque è felice di accettarlo così come ringrazia Stefano Dallari che gli ha portato una marmellata fatta con le albicocche nate da un albero che Sua Santità piantò alla Casa del Tibet a Votigno di Canossa. Marialidia si fa firmare, emozionatissima, il diario che ha diligentemente compilato durante il viaggio. Emerson è raggiante e lo è ancora di più quando il Dalai Lama esce in giardino a guardare le nostre moto e a fare l'ultima foto con noi. " È un privilegio straordinario. Jetsun Pema ci sorride compiaciuta. Sa che cosa proviamo. Il Dalai Lama ci saluta sorridendo e rientra in casa con la sua tipica andatura, il braccio nudo che ciondola e i piedi che vanno qua e là…

Sulla strada del ritorno, sul grande altipiano spazzato dal vento incontriamo un gruppo di nomadi con centinaia di yak, capre, cavalli. È uno spettacolo biblico. Un frammento dell'antico Tibet che sopravvive quassù lontano da repressioni, dolori, prigionie, torture. Un ragazzo ci viene incontro. Ha uno sguardo dolcissimo e indossa un cappello verdastro con un fiore appuntato sul lato. Attacco una conversazione con quel po' di tibetano che so e lui mi risponde in perfetto inglese. Mi racconta:
" Siamo settanta famiglie su questo altipiano" "Abbiamo molti animali e ci spostiamo ogni due o tre giorni" "Cosa pensi della situazione del Tibet?""… penso che sia sempre peggio ma credo e spero che un giorno (gli trema la voce) la grazia di Sua Santità il Dalai Lama splenderà ancora sul mio paese". "Ti piace la tua vita?" "Moltissimo. Quassù siamo liberi da tutto, dalle tensioni, dall'inquinamento, siamo parte della natura.." Ma dove hai imparato l'inglese così bene? "Sono stato a scuola! Al Tibetan Children Village di Leh!"

TIBETAN SHADOWS

∧ Con il Dalai Lama ed Emerson, Leh 2002
With the Dalali Lama and Emerson 2002

TIBETAN SHADOWS

Bhutan: Lo dzong di Paro
Paro Dzong, Bhutan

Bhutan

"Druk Yul", Il Paese del Drago, l'ultima monarchia buddista della Terra.

Nel 1975 il piccolo reame del Sikkim "regno di gnomi e fate" retto da una dinastia tibetana, quella dei Namgyal, cessava di esistere come stato indipendente e veniva annesso all'Unione Indiana. Il territorio, in gran parte occupato dall'enorme massiccio del Kangchendzonga, era il luogo d'accesso principale all'altipiano del Tibet. Superato il Natu La si lasciavano le foreste rigogliose e umide delle pendici himalayane e improvvisamente l'occhio poteva spaziare oltre le solitudini immense della piana di Thuna. A destra il monte Chomolari, un misero "settemila" si innalzava come una muraglia invalicabile dal vasto altipiano spazzato dai venti. Sullo sfondo il piccolo abitato di Phari, uno dei luoghi più freddi della terra. A sinistra il poderoso Kangchen. I "cinque tesori della grande neve". 8500 metri di altezza. La fine del Sikkim come regno indipendente fu l'ennesima di un'ecatombe di piccoli e meno piccoli reami che costellavano la catena himalayana. Il Mustang, il Ladakh, lo Spiti, lo Zangskar, il Dolpo erano territori governati da sovrani, gyalpo in tibetano, che avevano giurisdizioni locali e che nella maggior parte dei casi appartenevano a famiglie aristocratiche tibetane. Col tempo cessarono di esistere e furono inglobati chi nell' Unione Indiana (Sikkim, Ladakh, Zangskar, Spiti, Lahul..) e chi (Mustang, Dolpo) nella più grande monarchia del Nepal. Ma oggi, 2008, anche la dinastia che ha governato il Nepal negli ultimi 250 anni ha dovuto fare fagotto e lasciare il Palazzo Reale di Kathmandu dopo anni di tensioni ed eccidi. Storie intricate e misteriose che raggiunsero il momento più drammatico con il massacro di tutta la famiglia reale da parte del folle Dipendra nipote del Re Birendra. Fu nell'87, credo, che per le vie di Kathmandu capitale del regno del Nepal, mi imbattei in un'Alfa Romeo GTV 2000, forse l'unica in tutto il Nepal, che si addentrava nel caotico traffico di risciò, camion, motorette. La macchina attirò la mia curiosità per due ragioni: primo perché identica a quella di mio padre, secondo perchè al suo lento passaggio molta gente si inchinava togliendosi il cappello. "Royal Family!" esclamò grave un ragazzotto dai lunghi capelli annodati. Vidi attraverso i vetri la sagoma paffuta di un giovane che, suppongo, non potesse però essere Dipendra, allora sedicenne, l'autore della incredibile strage della famiglia reale nepalese. Sulle ragioni del folle gesto si dibattè e si dibatterà ancora.

Con un brivido alla schiena ancora oggi mi immagino la scena del delfino reale che, vestito in mimetica militare, scarica il mitragliatore sul suo stesso sangue durante il rito della tavola. Tutti morti.
Odio feroce verso la madre, si disse, colpevole di osteggiare per ragioni "astrologiche" le sue nozze con la giovane rampolla della famiglia Rana che regnò per un periodo sul paese himalayano fino al 1951.
In quell'anno il potere fu ripreso in mano dalla dinastia Shah, dalle discendenze divine e dal potere assoluto,

fino al 1990 quando, per ragioni di insostenibilità sociale, il re Birendra fu costretto a dichiarare la monarchia "costituzionale", aprire a partiti politici, indire elezioni. Capitai proprio nel 1992, all'epoca del viaggio nel remoto Mustang, durante le elezioni amministrative. Dal villaggio di Choile, sperduto avamposto tra le gole del Kali Gandaki, vidi centinaia di cavalieri muoversi come in un esodo biblico alla volta di Jomoson.
"Sono i delegati" mi disse l'ufficiale di collegamento Bharat e, aggiunse "voteranno quasi tutti per il partito del Congresso", partito poi duramente contestato per corruzione e per non aver saputo tenere a bada la guerriglia maoista che in questi ultimi anni ha preso il controllo di diverse aree del paese fino a conquistare il potere e il governo del paese.

Sulle ragioni per le quali il governo e il re abbiano lasciata crescere indisturbata la "nuova" ventata radical-comunista si è discusso molto. Una delle ipotesi più ardite ma anche più suggestive è quella che il sovrano abbia usato i gruppi destabilizzanti per arrivare ad un punto di tale tensione da giustificare un intervento repressivo di tale portata da dover abolire i partiti, il parlamento, le istituzioni e riprendere così il potere assoluto. Diremmo noi la strategia della tensione. Alla fine non gli è andata bene. Né a lui e neppure alla sua famiglia. Per chi crede al karma ce n'è da sbizzarrirsi… Curiosa comunque la dichiarazione rilasciata dal Partito Comunista del Nepal (Maoista) per bocca del "Compagno Prachandra" in occasione del massacro a corte.

"L'Ufficio Politico del nostro glorioso Partito Comunista del Nepal (Maoista) [PCN(M)], convocato per la discussione dell'orrendo massacro della famiglia reale, si è fruttuosamente concluso con una risoluzione di importanza duratura. Quella che segue ne è una breve sintesi.
È oggi chiaro che questo orrendo massacro a palazzo reale è stato perpetrato come parte di una cospirazione degli imperialisti per "schiacciare" la guerra popolare maoista, che andata avanzando sotto forma di poderoso movimento patriottico e democratico popolare. Con le menzogne che diffondono, cercano di celare la strategia degli americani, che vogliono stringere il loro controllo dell'Asia meridionale per accerchiare la Cina, e quella degli indiani, che vogliono "consolidare" i loro interessi espansionistici. È chiaro come il sole che la ragione all'origine del massacro dell'intera famiglia reale è la riluttanza di Re Birendra a mobilitare l'esercito reale contro la guerra popolare e le altre forme del movimento patriottico, che avanza minacciando i piani di imperialisti ed espansionisti. Il ruolo di sicario infiltrato a palazzo avuto da Gyanendra in questo vile massacro sta sempre più venendo alla luce. "Una bugia tira l'altra" dice il proverbio. Lo confermano

pienamente le stesse dichiarazioni del palazzo di questi giorni con cui si cerca di costruire le teorie più colorite per nascondere la cospirazione che ha prodotto il criminale eccidio. In questa situazione sarebbe grottesco anche solo pensare che la verità possa venire dalla cosiddetta commissione di inchiesta formata dagli stessi assassini.

L'intera vicenda prova che la monarchia tradizionale fondata sul nazionalismo feudale è ormai finita. Re Birendra sarà ricordato nella storia per la sua adozione di politiche liberali nei confronti del movimento patriottico popolare e per la sua riluttanza a piegarsi agli imperialisti, principalmente all'espansionismo indiano. I veri patrioti nepalesi hanno già capito che, dal punto di vista sia legale che morale, Gyanendra, il principale artefice del massacro, non può pretendere di diventare re. La traditrice, corrotta assassina banda Girja, oggi più che mai servi dei servi, ha distrutto anche quel poco che il movimento popolare del 1990 aveva conquistato. Non può esserci servilismo peggiore che dare legittimità a quelli che hanno commesso questo crimine odioso, calpestando la loro stessa costituzione e sistema di valori. In questa situazione, dire che la monarchia tradizionale esiste ancora o parlare di difesa della costituzione e del parlamento attuale, che ha assassinato migliaia di patrioti, da Madan Bhandari a Re Birendra, significherebbe essere strumento degli assassini.

In questo momento di grave crisi, una grave responsabilità storica sta sulle spalle di tutte le masse patriottiche nepalesi: restare saldamente uniti e difendere la sovranità e dignità nazionale. Per questo tutti i gruppi e forze politiche patriottiche, democratiche e sinistra devono autonomamente assumere l'iniziativa di formare un governo unitario provvisorio. Nelle attuali circostanze, in cui il sistema monarchico ha oggettivamente cessato di esistere, la formazione di un governo provvisorio avrebbe il ruolo storico di istituzionalizzare la repubblica democratica popolare. Lo stesso personale dell'esercito reale, in passato fedele a Re Birendra e alle masse patriottiche nepalesi non dovrebbe oggi difendere i servi dello straniero assassini ma adempiere al glorioso dovere verso il paese e sostenere la formazione del governo provvisorio delle masse patriottiche nepalesi. Per quei patrioti che vedono nella monarchia un mezzo per salvaguardare il paese, non c'è motivo di avere paura del movimento maoista, a che lo stesso Re Birendra guardava con occhio liberale. Se gli oltre 22 milioni delle masse nepalesi si uniscono, nessuna potenza al mondo potrà piegarli. Non è certo la cricca assassina Girja-Byrendra(?), servi dello straniero, ma un governo provvisorio rappresentante di tutte le masse patriottiche nepalesi, che può salvaguardare l'unità nazionale e portare progresso al paese. Per questo il nostro

Partito è pronto ad unirsi apertamente con tutti i nepalesi patriottici, con piena coscienza e responsabilità. Non c'è altra via che questa per fare del Nepal il giardino in cui fiorisca una nuova unità nazionale fondata su tutto il popolo di tutti gli oppressi per classe, casta, nazionalità, regione e sesso. Pertanto, il nostro Partito fa appello a tutte le forze di sinistra, progressiste, patriottiche e democratiche e alle masse in generale a creare un poderoso movimento che possa concretizzare quella repubblica che già è nata dalla drammatica e vertiginosa catena di eventi recenti, unendo il paese in un governo provvisorio. In queste ore critiche, siamo ansiosi di dedicarci a braccia aperte a servire il paese. " Presidente Prachanda

Schiacciato tra i due giganti Cina e India, il Nepal si è sempre barcamenato per mantenere la sua indipendenza. Il complicato apparato del "Panchayat", un sistema di elezione dei parlamentari senza potere attraverso assemblee di città e villaggi, ha retto fino a quindici anni or sono con sistemi che hanno regalato al Nepal una presenza costante nei rapporti di Amnesty International. Forca e durissima galera erano la norma per gli oppositori ma, come la storia ha insegnato spesso, c'è un limite a tutto e anche il divino sovrano si è dovuto adattare a trasformarsi da dio incarnato a monarca costituzionale. Ma nonostante le "riforme" il Nepal è rimasto tra i paesi più poveri al mondo con un altissimo tasso di mortalità infantile ed un'assistenza sanitaria inesistente mentre gli introiti del fiorente turismo soprattutto alpinistico, finivano sempre e comunque nelle tasche dei soliti intrallazzati vicini alla famiglia reale.

In questi giorni il fratello di Birendra, Gyanendra, che successe al re assassinato nel 2001, ha lasciato "incolume" il potere e la capitale.

Che cosa farà ora Pushpa Kamal Dahal, il "compagno Prachanda", aristocratico bramino che ha capeggiato la guerriglia maoista ed ora siede in parlamento, non ci è dato di sapere. Temo però che prima che ci si possa inebriare ancora sugli alti sentieri dei trekking tra le montagne himalayane, i rododendri giganti e gli impetuosi torrenti, passerà un po' tempo durante il quale ne vedremo ancora, si fa per dire, delle "belle".

Dunque l'ultimo "sopravvissuto" dei magici regni dell'Himalaya rimane l'asettico e ben organizzato Bhutan. La Terra del Drago. Io direi la "Svizzera dell' Himalaya"

Ci andai nel 1994 e, unica volta in vita mia, accettai di "capeggiare" un piccolo gruppo di quattro persone. Non intendevo assolutamente sottostare all'esoso balzello che il monarca bhutanese ha imposto ad ogni visitatore. Dunque decido di accettare il ruolo di "group leader" e, via terra, arrivo a bordo di un'asmatica Ambassador al confine tra l'India e l'ultima monarchia buddista della terra.

La differenza di atmosfera è stridente già sotto il grande arco che divide i due mondi.

TIBETAN SHADOWS

Da una parte cenciosi mendicanti, calzolai improvvisati, barbieri sulla strada, mucche vaganti, foglie e frutta marce in mezzo a rifiuti di plastica e cartacce; dall'altra parte, oltre un grande e decorato portale in stile tibetano, una linda strada asfaltata divide due file di edifici omogenei come stile, colori e decorazioni. Personaggi vestiti tutti uguali, gonnellino e casacca della stessa quadrettata stoffa, calze al ginocchio e scarpe di foggia inglese, passeggiano silenti accanto a donne in "chupa", lungo abito di origine tibetana, e con curiose acconciature a caschetto. Siamo a Puntsoling e la porta è il confine terrestre tra l'India caotica e brulicante e l'asettico e protettissimo Bhutan, il "Paese del Drago", l'ultima monarchia buddista dell'Himalaya.

E sì! Il Bhutan è carissimo e da sempre ha optato per i "pochi e danarosi" che però non sempre coincide con "pochi e rispettosi". È una politica che in linea teorica condivido, anche se con qualche riserva, visti i disastri che il turismo avventuroso di massa ha causato in buona parte delle regioni himalayane.

Il vero nome del Bhutan è Druk Yul che significa Paese del Drago. È un regno autonomo sin dal sedicesimo secolo ed ha vissuto fino alla metà degli anni sessanta un totale isolamento dal resto del mondo.

Il Bhutan è un paese con un carattere fortemente tibetano ma che, per vicende storiche, politiche e dinastiche, ha intrapreso negli anni '60 la via di un modello di sviluppo turistico molto differente da quello del vicino Nepal. Si può dire che la scelta di allora è molto affine agli ultimi orientamenti nepalesi e indiani sulla salvaguardia di aree particolarmente "delicate" dal punto di vista antropologico ed ambientale.

Si tratta dunque della scelta di un turismo selezionato, danaroso e poco invadente. Questo ha comportato la creazione di un modello di struttura turistica che tende ad enfatizzare gli aspetti naturalistici e folcloristici come attrattiva principale del paese, con particolare attenzione ai festival del calendario tibetano, ma che comunque, dal mio punto di vista, ci priva di quella " piacevole drammaticità" del viaggio in un paese dove l'arcaicità delle tradizioni si sposa con modelli di vita sociale e religiosa analoghi. Senza contare la mancanza dell'indispensabile ingrediente della libertà di muoversi a piacimento all'interno del paese, senza la quale un viaggio non è un viaggio ma uno spiacevole intruppamento nelle mani di petulanti e appiccicose guide. A molte persone questa formula va benissimo. Della serie "non voglio pensare a niente!" Oppure, cosa che mi veniva chiesta spesso da uno del gruppo: "Cosa prevede il programma oggi..?". Contenti loro…

Nel paese vige il mantenimento forzato, con decreti reali, di certe tradizioni architettoniche: non si può costruire un edificio se non in stile rigorosamente bhutanese. Non ci si può vestire se non in abito tradizionale bhutanese (questo vale sia per gli uomini sia per le donne). C'è una politica molto "pesante" di protezione nei confronti dell'immigrazione di indiani e nepalesi; politica che ha causato al Bhutan dure critiche per quanto riguarda il rispetto dei diritti umani. Allo stesso tempo il giovane e aitante sovrano del Bhutan,

TIBETAN SHADOWS

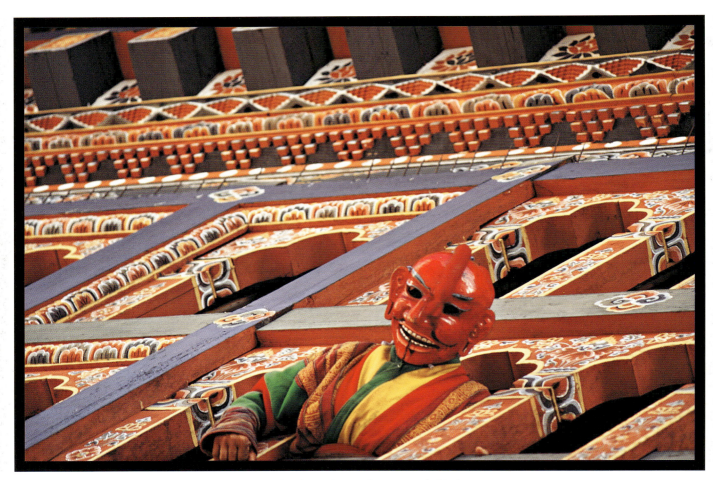

△ Alcune fasi delle celebrazioni dello Tsechu- Danze in onore di Padmasambawa a Thimpu, capitale del Bhutan
Some moments of Tsechu festival dedicated to Padmasambawa, Thimpu capital of Bhuta kingdom

TIBETAN SHADOWS

ultimo discendente della dinastia Namgyal che regna dall'inizio del secolo, si dà molto da fare per garantire al suo minuscolo regno cospicue sovvenzioni da parte di paesi ricchi dichiarando, così mi hanno detto alcuni esponenti locali, il doppio degli abitanti: 1.000.000 contro i 500.000 reali. Infine si prevedono sviluppi nel campo energetico con la creazione di mega centrali idroelettriche in grado di sfruttare l'enorme potenzialità dei corsi d'acqua che precipitano dall'Himalaya bhutanese. Si dice che il Bhutan possa fornire energia a mezza India!

Al di là di questo il Bhutan, vero "museo vivente", è sicuramente ancora oggi una delle tappe più interessanti della regione himalayana. Solo in Bhutan, ad esempio, si possono rivivere nella loro stessa grandiosità le cerimonie religiose tibetane che si celebravano a Lhasa prima dell'invasione cinese. "Programma" principale del viaggio è proprio il festival religioso più importante dell'anno: lo "Tsechu". Con la diffidenza di "gatto svizzero" varco dunque quel confine e mi incammino, a bordo di una moderna "Wagon" nipponica, su per i tornanti della carrozzabile Puntsoling-Wangdi Phodang. Tutt'intorno l'ambiente è quello di un eden primordiale. Foreste intricate di ogni specie di piante tropicali sono benedette da altissime cascate e ricchi corsi d'acqua purissima. Fiori, orchidee, rododendri giganti, stelle di natale alte dieci metri formano tunnel di foresta rossa. La stradina, poco più larga di un'auto, è asfaltata. Ogni tanto ci imbattiamo in piccoli cantieri addetti alla manutenzione. Ai bordi della strada notiamo spesso mucchi di cose gialle non meglio identificate. Sono ovuli! Funghi deliziosi in quantità industriali. Non sono particolarmente apprezzati da queste parti. Non possiamo che lasciarli lì. Disdetta! Piccole borgate di case tutte deliziosamente uguali benedicono il paesaggio. Un arcobaleno quasi solido appare in fondo alla vallata dopo un temporale.
Tutto sembra troppo "perfettamente" a posto.

Nel tardo pomeriggio ci si para innanzi, dopo una curva, una gigantesca costruzione a metà tra la fortezza ed il monastero. E lo "dzong" di Wangdi. Imponente e cupo veglia sulla vallata sottostante. Sede monastica e governativa lo "Dzong" è l'emblema del potere teocratico dei monaci e dei sovrani Bhutanesi. Sono in corso le celebrazioni dello "Tsechu", festa di danze rituali in onore di Padmasambawa, il "guru" indiano che nell'VIII sec. diffuse il Bhuddismo in Tibet e nel Bhutan e che è considerato il vero patrono del paese. Venerato più del Bhudda stesso. Lo spettacolo all'interno dello Dzong è straordinario. Una folla variopinta assiste estasiata e divertita alle varie fasi delle danze che, eseguite da monaci con vistose maschere policromatiche rappresentanti animali deificati, possono durare sette, otto ore e per più giorni. Una grande tangka, pittura liturgica su stoffa, grande 200 metri quadri e rappresentante Padmasambawa, viene fatta srotolare giù dalla parete del cortile interno. La folla è magnetizzata. Musica e suoni surreali riempiono l'aria di magia e mistero. Di turisti neanche l'ombra. Comincio a pensare, egoisticamente, che la politica del giovane sovrano Namgyal, non mi dispiace. A Thimpu, la capitale del Bhutan, lo "Tsechu" raggiunge toni coreografici grandiosi e spettacolari. Ho visto molte danze rituali in vari paesi himalayani ma le oltre diecimila persone stipate nel gigantesco cortile del palazzo reale, la ricchezza e la varietà dei costumi e delle maschere unita alla perfezione delle esecuzioni sonore e dei passi cadenzati e solenni dei danzatori hanno avuto su di noi l'effetto di un'allucinazione. Un vero e proprio viaggio nell'arcano. Ovunque volgi lo sguardo vedi solo colori armoniosi, vinaccia, oro, argento, turchese, ocra. È una festa per gli occhi e per la mente.

Il terzo giorno, alla fine delle celebrazioni, la maschera di Guru Padmasambawa fa il suo ingresso nello spazio sacro. La folla è impietrita. Dal significato delle danze, sorta di meditazione in movimento che porta il danzatore a "divenire" la divinità che rappresenta, la gente trae la convinzione di trovarsi di fronte veramente al Guru che ha portato il buddismo dall'India al Tibet e a tutti i paesi himalayani. Terreno e trascendente si incontrano in questo rituale collettivo, forse l'espressione più alta e peculiare della cultura religiosa tibetana.

Visitiamo lo "Dzong" di Paro, dove Bertolucci ha girato il "Piccolo Bhudda". Il soggiorno di una troupe cinematografica ha lasciato i suoi segni ed i ragazzini ci vengono attorno per raccontarci i loro incontri con i cineasti. Nella cella di un monaco campeggia una foto ricordo del maestro Bernardo con i monaci di Paro. Di li a poco un monaco bhutanese dirigerà "La Coppa" gradevole film sul rapporto tra i mondiali di calcio e l'ascetismo delle alte vette. Primi esempi di "contaminazione" culturale produttiva. Assieme a Luca, erudito compagno di viaggio di Firenze, decido di fare una scarpinata fino ai 2500 metri di Thakstang. Gli altri non ce la fanno e ci aspettano alla "caffetteria panoramica" con veduta, lontana, sul "Nido della tigre" ardita costruzione monastica a strapiombo sull'alta vallata di Paro. Ricorda un po' le Meteore in Grecia ed è il fiore all'occhiello delle attrattive turistiche del Paese del Drago. È veramente impressionante. Per un attimo, sparisce tra le nebbie che salgono dalla valle per ricomparire poi come in una visione onirica.

All'epoca del viaggio, 1994, in Bhutan non c'era ancora la televisione. Video cassette di immonda filmografia indiana venivano importate clandestinamente a contaminare la omogeneità culturale del Paese del Drago.

Qualche tempo dopo in Italia incontro due ragazzi bhutanesi che facevano pratica in una TV locale romagnola per allestire, mi dicono, la Bhutanese Royal TV. Gli faccio dono di una copia del mio documentario "Bhutan La Terra del Drago" andato in onda a Geo&Geo e qualche tempo dopo mi scrivono dicendomi che è stato uno dei primi programmi trasmesso dalla Bhutanese Royal TV. Era in italiano ma, aggiungono, è piaciuto lo stesso. C'era addirittura un senso di grande compiacimento per il fatto che in paese così lontano, l'Italia, qualcuno apprezzasse il loro "Incanto Himalayana".

Oggi alcuni amici in ritorno dal paese, dove hanno sborsato solo per il soggiorno 200$ die, mi riferiscono che le antenne paraboliche stanno decorando tutti i tetti delle case di Thimpu, Paro, Wangdi, Punaka ecc. Rimango non troppo perplesso. Penso che il nostro giovane amico Namgyal, sovrano assoluto dell'ultima monarchia "poco costituzionale" dell'Himalaya, farà sempre più fatica a blindare i suoi sudditi nelle museizzate tradizioni imposte per decreto legge. Ha tenuto a bada gli indiani, i nepalesi e i sikkimesi, ma non ha fatto i conti con la forza della "scatola magica".

I Dur Dag, "Signori dei cimiteri" e una "Dakini" (fata)
The Dur Dag, Lords of cemeteries, and the Dakini (fairy)

△ Manifestazioni politiche contro l'occupazione cinese a McLeod Ganj
A massive manifestation of tibetans aginst the chines occupation. McLeod Ganj 1988

Dharamsala

Sono le 8 del mattino. Un muro d'acqua oscura tutto lo scenario di montagne himalayane che circonda McLeod Ganj. Di qui a poco deve iniziare la manifestazione del 10 marzo. Un monaco di nome Palden mi tranquillizza e mi assicura che durante la manifestazione non pioverà. Non so su che base possa affermare questo e assieme a Piero e Vicky mi avvio verso il Laghyan Ri da dove inizierà il corteo commemorativo dell'insurrezione di Lhasa del 1959.
È il 1988, siamo alla vigilia della fondazione di Italia Tibet e in tutti noi arde il "sacro fuoco" per liberare il Tetto del Mondo dal regime di Pechino. Abbiamo portato telecamere e macchine fotografiche. Abbiamo un'intervista con S. S. il Dalai Lama e con Lhasang Tsering che è presidente della Tibetan Youth Congress. Pochi gli occidentali presenti, almeno in rapporto ad oggi. C'è uno spagnolo, Jesus, che con una telecamera riprende e commenta tutto in diretta. A me sembra un po' esagitato. Un'ungherese un po' attaccaticcia che da giorni vaga per McLeod dicendo a tutti che ha una udienza con "La Santità" a cui deve presentare un certo progetto..Ma l'udienza non arriva. Ci chiede di intercedere. Un paio di australiani con una cinepresa Harriflex 35 mm. Che dovranno mai fare? Ci sono Siliana e Fabrizio, due amici italiani che hanno preso i voti. Indossano la tonaca rosso vinaccia. C'è anche Richard Gere in compagnia di una ieratica principessa austriaca e una Canon reflex al collo. Richard ha i capelli mezzi tinti di un improbabile colore marroncino. I tibetani ben informati mi dicono che li aveva tinti per esigenze di set. I rododendri giganti continuano a sgocciolare, ma la pioggia, in effetti, è cessata. C'è silenzio e una folla variopinta di laici, monaci, donne, studenti si porta nel luogo stabilito. Sento una forte tensione, come se stesse per esplodere qualcosa. È il mio primo 10 marzo e dentro vivo tutta la rabbia e la speranza di poter fare qualcosa per i miei amici tibetani. L'anno precedente eravamo stati in Tibet. C'eravamo "tutti" anche se in gruppetti separati. Tornati a casa dopo gli scontri e la repressione a Lhasa del settembre 1987, ci siamo ritrovati con il medesimo pensiero ed obiettivo. Mettere su un gruppo organizzato di sostegno alla Causa del Tibet. Alcuni monaci si mettono alla testa del corteo. Uno di essi, con un particolare strabismo, comincia a subire una sorta di trasmutazione. Una voce devastante gli esce dalla gola e inizia ad urlare slogan che mi penetrano nel cervello, nella schiena, nel cuore. "Lunga vita al Dalai Lama" "Lunga vita al Panchen Lama" "Il Tibet è nostro" Cinesi a casa!!" ONU vogliamo giustizia!!" La voce rabbiosa guida le risposte della massa di tibetani. I bambini delle scuole del TCV alzano i loro cartelli, le donne tibetane, un concentrato di grinta e femminilità, squarciano l'aria e le montagne con le loro voci disperate. Un fiotto di lacrime mi inonda gli occhi e le guance. Guardo Piero e Vicky e vedo anche i loro volti contratti dall'emozione e da una forma inspiegabile di dolore che dopo venti anni ci fa essere ancora qui. Con i nostri capelli un po' ingrigiti e i volti segnati dal tempo ma con la stessa, e forse maggiore, rabbia di allora.

La borgata di McLeod Ganj, un pugno di case abbarbicate sulla fiancata di un monte ai piedi di un dignitoso "5000" il Dhaula Dar, è di fatto oggi assurta a dignità di capitale internazionale. Lo è per il fatto che qui ha sede il Governo Tibetano in Esilio e qui vive sua santità il Dalai Lama. Risultato?

Se fino agli anni '80 venivano quassù solo pochi "addetti ai lavori", tardo hippie dal buon fiuto per le località alternative, qualche giornalista o antropologo curioso dell'organizzazione della comunità tibetana dell'esilio, studenti di Dharma della prima ora, oggi lo scenario è completamente cambiato.

Un guazzabuglio di personaggi variegati percorre le poche stradine di McLeod dove un negozio dietro l'altro, tra cui moltissimi kashmiri, testimoniano la grande appetibilità commerciale della "location". A McLeod c'è parecchia gente che trema all'idea che i negoziati, si fa per dire, sino-tibetani producano il risultato di riportare Sua Santità in Tibet. Eventualità molto remota ma che periodicamente si riaffaccia quando da Pechino ci fanno sapere che "la porta per il Dalai Lama è sempre aperta". Fino ad oggi le condizioni dei cinesi, che cambiano continuamente e si aggiornano al rialzo, sembrano più una burla offensiva che reale disponibilità al dialogo. La situazione mi ricorda un po' la favola del lupo e dell'agnello. C'è da chiedersi per quanto tempo ancora si andrà avanti. Da una parte, quella del Governo Tibetano e del Dalai Lama, a spergiurare l'assoluta volontà di rinuncia all'indipendenza in cambio di una "genuin authonomy" nell'ambito della Repubblica Popolare Cinese. Dall'altra, quella dei governanti di Pechino, a ridicolizzare ed insultare la "cricca del Dalai Lama" che "parla con lingua biforcuta, attenta all'unità della madre patria, è in combutta con i separatisti occidentali che vogliono annientare lo sviluppo luminoso della grande Cina". Eccetera, eccetera, eccetera..

A McLeod Ganj, di fatto la propaggine montana di Dharamsala, si arriva dopo aver percorso una tortuosa strada in mezzo a boschi di conifere e rododendri. Da lontano sembra bella e suggestiva e i nuovi alberghi che sono stati costruiti lungo il viale che porta al Gompa Namgyal e alla residenza di Sua Santità, sembrano un po' dei monasteri che emergono dal verde intenso della rigogliosa vegetazione. Il Dhaula Dar, quando innevato, incombe maestoso sulla borgata e conferisce all'insieme una vaga atmosfera alpina. Quando si arriva nella piazzetta di fronte al ristorante Mcllò dove di fatto si trova la stazione degli autobus, il caos surreale è irresistibile, unico. Nella piazza del Mcllò arriva il mondo. Mentre i piccoli autobus Tata cercano di manovrare sfumacchiando abbondantemente gli astanti, un via vai di tonache rosse sorridenti si incrocia con giovani biondi "backpackers" che giungono dalle lontane americhe o dall'Australia per vedere dove vive il Dalai Lama. Molti indiani hanno aperto attività commerciali attorno a questa realtà. Piccoli supermarket, librerie, agenzie di noleggio veicoli, cambiavalute, ristoranti e bar. Ci sono anche degli irriducibili lebbrosi che non intendono in alcun modo mollare la privilegiata postazione per chiedere l'elemosina in cambio di un efficiente ricovero in un lebbrosario. Se si dimenticasse che questo mondo è il frutto dell'occupazione illegale di una nazione e delle sofferenze di un popolo di profughi, il tutto apparirebbe quasi allegro, festoso, vitale. E in qualche modo l'intraprendenza e la creatività dei tibetani, uniti alla loro indole positiva e cordiale, hanno generato questo. Ma basta recarsi un attimo al centro di accoglienza dei rifugiati per toccare con mano ed occhi il dramma che ancora oggi si consuma sul Tetto del Mondo. La ragazza che mi riceve al Tibetan Help Refugee Center mi ricorda che sono oltre tremila all'anno i tibetani che attraversano la catena himalayana per venire a cercare un destino migliore nella nuova comunità dell'esilio. Per vedere il Dalai Lama. Per studiare secondo le tradizioni e la cultura del Tibet. Arrivano stremati. Spesso con principi di congelamento che alla fine richiedono amputazioni delle dita dei piedi. Sono spaesati e non sempre l'inserimento nella nuova società è quello che si aspettano. Spesso hanno necessità di un supporto psicologico. Il terrore iniziale è quello di avere investito la vita per un cambiamento non all'altezza delle aspettative.

Venni la prima volta a McLeod nel 1984 con il mio amico Ulisse. Facemmo il viaggio sul tetto di un autobus da Manali a qui in una radiosa giornata di maggio. Ci sembrò di aver visto un grande film sulla natura. I rododendri erano tutti fioriti e le montagne ancora innevate si stagliavano sullo sfondo della fertile valle di Kangra. Eravamo giovani, entusiasti e curiosi di tutto. Ad Ulisse piacevano da matti i "momo" i ravioli tibetani cotti al vapore con i quali io non ho mai fatto pace. Amava gli animali e ogni tanto lo trovavo che fischiettando cercava di conversare con un merlo indiano. " Senti..senti.." Ma senti cosa?? "Mi risponde..!" Allo stesso modo era sempre a comprar banane per le scimmie che popolano McLeod. A volte era circondato da decine di questi animali. Mi si gelava il sangue. "Ulisse, ti prego vieni via di lì..!" "Perché..? basta che non fai scatti improvvisi…. "

Fu un soggiorno breve e spensierato.
Con Piero ci venni ancora altre volte per interviste e servizi vari e nel 2000 salii fino a quassù con i miei figli e tutta la band dei "Rangzen" nella quale milito da oltre dieci anni. Ci esibimmo davanti al Dalai Lama e circa diecimila tibetani in occasione del 40°anniversario della fondazione del Tibetan Children Village.
Indimenticabile fu anche il viaggio in occasione dello Shoton, il festival annuale di teatro tibetano, l'Ache Lhamo. Con noi c'era anche Antonio Attisani, uno dei massimi esperti di teatro tibetano, con il quale avevamo deciso di filmare e censire tutta la settimana di rappresentazioni di opere nella sede del TIPA, Tibetan Institute of Performing Arts. Con tutti i lasciapassare e le referenze del caso, siamo ormai degli abituè delle istituzioni tibetane, arriviamo armati di cavalletti, telecamere, macchine fotografiche. Abbiamo in fissato

△ Un pittore di Tanka al lavoro - Un attore del Ache Lhamo si trucca prima di entrare in scena
A tangka painter - An actor from the Ache Lhamo is making up for the stage.

TIBETAN SHADOWS

⌃ Una giovane monaca e il Dalai Lama. 1988
A young nun and the Dalai Lama. 1988

anche una intervista sul teatro con il Dalai Lama, che assiste alle rappresentazioni seminascosto, protetto da una tenda gialla sul ballatoio del grande piazzale. Sotto, migliaia di persone si assiepano composte in attesa di vivere assieme i drammi e le storie magiche delle opere tradizionali del Tibet.

I loro volti sono riparati dal sole cocente da una enorme tenda bianca che occupa tutta la grande superficie dello spazio teatrale. Lo Shoton dura una settimana e per tutto il giorno compagnie provenienti dai vari insediamenti tibetani dell'India, del Nepal e del Bhutan, si alternano nel coinvolgere il pubblico nelle emozioni mai dimenticate di quella che si può considerare una delle forme di teatro viventi più antiche al mondo. I primi giorni si esibiscono le compagnie professionali ed è quella del Tipa a riscuotere il maggior successo di pubblico e di "critica". Il Dalai Lama assiste all'opera "Thepa Tempa" dopo un arrivo a piedi preceduto dalle maschere blu che vocalizzano e muovono passi isterici e travolgenti tra un pubblico paralizzato dall'emozione. Vedere i tibetani al cospetto del Dalai Lama spiega, più di tante parole, cosa lega questa gente al proprio leader politico e spirituale. Ogni volta che ho avuto l'opportunità di assistere ad un incontro tra Sua Santità e un gruppo di profughi appena arrivati dal Tibet non sono mai stato in grado di trattenere le lacrime. Il Dalai Lama di solito fa questo all'interno della sua residenza. Si ferma fuori dall'ingresso mentre un lungo serpente di folla si perde fuori in attesa di inchinarsi ordinatamente di fronte al simbolo della loro patria, della loro religione. Scorrono in silenzio, aiutati dai segretari di Sua Santità. Ad ognuno viene donata una piccola busta con del danaro. Una offerta di aiuto per la nuova esistenza nell'esilio. I volti sono contratti dall'emozione. Pochissimi osano guardare il Dalai Lama negli occhi. Se lo fanno è col capo talmente chino da forzare i lobi oculari ad estreme rotazioni verso l'alto. Moltissimi piangono e qualcuno tenta di raccontare qualcosa di personale a Sua Santità. Il dramma della fuga. I parenti persi o arrestati. La casa di strutta. Le violenze subite. Il Dalai Lama li accarezza. Soffia sul capo dei bambini che gli vengono posti innanzi per una benedizione. È una scena che strappa il cuore e che vorrei vedessero tutti coloro che mi chiedono che cosa ci trovo di così interessante e coinvolgente in una causa politica per della gente così lontana e diversa da noi. I tibetani al teatro sono invece il lato gioviale, geniale e simpatico del carattere di questa gente. C'è una partecipazione emotiva incredibile mentre i commenti positivi o le critiche non risparmiano nessuno. Momenti intensi di tristezza si alternano ad esilaranti gag. Nelle commedie si assiste periodicamente anche veri e propri sfottò delle istituzioni. In scena c'è un oracolo che bofonchia parole senza senso ad uno scrivano che sembra invece proprio volere trascrivere quello che vuole lui. La gente ride di gusto e spesso rivolge lo sguardo verso l'alto. Noto che tra le autorità c'è seduto l'oracolo di Stato, l'oracolo di Nechung, che viene dal governo regolarmente consultato ancora oggi per decisioni di un certo tipo. Anche lui ride senza remore dietro i suoi occhiali da sole della presa in giro di cui è bersaglio e il tutto la dice lunga sulla "ottusa sudditanza" che i tibetani avrebbero nei confronti del clero o delle loro istituzioni. In ogni caso si tratta di rapporti complessi e che presentano mille sfaccettature tra le quali sicuramente anche una certa forma di sudditanza o meglio una specie fiducia incondizionata nella figura degli "illuminati". Il Dalai Lama e tutti i grandi maestri del buddismo del Tibet. Certo è che questo spaccato che viviamo oggi, qui, sotto questa enorme tenda decorata, tra questi suoni surreali e questi colori sgargianti sembra un pezzo di Tetto del Mondo che ha viaggiato nel tempo e nello spazio. Ripenso alla mirabile descrizione di Fosco del Lhamo al villaggio di Yatung, dove tutti gli abitanti si ritrovano improvvisamente attori. Ecco, allo stesso modo anche qui nell'ultimo giorno del festival si presenta la compagnia che proviene dal campo profughi dell'Orissa. È gente comune che ha messo in piedi una piccolo gruppo di attori e viene qui a Dharamsala a raccogliere il proprio momento di gloria. Sono bravi. Ci sono anche diversi giovani. I costumi di scena sono meno importanti di quelli del Tipa e l'orchestra sembra un po' più scalcinata. Ma la suggestione è forte. Forse ancora più intensa. Non me la sento, pur stanco morto, di abbandonare il mio posto tra un pubblico ormai decimato.

Sento invece un affetto e una gratitudine immensa per queste persone e per la forza d'animo che li porta, in un luogo come l'Orissa, che col Tibet non ha nulla a che fare dal punto di vista ambientale, umano e climatico, un vero e pesante "altrove", ad avere voglia di tenere in vita la propria nobile cultura attraverso una così singolare forma d'arte. A gente come questa dobbiamo la sopravvivenza oggi dell'essenza della cultura del Tibet. Alla loro forza d'animo e alla loro impossibilità di essere piegati a modelli alieni e distruttivi.

Antonio e Piero prendono appunti, avidi ed euforici. Antonio pubblicherà un volume, unico al mondo nel suo genere, sull'Ache Lhamo. Chiedo in prestito a Piero una felice sintesi su questo spaccato di mondo centro asiatico, raffinato e astruso. Colorato e surreale. Lacrimevole e buffo. Comunque unico.

"Il teatro laico tibetano ha una funzione esclusivamente ricreativa anche se i suoi temi sono di origine religiosa e mitica. La forma teatrale del Tibet è generalmente definita "Opera" in quanto prima di essere recitata, essa è danzata e cantata. I tibetani chiamano questa espressione artistica lhamo, termine che letteralmente significa "fata", o ache-lhamo (ache vuol dire "sorella") probabilmente perché le prime opere di cui si ha memoria erano racconti di fate. L'opera tibetana, dal momento che le sue origini sembrano risalire al VII secolo, pare essere la più antica delle specie teatrali esistenti e sembra avere alcuni punti di contatto con altre forme di teatro (ellenico, indiano, giapponese e cinese). All'interno delle esecuzioni dell'ache-lhamo i costumi, e soprattutto le maschere, che indossano gli attori svolgono un ruolo fondamentale in quanto servono per identificare i diversi personaggi. La caratteristica Maschera Blu, che deriva direttamente da una ancora più antica di colore bianco, è uno dei principali simboli del lhamo e all'inizio dello spettacolo gli attori la tengono calata sul volto in segno di rispetto nei confronti del pubblico ma durante la danza la mettono sulla testa per potersi muovere più comodamente.

La rappresentazione di un lhamo è un evento spettacolare estremamente apprezzato dal popolo e la cui esecuzione in genere dura un'intera giornata, dal mattino fino al tramonto. In linea di massima le opere si dividono in tre parti: una introduzione (cerimonia purificatrice), l'opera propriamente detta e una cerimonia conclusiva. Il lhamo non è mai diviso in atti e a legare i vari momenti dell'azione vi è un narratore che riassume quanto si è visto e annuncia ciò che sta per accadere. Ogni personaggio si esprime con una propria melodia e viene talvolta accompagnato dagli altri. La musica guida l'azione scenica mentre si alternano il canto narrativo, la canzone dialogata e la musica strumentale. Il canto narrativo consiste nella declamazione veloce della trama, con una intonazione particolare che alterna toni alti e bassi. Le numerose canzoni dialogate, eseguite dai protagonisti, sono seguite da una danza che inizia e si conclude con la ripetizione dell'ultimo quarto di verso. Le melodie sono arricchite da variazioni caratteristiche dette gyur-khug. Una parte molto importante è svolta dal coro che segue il canto di un protagonista; è formato da tutti gli attori che non ricoprono ruoli di primo piano e che rimangono attorno allo spazio scenico per tutta la durata della rappresentazione. Infine va ricordato che in ogni opera tibetana esiste un personaggio comico che non è tenuto a rispettare un testo fisso. Può improvvisare le sue battute e il pubblico segue le sue parole con grande attenzione ritenendole ispirate da grande saggezza.

Di solito le rappresentazioni si svolgono all'aperto. Al centro della scena si erge una sorta di altare tramite il quale attori e pubblico rendono omaggio a Thonthong Gyalpo, un venerato maestro buddhista considerato il padre del teatro tibetano. Le opere teatrali vengono chiamate "vite" o "biografie" poiché sovente consistono nella narrazione di una biografia esemplare e degli avvenimenti che si intrecciano con essa. In genere, i fatti che costituiscono il cuore del racconto vengono declamati in prima persona mentre gli altri attori cantano la parte in versi. Un piccolo gruppo musicale, di norma composto da un tamburo (nga) e da un paio di cembali di ottone (rolmo), sottolinea i passaggi di maggiore intensità.

Solo in epoca recente i testi delle principali ache-lhamo sono stati trascritti. Per molti secoli questa tradizione si è preservata oralmente e gli autori originari sono ancora oggi sconosciuti. Prima dell'invasione cinese la passione per il teatro era molto diffusa in Tibet e si può dire che ogni città e villaggio avesse le sue compagnie teatrali che rappresentavano un gran numero di spettacoli. Alcune di queste compagnie erano itineranti e portavano il loro repertorio in tutte le tre grandi regioni del "Paese delle Nevi": U-Tsang, Amdo e Kham. Perno di ogni gruppo teatrale era il "responsabile", una persona che incarnava l'anima dell'intera compagnia in quanto fungeva da direttore artistico, drammaturgo, regista ed anche maestro spirituale. Era lui che designava il suo successore. Gli attori delle principali compagnie erano professionisti che dedicavano la vita a questa arte e da essa traevano il loro sostentamento. Ma a fianco di tre o quattro gruppi professionali in Tibet ve ne erano diverse decine composti da attori per così dire "locali". Uomini che svolgevano tutti un'altra professione e che in occasione di determinate festività si improvvisavano attori per rappresentare alcuni tra i lhamo più famosi del repertorio tibetano".

CARDIOLAB a Mc Leod Ganj

Sono stato l'ultima volta a Mc Leod Ganj pochi mesi fa, nell'ottobre del 2007. È stata una visita insolita. Una missione "scientifico-umanitaria" molto originale. Miei compagni di viaggio erano un gruppo di amici medici riminesi con cui abbiamo organizzato un "Cardiolab", una specie di ambulatorio mobile di prevenzione cardiovascolare per calcolare il rischio di avere infarti o ictus che c'è tra la popolazione tibetana. È stata una idea del Dr. Tsetan Sadhutsang, direttore del Delek Hospital di Dharamsala e mio vecchio amico. Parlando del più e del meno viene fuori che la Bayer supporta da cinque anni questo programma di prevenzione in giro per l'Italia che ha valutato più di trentamila pazienti. "Perché non farlo anche quaggiù da noi?" dice Tsetan. Noi non abbiamo dati epidemiologici che ci dicano come stia la nostra gente da questo punto di vista.

Inizia un lungo iter per mettere in piedi la spedizione scientifica che si ritrova pronta per partire a metà ottobre. "Se non chiedi non saprai mai la risposta" e dunque Tsetan fa richiesta formale di effettuare un Cardiolab nell'insediamento di McLeod Ganj. La necessità di valutare l'entità del rischio di infarto o ictus presso la popolazione tibetana è stata determinata soprattutto dalla mancanza di dati epidemiologici in tal senso e dal crescente aumento di tali patologie anche nei paesi in via di sviluppo. Bayer accetta di sostenere l'iniziativa e tutto, dunque, prende forma. Vengono interpellati gli storici medici riminesi con al loro attivo già 5 Cardiolab e si forma un team affiatato che affronta il lungo viaggio e lo screening di ben 800 persone: un campione variegato e molto rappresentativo della società tibetana dell'esilio. Con l'aiuto straordinario di

alcune infermiere tibetane del Delek Hospital i nostri medici sono riusciti a comunicare con tutto questo incredibile mondo. Le storie personali si sono intrecciate con i casi clinici curiosi, coi drammi di chi si presenta con un certificato che attesta le torture subite in Tibet da parte dei cinesi e la serenità di chi, a novant'anni passati, ogni giorno compie ritualmente tre giri del "kora" un percorso sacro al villaggio, per un totale di 21 km. Prevenzione cardiovascolare e pace della mente..A detta di tutti i partecipanti si è trattato di un'esperienza umana e professionale che ha influenzato profondamente la loro visione della vita e del concetto di solidarietà. I tibetani sono affluiti curiosi, sereni, rispettosi e profondamente grati, suscitando anche nel team Cardiolab India quella simpatia e quella solidarietà di cui godono ovunque. I risultati elaborati ci raccontano che generalmente i livelli di colesterolo sono più bassi dei nostri mentre la glicemia è tendenzialmente più alta. La pressione arteriosa è abbastanza alta e questo si può giustificare in parte con la quota di circa 1700 metri di McLeod. Il rischio globale è comunque più basso del nostro.

Il fumo praticamente è assente nelle vecchie generazioni e tra i monaci mentre comincia a farsi largo fra i giovani. Il senso vero della prevenzione è proprio l'analisi delle popolazioni sotto i quarant'anni.

Ci chiediamo veramente qual'è il significato concreto di un lavoro così sofisticato e da "società sviluppate" in un mondo dove le necessità primarie devono essere ancora risolte. Allo stesso tempo guardiamo l'orgoglio la professionalità e l'amore con cui il Dott. Tsetan, Dawa Punkyi, l'amministratore dell'ospedale, le infermiere e tutti quelli che ci hanno aiutato in questa impresa, hanno portato il loro contributo al progetto. C'è la passione e la dignità di chi si prende cura della propria comunità proprio per il gusto e la soddisfazione di fare del bene. Di mettere in pratica il principio della "compassione" e dell'altruismo. Un po' tutta la comunità tibetana in esilio è riuscita nello sforzo immane di tenere assieme l'essenza di quello che nel Tibet è andato corrotto, distrutto o stravolto. La medicina, tradizionale unita a quella occidentale, l'artiginato e le varie forme espressive di arte, musica, teatro, letteratura. La religione nei suoi rituali ma soprattutto nei suoi principi e insegnamenti. Il tutto con la capacità intelligente di vivere il "moderno" la tecnolgia, l'informatica senza mai perdere di vista il proprio essere tibetano. Credo che tutto il mondo debba essere grato al Dalai Lama e a questo pugno di rifugiati senza i quali una delle piu straordinarie, sofisticate e affascinanti culture del nostro pianeta sarebbe oggi irrimediabilmente distrutta.

△ Cerimonia dell'esposizione annuale a Ganden della grande tanka raffigurante Tsong Kapa, il fondatore del lignaggio Gelug Pa
Moments of the annual exposition in Ganden of the gigantic tangka representing Tsong Kapa, founder of the Gelugpa lineage

Tibet 1987-2004: La conquista del West

Oggi 21 giugno 2008 la fiaccola olimpica è transitata a Lhasa. Sono nella mia casa di Secchiano dove sono nato e scrivo del Tibet; delle "Ombre Tibetane". Guardo il servizio al Tg1 come in stato di trance. Ci sono riusciti! Lhasa è blindata. Tutti i negozi sono chiusi. Alla cerimonia, davanti al Norbulingka e infine davanti al Potala, partecipano solo gli autorizzati. Uno spiegamento di forze inaudito controlla ogni angolo della città. Ieri i cinesi hanno liberato 1130 prigionieri. Fino a pochi giorni fa negavano che ci fossero stati rastrellamenti e arresti. Ogni cosa, ogni mossa, anche minima, è istericamente calcolata. Poche settimane fa è uscita la pubblicità della Lancia Delta dove un canuto e malinconico Richard Gere parte da una rutilante strada di Hollywood, attraversa a piedi il famoso marciapiede con le impronte delle mani dei divi calpestando le sue assieme al suo autografo per ritrovarsi poi, in pochi tornanti surreali, tra nevi eterne ed il Potala di Lhasa sullo sfondo. Il suo sguardo è profondo ma velato da un' indicibile nostalgia mentre accarezza il volante e si bea delle prestazioni della vettura nera, elegante, vagamente retrò.. Il Potala è cupo sullo sfondo e avvolto da nuvole tempestose. C'è neve. Fa freddo. Dopo una curva la luce improvvisamente aumenta, qualche tonaca rossa lampeggia tra i cristalli dell'abitacolo. L'espressione dell'attore è ora più rasserenata e un piccolo monaco dal faccino indicibile gli sfodera un sorriso irresistibile. Non ha i due dentini davanti… I due si chinano e appongono le impronte delle loro mani, vistosamente diverse come dimensioni, sulla neve candida. Si scambiano un sorriso. "Delta: The Power Of Difference!" Dopo alcuni giorni la Fiat si scusa con il governo cinese, che ha immancabilmente protestato per l'ingaggio dell'attore notoriamente filo tibetano. La Fiat è pesantemente presente in Cina e non molto tempo fa sono uscite sul web delle impressionanti immagini di alcuni pulmini Iveco attrezzati come "camere della morte" ambulanti. All'interno di questi pulmini si eseguono le condanne a morte tramite iniezione letale. Lo scalpore non è stato da poco, ma, tanto per cambiare, il tempo annacqua le emozioni e lo sdegno e oggi di questa cosa si ricordano solo gli addetti ai lavori. Guardando con attenzione le foto della pubblicità della Delta, con il Potala sullo sfondo, che appaiono sui giornali mi accorgo anche che ci sono quattro giganteschi drappi rossi con ideogrammi cinesi che scendono dalle mura del possente edificio. Un tempo dallo stesso muro scendevano i giganteschi "tangka", i dipinti religiosi che una volta all'anno i monasteri usavano esporre per pochi, intensi e magici momenti. Un salvagente della Fiat? Certamente non è casuale la scelta di un dettaglio così significativo. Il messaggio della pubblicità ora è mi è ancora più chiaro e non parla solo di auto. Siamo in territorio cinese!

A Pechino sono molto nervosi! Lo sono molto più del solito, mentre stanno allestendo la vetrina olimpica il cui logo, che a noi sembra un omino che corre, è in realtà un ideogramma stilizzato che significa "capitale". Capitale del mondo. Si perché la Cina, se qualcuno non l'avesse ancora capito, ha tutte le intenzioni di tornare ad essere "L'impero di mezzo": tra terra e cielo. Giù, cioè noi occidente o più genericamente quelli fuori dei confini, ci sono i barbari. Loro, i cinesi, stanno a metà tra i barbari e

la divinità, il Cielo. Che ci siano stati i Ming, i Ching o Mao Tse Dong questo concetto è ben radicato dentro ogni cinese. Per arrivare a questo la Cina ha messo in piedi il regime che riunisce in sé i due aspetti peggiori dei sistemi che nel mondo moderno si sono storicamente contrapposti: marxismo e capitalismo- Da un lato stato totalitario; zero libertà civili, sindacati inesistenti, controllo della stampa e internet con la grave complicità di Microsoft, Yahoo, Google e compagnia cantante (che un domani potrebbero essere complici anche di altri poteri e governi nei confronti di siti o persone "scomode")… Uno stato di polizia efficientissimo e con pieni poteri e campi di "rieducazione", i famigerati Laogai, con migliaia di dissidenti sottoposti a trattamenti inumani. Dall'altro sfruttamento del lavoro a livelli tali da far impallidire l'Inghilterra di Oliver Twist. (per un paese che si definisce comunista…!)

La massa informe di lavoratori migranti (centinaia di milioni di individui usati come vera carne da macello) viene trasferita nelle città produttive dove le tante, ma non tutte, aziende occidentali gioiscono dei profitti straordinari che derivano dal vendere i loro prodotti a prezzi occidentali e fabbricarli a costi cinesi- Il luminoso PIL a due cifre che tanto ha abbagliato i cercatori dei "nuovi mercati" si sta trasformando in un boomerang micidiale- Le aziende occidentali chiudono perché non reggono la concorrenza sleale dello sfruttamento- Basterebbe uno straccio di miglioramento dei diritti sindacali e un po' di investimento nell'ambiente per far crollare miseramente il magico PIL… E i cinesi sono nervosi perché il retrobottega della loro bella vetrina in allestimento comincia a puzzare e questo succede proprio alla vigilia della grande festa olimpica. Intanto l'opinione pubblica ha cominciato a far suo il concetto che l'eccidio nel Darfur è condotto efficacemente con armi cinesi che il governo sudanese scambia con petrolio e affini… Poi ci si è messa la Birmania che si è ritrovata in strada il fiume di tonache rosse raccontando ai media di tutto il mondo le connivenze tra Pechino e lo squallido regime dei generali di Yangoon. Connivenze anche qui dettate tra l'altro dagli interessi "energetici" cinesi ad approdi rapidi e diretti sul golfo del Bengala per risparmiare alle petroliere e ai mercantili il giro della penisola di Malacca. La Cina finanzia porti, oleodotti, strade. E protegge la giunta. Dunque Darfur prima, Birmania dopo ed infine di nuovo, dopo vent'anni, il nervo scoperto della Cina: il Tibet. Era da immaginarselo. Le Olimpiadi sono un ultimo treno mediatico che passa per tutti coloro che dal regime di Pechino hanno ricevuto sopraffazioni, violenze, emarginazioni.

Dunque non solo Tibet ma anche Turkestan, Falung Dafa, Mongoli.. Il 10 marzo 2008 a Lhasa i tibetani, incredibilmente, scendono il strada e manifestano in modo pacifico per la libertà, i diritti umani, di culto. "Fuori i cinesi dal Tibet" si grida. "Lunga vita al Dalai lama"… Quanto basta per far saltare i nervi a Pechino. Eh no…!Alla vigilia delle olimpiadi no…! La reazione è immediata. Repressione feroce e fuoco su manifestanti. Da lì a poche ore la situazione degenera e tutta Lhasa prima e gran parte del Tibet poi ritrovano il coraggio e la fierezza di affrontare l'occupante incommensurabilmente superiore in armi e uomini. È una sfida impari e, dopo un ultimatum necessario a far arrivare a Lhasa truppe e blindati, la repressione cinese inizia capillare e feroce. Sembra una replica allargata dell'insurrezione del 10 marzo del '59. È una guerra di cifre e di accuse. I cinesi accusano i tibetani di aver aggredito commercianti e bruciato negozi. Cosa in parte vera ma come conseguenza. Del resto quando uno si vede casa sua circondata da botteghe di estranei occupanti, che parlano un'altra lingua, che sono arrivati in massa, prepotenti e arroganti e fanno soldi vendendo le cose trafugate nei monasteri e nelle case dei tibetani, che ci si può aspettare? I tibetani sono esseri umani! nel caso qualcuno pensasse ad un popolo di asceti inerti e magari anche un po' idioti…Circolano sul web immagini, sempe quelle, di aggressioni e pestaggi ai cinesi. Una foto di alcuni poliziotti con delle tonache rosse sotto braccio viene "sparata" in rete con l'accusa di provocazione organizzata da Pechino, ma poi si rivela un falso.. Qualcuno pensa ad una trappola mediatica. Intanto però arrivano anche foto autentiche di gente del Tibet uccisa e maciullata da granate, proiettili alla nuca o al petto. Le foto sono sciocanti e il Governo Tibetano in Esilio denuncia migliaia di morti ed arrestati. Pechino parla di una decina di morti. Il Dalai Lama prende le distanze dalla violenza in modo quasi equanime e suscita così polemiche e discussioni accese anche all'interno della diaspora. Minaccia di dimettersi se le violenze non cesseranno. Ribadisce ai cinesi la sua linea non indipendentista e addirittura accenna alla possibilità di partecipare alle olimpiadi tarpando le ali ai pallidi tentativi di boicottaggio di Sarkozy o della Merkel che hanno buon agio a "rientrare" subito… La polemica dilaga, ma i tibetani non si metteranno mai contro Sua Santità. La quale Santità è così popolare nel mondo proprio grazie alla sua linea non violenta e votata al "dialogo". Anche se con i cinesi, in effetti, non si dialoga. Questo malcontento della gente del Tibet riguardo alla linea politica delle Istituzioni tibetane ha già origini lontane. In pratica inizia dopo gli evidenti insuccessi delle "Delegazioni" che dal 2003 non fanno che portare a casa patetiche prese di coscienza di "posizioni molto distanti" da quelle del governo cinese.

In occasione dell'anniversario del 10 marzo 1959, insurrezione di Lhasa, prende corpo dunque tra i tibetani dell'esilio la "Tibetan Uprising March ": È un qualcosa di nuovo e completamente slegato alla linea del governo. Un passo in avanti importante nella nuova democrazia che dal 2003 "governa" il mondo dell'esilio. Le cinque organizzazioni non governative tibetane più importanti, ispirandosi alla marcia del sale di Gandhi, decidono di marciare a piedi verso il Tetto del Mondo e varcare le frontiere della propria patria in un simbolico riappropriarsi della nazione perduta. La marcia suscita entusiasmo e sostegno tra i tibetani mentre le autorità del GTE e lo stesso Dalai Lama sono piuttosto gelidi se non in qualche modo, almeno formalmente, ostili. Così come i media che, inspiegabilmente, non si interessano più di tanto ad un evento che ha tutti i tratti di una eroica e altamente simbolica epopea. La marcia è chiaramente ispirata da un forte senso di indipendentismo che sembra albergare nel cuore di ogni tibetano ma che non "passa" come linea istituzionale dove, per ragioni anche incomprensibili, si persegue ostinatamente la politica del "Middle Way Approach". Per i tibetani in Tibet la notizia della marcia verso le frontiere è stato sicuramente un fattore di incoraggiamento. Un po' come nell'87

quando la folta presenza di turisti aveva fatto credere ai tibetani che tutto il mondo occidentale fosse con loro. Il destino della marcia ha voluto che l'ultimo sparuto gruppo di cinquanta marciatori dei 300 originari, sopravvissuto agli arresti e alle varie interferenze più o meno energiche della polizia indiana, fosse bloccato definitivamente a pochi km dalla frontiera tibetana. Tutti arrestati e portati via con scene strazianti su camion e autobus militari. Anche Delhi si adegua dunque alla "realpolitik" e in barba al diffuso sentimento di solidarietà che il popolo indiano nutre nei confronti della causa tibetana, si sottomette ai diktat del Partito Comunista Cinese. Il quale non tollera "interferenze negli affari interni della Cina" ma interferisce continuamente sugli affari interni di tutto il pianeta. Chi è stato in Tibet negli ultimi anni ha potuto toccare con mano come la capillare ed efficiente macchina di controllo poliziesco cinese non lasci speranze e spazio per autonomie rivendicate o addirittura indipendentismi. Ogni angolo di Lhasa è presidiato da telecamere e spie sono ovunque. Regna in generale un clima di paura e diffidenza che per liberarsi e sfogare in manifestazioni aperte di dissenso e protesta può far leva solo su una grande esasperazione e disperazione. Per i tibetani a Lhasa scendere in piazza e inneggiare al Dalai Lama o alla libertà equivale alla certezza della galera, della tortura, della morte. Quando nel 1980 all'epoca delle prime delegazioni dall'esilio, i cinesi si resero conto che trenta anni di repressione non avevano normalizzato gli abitanti del Paese delle Nevi, il Tibet non era molto cambiato rispetto a quel mondo arcaico ed arretrato che si presentò agli invasori nel 1950.
Mancavano "solamente" all'appello circa 6000 tra templi e monasteri e oltre un milione di tibetani erano morti per cause dirette o indirette dell'invasione. Chi era rimasto vivo bene o male continuava a vivere malinconicamente di pastorizia e piccole attività artigianali, ma sotto l'ombra scura e asfissiante del nuovo occupante. I monasteri si erano svuotati e i commissari politici controllavano le poche città e villaggi mentre i nomadi, che oggi sono urbanizzati forzatamente in squallidi accampamenti di cemento in una campagna di deportazione scandalosa, erano gli ultimi tibetani liberi rimasti sul Tetto del Mondo. Con il nuovo corso denghista dell'"arricchitevi" anche in Tibet è iniziata una cinesizzazione forzata con l'invio di coloni che hanno già superato gli stessi tibetani per numero, 8 milioni contro 6 di tibetani, ma soprattutto per ruoli chiave. I cinesi han detengono le leve del potere politico e commerciale e ai tibetani non rimangono che ruoli subalterni e secondari fino ad una vera e propria forma di emarginazione dolorosa. Tra i miei due viaggi in Tibet dal 1987 al 2004, nonostante l'aumento spropositato di edifici e strutture scintillanti ed avveniristiche, centri commerciali, locali e discoteche, bordelli e karaoke e tutto quanto può far felice una popolazione di coloni, per i tibetani l'unica differenza avvertibile visivamente era il numero dei mendicanti spropositato che circolavano per le strade. Bambini, giovani e anziani. Questi due viaggi in Tibet furono per me all'insegna di sentimenti molto diversi. Nel 2004 mi convinsi a tornare solo per l'insistenza del mio amico Prof. Elio Marini con cui avremmo dovuto effettuare il calco della campana cristiana lasciata a Lhasa dal missionario cappuccino Padre Orazio Olivieri. Orazio, nostro conterraneo nativo di Pennabilli, fu

TIBETAN SHADOWS

Nunzio Apostolico a Lhasa per oltre trent'anni e rimane nella storia delle relazioni fra Tibet e occidente per essere stato il compilatore del primo dizionario tibetano-italiano.
In virtù di questa intrigante pagina di cultura, avventura, ardore religioso e comprensione e dialogo fra fedi diverse, assieme ad Elio sono riuscito a portare Sua Santità il Dalai Lama per ben due volte nella borgata montefeltresca di Pennabilli. A detta di Sua Santità, a terze persone, tra le sue visite più intense ed interessanti. Venne la prima volta nel 1994 nel bicentenario della nascita di Orazio, e tornò nel 2005 ad inaugurare sul "roccione" di Penna la copia in bronzo della campana fortunosamente "ricalcata" in Tibet l'anno precedente. Nel 1987 ero invece speranzoso ed ottimista sul fatto che il Tibet avrebbe potuto lentamente aprirsi ad una cauto periodo di riforme ed autonomia.
In quell'anno sembrava proprio che il Tibet si stesse lentamente normalizzando. Notizie dei primi visitatori arrivati là con gli "inclusive tours" organizzati dai cinesi, descrivevano una situazione apparentemente calma e tranquilla. Sembrava proprio che, dopo gli anni allucinati e terribili della rivoluzione culturale, la Cina stesse offrendo al Tibet una larvata forma di autonomia. Sembrava che la gestione di un embrionale turismo organizzato sul tetto del mondo potesse dare ai tibetani un qualche beneficio economico e la possibilità di venire a contatto con il mondo esterno.
Sin dall'anno precedente i cinesi avevano iniziato a concedere addirittura anche visti individuali. Si apriva la porta proibita: il favoloso reame del "Tetto del Mondo" era finalmente raggiungibile. Potevamo fare a meno della guida e andare in giro per gli altipiani senza renderne conto a nessuno. Potevo coronare un vecchio sogno. Vedere Lhasa, Gyantse, Shigatse, Samye, Sakya o quello che di questi mitici nomi rimaneva. Letture di anni sul Tibet mi avevano fatto idealizzare a tal punto questi luoghi che li vivevo come una perenne favola a cui mi ero affezionato. Ogni nome evocava passi di un libro. Per me era impossibile arrivare a Gyantse, la "Vetta del Sovrano", senza la compagnia di Fosco Maraini che nel suo "Segreto Tibet" racconta il suo arrivo in questa mitica città con una efficacia e drammaticità tale che nel leggerlo sembra veramente di sentire il rumore dei suoi passi, di incontrare i lama ed i saltimbanchi, di vedere le bandierine garrire alla brezza. Il ritmo del racconto ha una musicalità tale che si arriva alla tappa con la sensazione di avere cantato, più che letto, un capitolo di quel fondamentale libro. E l'apparizione dell'Himàlaya allora? Non conosco alcun scrittore che, meglio di Maraini, abbia raccontato che cosa signifíchi vedere l'Himàlaya per la prima volta. Non sbiadite e lontane vedute dall'oblò di un aereo che si avvicina all'aereoporto Tribhuvan di Kathamandu. No! L'Himàlaya deve apparirti all'improvviso mentre cammini da giorni, disfatto dalla calura e dalla fatica, nel fondo di una gola tropicale dove non potresti mai immaginare di essere a pochi chilometri dal terzo polo della terra. Felci, orchidee, rododendri e nuvolaglie grevi e gonfie di pioggia. Qui in mezzo a questa prorompente e verde vitalità ecco all'improvviso una brezza, un vento che per pochi istanti dischiude un cielo blu notte e, spaventosamente sopra le nostre teste, la visione irreale di una gigantesca cattedrale di ghiaccio, roccia e purissima neve. Così mi apparve il gigantesco Nilgiri, per la prima

volta, dal villaggio di Tatopani nel Nepal centrale. Eravamo a mille metri di altezza. La vetta della Montagna Azzurra era seimila metri sopra di noi ma sembravano sessantamila. Irrealmente vicinissimo e allo stesso tempo irrealmente lontanissimo. Era pura e incontaminata con il suo pennacchio di nubi che sembravano sgorgare dalla cima. Una dimora di Dei, ecco che cos'era. Guardando questi spettacoli che solo questa parte del mondo può darci si capisce come il senso della sacralità della montagna abbia espresso nel mondo himalayano i livelli più alti e sublimi. Le vallate e i picchi himalyani sono dimore di folletti e dei. Le grotte sono abitate da grandi eremiti ed asceti e i valichi benedetti da piccole bandiere di preghiera: tutto, in Himàlaya, parla di mito e di soprannaturale.
Ma ora siamo a Zangmu, lo squallido posto di confine tra Nepal e Tibet occupato.
Qui i cinesi hanno costruito un ponte sul fiume Sun Kosi, battezzato con qualche libertà "dell'amicizia". Intendendo per amicizia quella Cino-Nepalese. Il posto di frontiera ci fa subito capire che aria tira da queste parti. Un funzionario cinese inizia l'ispezione dei nostri bagagli toccandoli con un bastone di bambù. Il mio passaporto ha il visto leggermente illeggibile da un lato. Una semplice differenza di pressione del timbro dell'ambasciata cinese di Roma. Riconsegna tutti i passaporti tranne il mio che mette da parte. Poi si alza e si mette a chiacchierare con il collega militare. Chiedo educatamente spiegazioni e mi viene risposto: "No good, I no english speak".
Le mie proteste sembrano cadere nel vuoto. Mi ignora volutamente. La conversazione non procede. Non capisce l'inglese o non lo vuole capire ed io mi guardo bene dal tentare di convincerlo con quel poco di tibetano che conosco. Faccio appello a tutto il mio autocontrollo e, con aria vagamente supplice, gli faccio capire che abbiamo chiesto i visti tutti insieme e che sarebbe assurdo considerare il mio non valido. Il suo sguardo è sprezzante.

Di fronte a certe angherie è molto facile perdere le staffe ed è altrettanto facile ficcarsi nei guai. Una improvvisa e fittissima pioggia sembra distrarre il nostro amico che, guardandomi con ancora più disprezzo, mi allunga il passaporto e mi invita ad andarmene con un cenno del capo. Prendo il documento e lo ringrazio. Il funzionario cinese, come tutti coloro che sono spediti in Tibet, è stato mandato in un luogo così inospitale ed estraneo probabilmente per punizione. Un po' come si usava dire da noi ai poliziotti: "Ti sbatto in Sardegna". Più che comprensibile quindi il suo cattivo umore e la necessità di sfogarsi col "turista capitalista". Alla sera dormiamo in una stamberga di legno, umida e maleodorante. Sono costretto a chiedere al mio sacco a pelo quel minimo di conforto che mi concilia il sonno. Non drammatizzo; mi coccolo l'attesa di salire lassù tra gli altopiani assolati e deserti dove, come cantava Milarepa, "si svolge uno strano mercato: puoi barattarvi il vortice della vita per una beatitudine senza confini… ". Ma il benvenuto non è dei più entusiasmanti..
Il mattino dopo ci alziamo di buon'ora. Fuori del nostro alloggio stanno alcune decine di tibetani vestiti con delle chupa nere e sbrindellate. Come esco mi assalgono per farsi arruolare come portatori.

È una scena che mi stringe il cuore. Consci di non poter essere reclutati tutti, mi porgono il braccio perchè io li segni con una biro. Un qualcosa che li possa rendere identificabili. Una specie di impegno sottoscritto. Sono tutti uguali e tutti terribilmente tristi e allo stesso tempo fieri. So che vengono reclutati dai cinesi sugli altipiani e portati a fare questo lavoro al confine dove spesso c'è bisogno di portatori. Mi stanno addosso e mi impediscono di uscire. Mugolano parole incomprensibili. "Mi Gu raghi rè": " Ho bisogno di nove uomini", tento di farmi capire e vedo le facce supplichevoli di quelli che non riescono a farsi "marcare". Costoro fino a poco tempo fa erano i fieri abitatori del Tetto del Mondo. Briganti, monaci, nomadi, pastori "sempre pronti a ridere, a cantare, a credere in un prodigio", come scrive Fosco Maraini. Ora, poveri straccioni, conservano dell'antica tenuta solo un cappio rosso che ferma le loro trecce simili alla coda dello Yak e che ricorda la loro appartenenza alla nobile etnia dei Po-pa, come si chiamano gli abitanti del Tibet. È uno spettacolo tristissimo. Non mi fanno uscire dalla porta e premono, premono. Improvvisamente un militare cinese che stava assistendo alla scena estrae un bastone elettrico, di quelli che si usano per il bestiame per intenderci, e comincia a colpire a casaccio i tibetani che, doloranti ed emettendo gemiti strazianti, si danno alla fuga. Fiero del suo operato il cinese mi guarda con l'aria soddisfatta di quello che ha contribuito a "proteggere" i nuovi visitatori del Tibet dalla masnada selvatica e feudale che popola l'altipiano. Lo squadro da capo a piedi con il più profondo disprezzo e rientro nella stamberga per cercare un po' di calma. Quando dopo una mezz'ora usciamo di nuovo, trovo davanti alla porta, sorridenti, i "contrassegnati". Trattiamo debolmente la tariffa e, di pessimo umore, sistemiamo sulle gerle dei portatori i nostri carichi. Dobbiamo superare una pericolosa frana che incombe sopra Zanghmu. Già di notte avevamo sentito dei boati non meglio identificati. Qualcosa a metà tra un crepitìo di armi da fuoco ed un tuono. Il tutto preceduto da fischi che avevano tutta l'aria di essere dei segnali.
Quando siamo sul luogo della frana ci rendiamo conto della situazione. Un mare di acqua fango e pietre precipita ad intervalli irregolari, da un luogo nascosto, sopra le nostre teste. Un tale, appollaiato su un masso più in alto di noi e da dove può vedere l'origine della frana, fischia ogni volta che la situazione si presenta propizia all'attraversamento. Ci troviamo di fronte alla principale arteria di traffico che unisce il Nepal al Tibet. Innumerevoli passaggi di merci e viaggiatori sono regolati per la vita e per la morte dal fischio del singolare metropolitano che sta a quindici metri sopra di loro sulla roccia. Per chi sbaglia la sanzione non è una multa al semaforo, ma l'essere travolti da una fiumana di fango e massi nel precipizio che scoscende per cinquecento metri sotto di noi. Iniziano subito alcune vivaci opposizioni a procedere. "Io chiamo un elicottero e torno a Kathmandu!" attacca qualcuno. "Se volete andare, andate, io aspetto qua", continua un altro. "Piuttosto che passare di lì sto qua un mese fino a che non tornate", conclude un terzo. Tutto questo mentre i portatori, benché carichi dei nostri bagagli, attraversano come se nulla fosse quel passaggio cogliendo bene il tempo dei fischi. Dopo un'oretta buona in cui paso il tempo a riprendere questo incredibile susseguirsi di "roulette

TIBETAN SHADOWS

∧ La catena himalayna dalla piana di Tingri-Tibet
  The north side of himalayan range from Tingri plateou
› Esposizione annuale a Ganden della grande tanka raffigurante Tsong Kapa, il fondatore del lignaggio Gelug Pa
  Annual exposition in Ganden of the gigantic tangka representing Tsong Kapa, founder of the Gelugpa lineage

TIBETAN SHADOWS

russe" troviamo anche noi il coraggio e ci lanciamo verso il vero confine tra Nepal e Tibet: la frana di Zanghmu. Per primi passano i "baldanzosi". C'è un punto veramente critico in cui bisogna spiccare un salto tra due massi posti ad una distanza non brevissima. Sotto, ad una velocità spaventosa, precipita il fiume di fango e detriti. Cadere là dentro vorrebbe dire rimbalzare tra le pietre fino alla fine dello strapiombo dove il tutto si perde senza vederne la fine. Zanghmu, Khasa in tibetano, è appollaiato sul ripidissimo fianco di una montagna a picco sul Sun Kosi, il "fiume di latte", come beffardamente viene chiamato il torrentaccio con portata da Po che ulula cinquecento metri più in basso. Un batticuore che sfonda petto ci accompagna durante il "volo" tra i due massi e dopo un attimo ci ritroviamo tutti dall'altra parte.

Pochi chilometri sopra di noi la strada riacquista una fisionomia decente. Come se ci stesse aspettando, ai bordi della strada troviamo uno scalcinato bus di linea in attesa di passeggeri. L'autobus, che va a Lhasa, ha quaranta posti e noi, che siamo in otto, non esitiamo ad acquistare tutti i quaranta biglietti pur di partire immediatamente e toglierci da questo incubo.
Il motore si avvia e il nostro autista, che fuma in continuazione, comincia ad esibirsi su per una tortuosa salita che sembra non finire mai. Stiamo salendo verso il Tetto del Mondo.
Un senso di abbandono ci prende tutti, mentre con l'aumentare della quota i nostri sensi sembrano venir meno. Il cervello pare a bagno nell'olio. Una spossatezza indicibile ci pervade. Guardiamo l'altimetro: tremilaottocento metri, poi quattromila cinquecento, poi, quando stiamo per lasciarci alle spalle la lunga gola che avevamo risalito, lo strumento segna cinquemiladuecento metri. A destra e a sinistra un mare in tempesta di vette scintillanti. Sopra di noi il Shisa Pangma (8013m), più in là il Cho Oyu (8153 m). Altre vette, di cui non conosciamo il nome, sembrano forare un tappeto di ocra gialla e grigia. È un paesaggio indescrivibile. Crediamo di essere su un altro pianeta. Sembra di assistere alla creazione, di sentire respirare i continenti. Continuo, come impazzito, ad osservare e censire tutte le vette che riesco a riconoscere e sulla cima di un altro valico di oltre 5000m vedo, lontanissimo, un massiccio immenso; sicuramente un' "ottomila". Cerco di ragionare sulla mappa mentale molto dettagliata che ho della catena himalayana e concludo che certamente non può essere il Makalù o il Manaslu, troppo vicini all'Everest che si scorge nettissimo.
No, quella immane massa che si innalza sullo sfondo sovrastando tutte le altre vette non può essere che il Kangchendzonga, la terza vetta del pianeta. Controllando la mappa reale calcolo che non può trovarsi a meno di cinquecento chilometri da noi eppure, incredibilmente, il suo profilo è nettissimo e appare colossale. Mentre l'autobus si incunea giù per una gola e scendiamo lentamente di quota, si fa per dire, continuo a non distogliere lo sguardo da quella apparizione. In pochi chilometri le montagne spariscono e si immergono nel mare giallo e rossastro del deserto d'alta quota. "Non può essere il Kangchen.." mi ripeto, "È come se da Rimini vedessi una montagna sopra Bolzano! Non può essere..

TIBETAN SHADOWS

". Invece era proprio il Kangchendzonga, i Cinque Tesori della Grande Neve, con la sua corte di satelliti di sei, settemila metri. Sulla piana di Tingri l'autobus corre veloce sulla morbida pista di terra battuta. Siamo a quattromilacinquecento metri di altezza. La testa continua a scoppiare. Improvvisamente all'orizzonte compare un profilo familiare. È un'immane piramide di più di quattro chilometri di ghiaccio che si innalza possente sullo sfondo della sconfinata pianura. È lui, il monte Everest: "Chomo Longma", come lo chiamano i tibetani, Dea Madre della Terra. E a cento chilometri in linea d'aria dal nostro punto di osservazione ma sembra di poterlo toccare tanto l'aria è trasparente..
L'ottundimento della quota e la visione apocalittica della catena più alta del mondo in una fortunata giornata radiosa in pieno agosto, lasceranno nella mia mente per tutta la vita l'impressione di un viaggio al di là del tempo e dello spazio.

Ammirando questi paesaggi sconfinati si può meglio comprendere come l'uomo di queste montagne abbia potuto elaborare e fare sua quella dottrina, il Buddhismo Vajrayana del Tibet, dove la percezione del concetto di vacuità, "Tong pan ji" come dicono qui, costituisce il cardine fondamentale del pensiero religioso. Tutto è vuoto, nulla esiste se non nella nostra mente agitata e caotica.
A Lhatse l'autobus si ferma in una piazzetta dove pare esserci un punto di ristoro. L'autista, che non ha mai smesso di fumare, fa capire che deve fare rifornimento e che possiamo finalmente prenderci qualche minuto per sgranchirci le ossa.

Sono talmente stanco che non riesco nemmeno ad alzarmi dal sedile vicino alla porta dove mi sono abbandonato come un corpo morto. Anche Aldo sembra non volersi alzare dal suo posto e per un attimo l'assenza del motore assordante e l'aria rarefatta mi fanno precipitare in un sonno pesantissimo. Dovevano essere passati pochi minuti, quando mi sono sentito toccare timidamente una mano. Apro gli occhi di soprassalto e vedo una vecchietta con mille rughe su una pelle di cuoio cotta dal sole e dalla polvere che mi saluta con la mano sulla testa e mi mormora dolcemente " Dalai Lama par? Dalai Lama par chik, ronang?" " Hai una immagine del Dalai Lama prego?". Nel mio zaino ci sono due o trecento di foto di Sua Santità Tenzing Gyatso, XIV Dalai Lama del Tibet in esilio in India dal 1959. Ne ho fatta una scorta. Avevo sentito che erano molto gradite. Mi alzo barcollante per prenderne un paio; le vecchiette sono due. Sorridendo gliele porgo con un segno di reverenza. Senza dire una parola le donne accettano le foto con le due mani, le appoggiano delicatamente sul proprio capo mormorando dei mantra, poi con uno sguardo di una tristezza infinita, fissano l'immagine del loro simbolo: l'incarnazione terrena del Bodhisattva Avalokiteshvara divinità della compassione e patrono del Tibet. Dopo un attimo una piccola folla di vecchi, uomini, bambini protendevano mani, visi, corpi in quel pertugio di corriera accanto al mio sedile: "Dalai Lama, Dalai Lama… Dalai Lama parr". Le voci si accavallano, giovani e tremule, squillanti e roche, le mani si agitano. A me.. a me.. Le teste dei

bambini sbucavano da sotto gli altri corpi. Le vecchie piangevano, i giovani abbozzavano un tiepido sorriso quasi a scusarsi di quella strana elemosina. Prendo una pila di non so quante fotografie e le allungo alla prima mano. Un groppo alla gola mi sale irrefrenabile e si trasforma in pianto. Inforco degli occhiali scuri e guardo di lato attraverso il vetro sporco dell'autobus. Mi copro un po' il volto con la giacca a vento… La piccola folla si sparpaglia in un attimo, ognuno con la sua foto. I bambini correvano brandendola come un trofeo. I vecchi facevano girare i mulini di preghiera con una mano, mentre, rapiti, guardavano estasiati il loro Dio re.

Lhatse 2004

Mi sembra di riconoscerlo questo posto. E il crocicchio dove la strada che viene dal Nepal si innesta con la lunga carrozzabile che porta da Lhasa al Kailash. Si.. si.. il luogo di sosta è sempre quello ma sono aumentati in gran numero gli edifici anonimi e squallidi che fiancheggiano il corso principale di Lhatse. A Zhangmu, decuplicata negli edifici e più incasinata e coloniale che mai, sono salito a bordo di un Toyota Land Cruiser piuttosto vetusto e ho risalito la stessa strada, ora dal fondo molto meno devastato, che percorsi 18 anni fa quando il Tibet era appena stato aperto.
Adesso sto entrando nel Tibet del boom economico cinese. Nel Tibet degli investimenti faraonici, della ferrovia più alta del mondo. Fuori del ristorante cinese sono parcheggiati degli enormi SUV Toyota nuovi di zecca. Escono dei cinesi con cappelli yankee, abiti molto tecnici, macchine digitali e telecamere. Sono uomini e donne che ridono sguaiatamente. Sembrano ricchi, felici. Sono giovani. Due tibetani vestiti alla "bene e meglio" con abiti vagamente tradizionali iniziano a cantare e ad abbozzare dei passi di danza. Si accompagnano con un rudimentale liuto. Sono abbastanza goffi. Non so perché mi torna alla mente, molto nitido, il ricordo di un turco con il suo orso ballerino che mi chiese dei soldi accanto al Topkapi Saray di Istanbul. Trentacinque anni fa…Guardo la scena, marmorizzato. I cinesi cominciano a fotografarli e riprenderli. Gli occhi dei tibetani sono velati da una tristezza infinita che trafigge il cuore. Continuano a danzare e ruotare. Uno di loro mi guarda insistente. Una delle donne cinesi gli allunga due spiccioli poi si volta verso gli altri e si fa fotografare con il suo "esotico" da portar a casa. Uno di qua e uno di là. Poi sale assieme agli altri sulle possenti fuori strada da vetri fumé e partono tutti in una nuvola di polvere.

Oggi il turismo interno cinese in Tibet prevale di gran lunga su quello "forestiero".
Ai nuovi ricchi del boom cinese i territori di frontiera appaiono come i confini dell'impero dove andare a vivere le emozioni del nuovo "turismo avventura" che prende piede sempre di più tra la "middle class" di Shangai, Pechino, Canton, Chengdu.. Molte aziende mandano i dipendenti in viaggio premio a Lhasa o a Kashgar, nel Turkestan cinese. All'ingresso del monastero di Tashillumpo la coda è composta

TIBETAN SHADOWS

e silenziosa. Siamo noi quattro ed un paio di francesi. Il resto sono cinesi. Centinaia. Sembrano più "giapponesi" per il look. Telefonini spiegati si fotografano fra di loro. Come a Lhatse l'abbigliamento è molto tech mentre alcune donne indossano, oltre ad atroci abiti, improbabili cappellini con velette o fiorellini. L'enorme mole del monastero non è visibile in tutta la sua estensione. È molto articolato in vari edifici, templi, alloggi per i monaci. Nel periodo d'oro ospitava circa seimila monaci, ma soprattutto era la sede del Panchen Lama, la seconda autorità in Tibet dopo il Dalai Lama.

Il Panchen, arrivato oggi alla sua XI reincarnazione, era formalmente una autorità religiosa, ma durante gli anni dell'occupazione i cinesi cercarono di manipolarlo per crearne una figura che in qualche modo si contrapponesse al Dalai Lama fuggito in esilio. Un loro fantoccio. Il Panchen, di qualche anno più giovane del Dalai Lama, fu blandito, minacciato, imprigionato. Fu fatto maritare ad una cinese. Durante gli anni della segregazione fu sottoposto a continui lavaggi del cervello, pressioni, torture. Quando sembrò "addomesticato" i cinesi lo liberarono ed iniziarono a mandarlo i tour per il Tibet a fare da referente ai nuovi padroni. All'inizio il Panchen si comportava come un automa che diceva esattamente quello che Pechino si attendeva. Le riforme, i due popoli e la stessa patria, il partito comunista faro guida del futuro della gloriosa etnia del Tibet, una delle "54 minoranze" che compongono la grande madre patria cinese. Ma ad un certo punto il Panchen iniziò ad uscire dal seminato. Dapprima blandamente poi più energicamente iniziò a denunciare i costi immani dell'occupazione del Tibet e nel 1989, durante l'inaugurazione di uno stupa a Shigatse, dichiarò senza mezzi termini che quello che avevano pagato i tibetani era un prezzo, in termini morali, di vite, di cultura e libertà perse, di gran lunga superiore a quello che avevano ricevuto dai cinesi. Dopo alcuni giorni morì. Si disse di infarto. Fu inumato al Tashillumpo e qualificato come eroe della rivoluzione comunista da Pechino ed eroe della resistenza dai tibetani in esilio. Dopo alcuni anni, nel 1994, un gruppo di monaci di Tashillumpo percorreva in segreto le contrade del Tibet alla ricerca della nuova incarnazione del Panchen. Il sistema era lo stesso di sempre. Esoterismo, oracoli, visioni, sogni. Le loro attenzioni si soffermarono su un bambino, Gedun Choeky Nyma, che sembrava avere tutte le carte in regola.

Fu mandata una dettagliata relazione al Dalai Lama che, forse commettendo la più grande imprudenza, dichiarò che il riconoscimento era avvenuto. Il piccolo Gedun era l'XI Panchen Lama. Il tempo che la notizia dilagasse tra i tibetani e Gedun Coeky Nyma assieme alla sua famiglia venne fatto sparire dai cinesi. Sono passati 15 anni e di lui non si sa nulla. Amnesty International lo dichiara il più giovane prigioniero politico del mondo. I cinesi rifiutano di fare avere sue notizie limitandosi a dichiarare che non vuole essere disturbato. Che studia e vive sereno con la sua famiglia. Al suo posto c'è un altro bambino, ora un ragazzo,....., che lo stesso Jang Zemin, improvvisandosi cultore e competente della un tempo aborrita pratica della nomina dei "Tulku", corpi emanati, ha riconosciuto come il nuovo

Panchen Lama. Le sue foto sono sugli altari di Tashillumpo e il monaco che attende alle lampade al burro mi diffida dal fotografarlo. Dentro il monastero ci sono oggi 600 soldati. Il Panchen fantoccio di Pechino sta arrivando e, come alle adunate fasciste, si deve organizzare una degna accoglienza. Chi sarà assente verrà notato. Un monaco dall'aria importante mi avvicina e mi chiede da dove vengo. Poi inizia una specie di gioco a quiz sulle divinità degli altari per saggiare la mia competenza.. Visto che il quiz non va poi male, sparlocchiando un po' di tibetano alla fine azzardo compiaciuto: "Io sono un vecchio amico del popolo tibetano.. " Il lama mi guarda un po' ironico e mi replica ghignando "Nga Po-pa trogpo ma rè…" "Io NON sono amico del popolo tibetano.. " Ho capito. Mi sono imbattuto in un bel esemplare di quisling, un collaborazionista.. Non sono frequenti ma ci sono all'interno dei monasteri coloro che hanno "saltato il fosso" e controllano attentamente che le pratiche religiose non sconfinino in attività politica, spioni e servi dei nuovi padroni, e Tashillumpo è certamente un sorvegliato speciale. Ma d'altra parte non è che prima dell'invasione cinese anche i rapporti fra le scuole, sette o lignaggi che dir si voglia, fossero sempre idilliaci. Tutt'altro. A coloro che immaginano il Tibet come una specie di paradiso in terra dove tutti deambulavano sorridendo e ruotando il mulino delle preghiere è bene ricordare che, come in tutti i paesi del mondo, anche qui le faide interne, le lotte di potere, gli intrighi erano di casa. Questo ha dato sempre un'ottima mano a Pechino a dipingere il Tibet come un luogo feudale, arretrato e classista dove il potere assoluto era tutto in mano al clero e all'aristocrazia. Cosa senz'altro vera in certi aspetti e di cui a me, personalmente, interessa poco o nulla. Soprattutto se diventa un alibi per giustificare una forma di dominio e schiavitù ancora peggiori sotto la bandiera della "liberazione" e delle "riforme". Ed è molto facile arguire che se la liberazione e le riforme avessero reso felici i tibetani, certamente nel 2008 non avrebbero avuto la disperata incoscienza di sollevarsi subendo le ennesime ed ancor più brutali repressioni, arresti, torture.
A Tashillumpo mi imbatto anche in dei nomadi che sono venuti in pellegrinaggio. Li osservo con attenzione perché sembrano non vedere nessuno. Si prosternano rapiti all'ingresso dei templi. Si inchinano davanti ai Dharmapala, i guardiani delle quattro direzioni, che sorvegliano gli ingressi dei Gon Khang, degli Zu kla Khang, le varie tipologie di templi all'interno del complesso monastico. Dentro uno di questi templi troneggia una enorme statua di Maytreya, Chambà in tibetano, il Buddha del futuro. Tutto intorno è uno sfavillio di lampade al burro votive il cui odore, mescolato a quello degli incensi di ginepro ed altre resinose, contribuisce a definire magistralmente quel tipico effluvio, a me estremamente grato, che Maraini soleva simpaticamente chimare il "fetor tibeticus".
I nomadi, uomini e donne, si aggirano ritualmente attorno alla gigantesca statua. Accendono lumi e mormorano dei mantra socchiudendo gli occhi, rapiti dalla potenza del sacro. C'è un senso di lamento e quasi di pianto in queste invocazioni di cui non riesco a capire nulla. Capisco solo la profonda tristezza che emana da questi volti bruciati dal sole, da questi vestiti logori ma così peculiari e dignitosi. Da questo mondo nomade che ha i giorni contati proprio perché colpevole di non essersi

omologato al nuovo corso. È un episodio di tanti che ho visto con i miei occhi nel Tibet dolente di oggi e che mi spiega molto più di tante teorie sullo sviluppo sociale e veline di regime. Non contano nulla l'asfalto, il cemento, il vetro, le luci, la benzina, la musica, il sesso a pagamento. Non contano se nel profondo dell'anima non riesci a sostenere il peso di un mondo che ti è stato tolto e che, piaccia o non piaccia ai Vattimo o ad altri nostalgici del "grande timoniere", a loro andava bene così. Mi sembra di poter concludere che, comunque vadano le cose, prima e dopo le olimpiadi, i tibetani non sono stati e non saranno piegati agli splendori della nuova Cina. Agli splendori del consumo sfrenato. Agli splendori della perdita dell'identità. E credo di poter dire che nel profondo della loro anima nella maggior parte rimarranno fino all'"Ultimo dei Tibetani" legati indissolubilmente ai loro valori e ai loro modelli. Forse anche per noi le occasioni di riflettere su quanto sta accadendo nel Paese delle Nevi potrebbero essere di una certa utilità.

Note sul viaggio in tibet

Aggiungo poche note sull'organizzazione di un viaggio in Tibet dal momento che oggi non è possibile recarsi nel Paese delle Nevi se non nell'ambito di un viaggio gestito da una delle agenzie collegate all'organizzazione ufficiale cinese Luxingshe. Il viaggio sul Tetto del Mondo è una esperienza impressionante per la bellezza dei paesaggi. Occorre ricordare, comunque, che il Tibet è un paese occupato dall'inizio degli anni '50 e che la situazione politica è molto tesa. Gran parte del patrimonio artistico e culturale del paese è andato distrutto e i pochi monasteri e templi rimasti sono stati spesso restaurati in maniera grossolana (ad es. Samye). Molte festività, a parte il Mon-lam che si tiene in febbraio-marzo, sono state raggruppate nella stagione estiva per meglio approfittare del maggiore flusso turistico.

Vale quindi lo stesso discorso fatto per il Ladakh. Se avremo la capacità di affrontare un po' di freddo, nella zona di Lhasa la temperatura è relativamente sopportabile anche in inverno, vedremo il paese in una luce diversa. Forse un po' meno luna park esotico: tale sembra infatti essere il progetto di Pechino per lo sviluppo turistico del Tibet. Apparirà invece, nel momento di minore affluenza, un paese con problemi e situazioni più aderenti alla realtà. Oltre a Lhasa, Shigatse e Gyantse, le principali città del Tibet centrale, sarà opportuno visitare Samye, il primo monastero fondato in Tibet da Padmasambava nell'VIII sec, adagiato in una bellissima vallata sulle rive dello Yarlung Tsangpo. Molto interessante è ciò che rimane del complesso monastico di Sakya, non lontano dal confine con il Nepal. Spettacolare è la parte occidentale del paese, sopratutto la zona attorno al monte Kailash, una delle aree sacre dell'Asia. Qui, durante la festa del Wesak, di solito in maggio, confluiscono migliaia di pellegrini buddhisti e indù per circumambulare la montagna considerata la dimora di Shiva e simbolo dell'universo interiore. Un viaggio molto duro che richiede, oltre ad un intero mese a disposizione, grande spirito di adattamento.

Recentemente sono state aperte dal Nepal alcune frontiere "proibite" come quella di Purang, vicino al lago Manasarovar. Sono occasioni per fare esperienze di viaggio uniche che ripropongono, ancora per poco, il fascino dei primi romantici "ingressi" sul Tetto del Mondo. Quelli vissuti dai grandi viaggiatori degli inizi del secolo: Alexandra David Neel, Giuseppe Tucci, Fosco Maraini, Anagarika Govinda, Marcos Pallis ecc.

Si tenga presente, come già detto ripetutamente, che essendo la situazione politica molto fluida, si potranno probabilmente verificare variazioni delle normative. È buona norma, quindi attingere notizie precise prima della partenza. Completamente diversa dal Tibet occidentale è la regione orientale del Kham. I colori cambiano completamente. Dall'ocra, giallo, grigio delle regioni desertiche del Kailash, si passa al verde vellutato dell'erba che cresce qui a causa delle maggiori precipitazioni.
Per la stessa ragione prende piede anche una fitta giungla di bambù, habitat naturale del panda gigante, nella parte meridionale dell'Amdo, regione sud-orientale. Purtroppo quest'area è in gran parte devastata da un selvaggio disboscamento che ha proporzioni pari a quello amazzonico.
Molto interessante è la visita della regione orientale dei Golok, nei pressi del massiccio dell'Amnya Machén, e dei grandi monasteri di Kum Bum, di Labrang e di Taher.
È possibile organizzare un viaggio in Tibet anche direttamente da Kathmandu. Le strade della capitale nepalese sono tapezzate di "advertising" con proposte di ogni tipo e con tariffe estremamente varie. In questo intrico è difficile orientarsi. Occorre far capo ad agenzie sperimentate e conosciute per esperienza e correttezza. Rimango dell'opinione che chi volesse veramente venire a contatto con la cultura tibetana dovrebbe visitare innanzitutto le regioni limitrofe al Tibet.
Ladakh, Zanskar, Spiti, Mustang, Dolpo, Sikkim e Bhutan conservano ancora, proprio perchè si trovano agli estremi confini, una loro preziosa autenticità. Particolarmente interessante per gli studiosi che approfondiscono il tema è la realtà degli insediamenti di profughi tibetani nell'Himachal Pradesh e nel Karnàtaka, in India. Questi itinerari credo costituiscano il modo migliore e più autentico per avvicinarsi alla società, ai culti e alle tradizioni di questo straordinario "Pianeta Tibet".

∧ Nel mercato di Lhasa attorno al Jokhang
In the Lhasa market close to the Jokhang temple

△ L'autore col prof Fosco Maraini alla Casa del tibet di Votigno di Canossa nel 1999
The author with Prof. Fosco Maraini. House of Tibet Votigno 1999

A Fosco Maraini

Vorrei infine dedicare alcune riflessioni al mio rapporto con il Prof. Fosco Maraini. Ebbi l'onore e la fortuna di conoscere il professore nel 1981 di ritorno da un mio viaggio in Zangskar. Mi feci preannunciare da amici di amici di suoi amici. Lo chiamai al telefono dopo averlo cercato semplicemente sulla guida di Firenze- Maraini Fosco, Via Magalotti 6. Sarà lui..? Senza il prof.. ?? mah.. Provai. Mi rispose personalmente. Gli dissi che ero un suo ammiratore e lettore accanito e che desideravo conoscerlo; giusto per fare due chiacchiere e parlargli del mio viaggio nel remoto Zangskar. Concordammo un appuntamento. Mi presentai un po' intimidito alla porta della sua dimora fiorentina sul cucuzzolo di Poggio Imperiale. Una della case più belle che abbia mai visto. Non per sfarzo o dimensioni, ma per la travolgente dovizia di stimoli ed evocazioni che in ogni dove raccontavano l'Oriente di Maraini ma anche la usa internazionale toscanità. Libri, libri, libri, tanka del Tibet, katane giapponesi, sculture del padre Antonio, limonaie e verande con ancora libri e libri. Iniziò un rapporto di amicizia e stima nei miei confronti che è stato uno degli orgogli della mia vita di viaggiatore. Fosco si affezionò a me all'inizio per la tenerezza che dovevo provocargli citando continuamente passi dei suoi libri a memoria. Lui rideva sotto i suoi occhialoni con quel viso acuto che nel tempo si era orientalizzato. In effetti Maraini aveva occhi e postura "nipponica" e le giornate trascorse nel suo enorme salone-biblioteca di fronte ad un camino che mi conteneva in tutta la mia altezza, rimangono per me ricordi struggenti di un privilegio mai realizzato fino in fondo. Sua moglie Mieko ad un certo punto ci portava un tè verde con dei dolcetti di frutta giapponesi. Fosco, seduto nella sua poltrona accanto al camino, mi mostrava tutte le stampe in bianco e nero non utilizzate di "Segreto Tibet" Il suo best seller più famoso. Tradotto in sedici lingue. Uno dei testi di riferimento dello stesso Dalai Lama. Dato che non mi sentivo di avere con lui un confronto dialettico di tipo letterario, per me la sua penna è la perfezione del viaggiatore-descrittore, amavo spesso discutere con Fosco di fotografia. Una sua grande passione. Lo vedevo piuttosto gratificato quando mi "lanciavo" in commenti e dissertazioni sui suoi formidabili scatti. Posso dire senza esitazioni che fu una sua celebre fotografia che mi legò indissolubilmente al mondo tibetano.

Era la fotografia di che ritrae la città di Gyantsè dall'alto della sua fortezza ed ebbe su di me l'effetto di un colpo di fulmine amoroso. Era il lontano 1972: Biblioteca Gambalunga, Rimini. Stavo sfogliando "Segreto Tibet", l'unico volume, assieme ad Indo-Tibetica di Tucci, disponibile sull'argomento. Credo di aver descritto il mio stato d'animo di quel giorno più di una volta a casa Maraini. Lo facevo quasi tutte le volte che mi capitava di incrociare qualcuno dei suoi importanti amici: il suo primo editore De Donato, Betto Pinelli, Tiziano Terzani.. qualche giornalista americano o giapponese. Mi ricordo ancora perfettamente quel momento… Il libro è degli anni '50, abbastanza danneggiato, ci sono molte immagini; per me, allora, immagini nuove e terribilmente emozionanti, proprio per la grande penuria di allora di materiale sul Tetto del Mondo. La foto di Gyantsè, lievemente sovra esposta, non ha nulla di particolarmente mirabolante sotto il profilo tecnico. È uno scatto, felice, ben inquadrato, di un soggetto che però nasconde in sé qualcosa di vagamente "esoterico". Tra quel biancore abbagliante delle case e dei monasteri, quelle mura che "galoppano sulle creste come la muraglia della Cina… " e quei cerchi concentrici dorati che sovrastano il gigantesco e surreale chorten del Kum Bum, c'è un richiamo forte ed imperioso ad un mondo sovrannaturale, oltre quel cielo profondamente nero, ma che emana luce abbagliante. Gyantsè sembra una città del futuro, sistemata su qualche pianeta inospitale, brullo e disperatamente deserto. Ma i suoi abitanti, intravisti da quassù…, sembrano suggerire conoscenze superiori, la loro civiltà pare concentrata sulle cose dell'anima e dello spirito… non si riconoscono veicoli, piloni, cavi di corrente, siamo negli anni '30. È… una città importante, si capisce, ma è fuori dal tempo e dallo spazio. Solo rocce ardite, muraglie bianche e grigie, finestre inquietanti bordate di nero, metalli dorati sui tetti che saettano luce e bagliori verso l'infinito lassù o, per meglio dire, dentro noi stessi… nella profondità della nostra anima. Nei suoi due viaggi in Tibet nel 1937 e del 1948 come fotografo delle spedizioni Tucci, Fosco Maraini ha il regale merito di aver raccontato il Tibet come nessun altro aveva fatto prima. Lo ha fatto come fotografo e lo ha fatto come scrittore di un libro, Segreto Tibet appunto, che raramente fallisce nel provocare nel lettore una sorta di innamoramento a vita per lo sfortunato "Paese delle nevi". Le fotografie di Fosco Maraini, in bianco e nero, quasi un dovere quando si parla di Tibet, ci raccontano veramente il "Tibet Perduto". Lo fanno nella documentazione implacabile dei capolavori e delle opere, in senso totale, distrutte dalla furia ideologica della rivoluzione culturale, ma soprattutto lo fanno attraverso gli sguardi, gli atteggiamenti, direi le posture stesse dei suoi straordinari abitanti. "Gente allegra, chiassosa, sempre pronta a ridere, scherzare a credere in un prodigio…" Alcuni ritratti sono struggenti al limite della devastazione interiore… Potrei dire il piccolo incarnato Trommò Tulku, che occhieggia pensieroso e sospeso tra la divina natura e l'infanzia rubata… il lercio "canaro", nomade sbrindellato ma orgogliosamente sorridente e dotato, infatti, del vistoso e "aristocratico" orecchino di turchese. La dolce ed inarrivabile principessa Pema Choky che sulle nevi del valico Natu-La sembra gettare un ultimo sguardo ad un Tibet prossimo alla cupa tragedia dell'invasione cinese e tanti, tanti altri ancora. E se Fosco con la gente comune ci racconta l'abbandono della sua timidezza di fotografo di fronte al "soggetto umano", con i monaci e gli alti prelati del Tibet ci suggerisce invece la sua capacità di "sfruttare" quella inconfessabile vanità che qualunque posizione di privilegio, spirituale o temporale, procura a chi la detiene… ben percepibili dal sussiego dello sguardo o dalla melliflua mano del Geshe (dottore teologo) o dallo sfarzo dei broccati dell'inavvicinabile alto prelato sakya, Ngawang Lodro. Ecco dunque il "Tibet Perduto" di Fosco Maraini; amato fino allo struggimento non per una forma di infantile attaccamento all'esotico, all'altrove spazio-tempo, ma per il racconto, la testimonianza di un mondo strano e magico dove, in qualche modo incredibilmente, l'uomo si era soffermato per secoli sempre e solo sull'elemento religioso, quello buddista, comune denominatore e perno della Civiltà Tibetana. Con la struggente umanità del suo racconto fotografico Fosco ci consegna proprio il Tibet autentico. Non quello un po' spocchioso e nozionista dell'accademia. Non quello raffazzonato e intriso di assurde e facili suggestioni del viaggiatore d'accatto. Il Tibet Vero, il Tibet dell'uomo, del pensiero, dello spirito e della religione, ma anche quello dei privilegi e delle furberie, il Tibet della gioia di vivere generata dall' austera esistenza e da molti buoni valori. Valori che sembrano stupire ancora e sempre di più questo nostro occidente ricco di tutto fuorché di pace interiore. A Maraini, ai suoi scritti ed alle sue immagini devo il vero "incontro fatale" della mia vita. Mi spiace solo di non potergli più fare dono di

TIBETAN SHADOWS

Claudio Cardelli

△ Il chorten del monastero di Rongbuk (5500m) ai piedi della parete nord dell'Everest
The Rongbuk little gompa (5500m) at the feet of north wall of Everest mountain

△ Il Kum Bum di Gyantse
The Gyantse Kum bum

△ Scene di strada a Gyantse
Street scenes in Gyantse

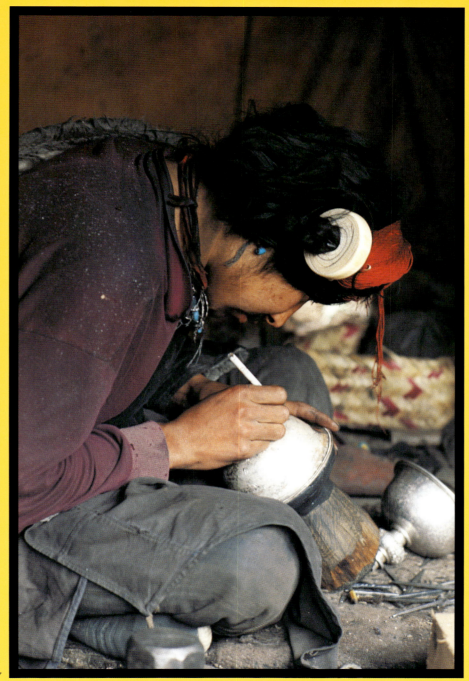

Artigiano a Tsurpu
Craftsman in Tsurpu 1987

△ Tra il pubblico durante l'esposizione annuale a Ganden della grande tanka raffigurante Tsong Kapa, il fondatore del lignaggio Gelug Pa
People waiting for the annual exposition in Ganden of the gigantic tangka representing Tsong Kapa, founder of the Gelugpa lineage

△ Il monastero Namgyal, a nord di Lo Mantang-1992
The Namgyal monastery, north of Lo Mantang 1992

∧ Il palazzo reale di Tsarang al tramonto-1992
The Royal Palce of Tsarang in a summer sunset, Mustang 1992

∧ Campi d'orzo nei pressi di Chosang, 1992
Barley fields nearby Chosang, Mustang 1992

△ Campi d'orzo nei pressi di Chosang-1992
Barley fields nearby Chosang, Mustang 1992

△ Spigatura dell'orzo a Chosang, 1992
Barley gleaning in Chosang, 1992

∧ Anziane devote compiono una puja sul terrazzo di una casa di Lo Mantang
Elderly devotees performing a puja on a terrace in Lo Mantang

△ Himalaya del Kashmir dal volo Chanigarh Leh-1979
Himalaya in Kashmir from the Chanigarh Leh flight -1979

∧ Da una House Boat di Srinagar
In a House boat in Srinagar

△ Operai al lavoro per aprire lo Zoji La (3700mt) 1984
Work in progress to open the Zoji La (3700mt) 1984

∧ Sei metri di neve lungo la strada per Leh nei pressi di Drass-1984
Six meters of snow along the route to Leh nearby Drass-1984

△ Ponte nei pressi di Pukthal, Zangskar, 1981
Bridge nearby Pukthal, Zangskar, 1981

Il villaggio di Timisgang in inverno-1984
Timisgang village in the winter-1984

△ Il monastero di Karsha, Zangskar 1981
Karsha monastery, Zangskar 1981

Bamabini a Leh
Children in Leh

△ Varie fasi delle danze di Likir-Divinità terrifiche
Different stages of ritual dances in Likir- Terrifying divinities

Celebrazioni dello Tsechu nello dzong di Wangdi Phodang e nella reggia di Thimpu, bhutan
Tsechu festival in Wangdi Phodang and in Thimpu royal palace, Bhutan

△ Bambini tibetani rifugiati a McLeod Ganj 1988
Tibetan children refugees in McLeod Ganj 1988

∧ Con Jetsun Pema, il sig. Dawa ed Emerson al Tibetan Children Village di Leh 2002
With Jetsun Pema, Mr. Dawa and Emerson at Tibetan Children Village in Leh 2002

∧ Cerimonia di lunga vita per il popolo cinese al Laghyan Ri- McLeod ganj 1988
Long life ceremony for chines people, Laghyan Ri- McLeod ganj 1988

Da una finestra di McLeod Ganj
From a Window in McLeod Ganj

△ Tre monaci prima della Cerimonia di lunga vita per il popolo cinese al Laghyan Ri- McLeod ganj 1988
Three monks before the Long life ceremony for chines people, Laghyan Ri- McLeod ganj 1988

△ Anziane tibetane al festival dello Shoton 1992
Old tibetan ladies at Shoton Festival in McLeod 1992

△ Il Dalai Lama e la folla dei monaci convenuti alla "Assemblea dei Mille Tulku" a Sarnath 1988
The Dalai Lama and the crowd of monks coming in Sarnath for the "Thousand Tulkus Assembly" 1988

△ Il Dalai Lama in visita privata al monastero delle monache di clausura di Pennabilli-1994. Da destra il sindaco Roberto Busca, Luca Corona, Claudio Cardelli, il Dalai Lama ed Elio Marini
Dalai Lama visiting the nuns of an enclosed order in the Pennabilli convent-1994. From right the mayor Roberto Busca, Claudio Cardelli, the Dalai Lama and Elio Marini

TIBETAN SHADOWS

Claudio Cardelli

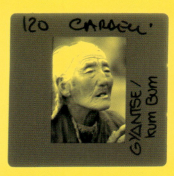

TIBETAN SHADOWS

Claudio, do you remember?
That boat that was gliding slowly down the river by Variance in the flickering light of dawn… you were on the bow taking photos of the steps of the Ganges river already swarming with pilgrims, sadhus, brahmans, everyday people. And me, seized by the first pangs of awareness of time that passes relentlessly like the flow of the waters we were sailing on, I whispered, more to myself than to you, "How I wish our life was like this boat and once we reached the end of the journey we could just turn around and go back". How many years ago? Twenty, twenty-five? I honestly don't remember, probably it was around the late mid '80s, when the first decade of the 2000s seemed so incredibly distant, remote and unreal, enveloped in a distant fog perceived (wrongly) as being light-years ahead and yet in my memory those moments have remained as vivid as if they had come from a scene that had happened just a few moments before.
Please excuse this languid, even slightly rhetoric incipit, but I must admit that seeing the great number of photographs in this book really touched me deeply, and not only for their beauty, poetry, their capacity to tell stories, to speak of people and worlds, but also and above all most of those were our journeys during which we shared emotions, fatigue, amazement, enthusiasm, enchantment… the immensity of the Indian – Tibetan – Himalayan universe, a world that, when we travelled through it (I wouldn't dare say far and wide but certainly a good part of it, this we can surely say), was still little known to the rest of the world. It hadn't yet been trampled on by the soles of the infantry of the army of mass tourism. Needless to say, I'm referring to the Sikkim of 30 years ago, the Ladakh winter festivals, the Mustang of April 1972, just to give the reader some general information.

A perfect world? Paradise? Shangri-la? Pas de tout. Not at all. More simply, a world for the most part still archaic, essential, cyclic and innocent as a child would be. This is exactly why it possesses that extraordinary quality which is, at least in my eyes, the capacity to astound, to behold wonder to and to make one enthusiastic about it. A world into which we entered with respect and love, another place in time more than just a place on a map. The distance that we perceived in those encounters wasn't so much a question of kilometres but a question of epoch. If we watched the monks from the monastery of Likir celebrating their ritual dances in the icy cold of the Himalayan winter, or walked wrapped in the wind along the paths to Lo during the harvesting of the maize when the small, cultivated fields shone like golden oases in the middle of a grey ocean and the red of the surrounding mountains, the feeling was that of being at the centre of an impossible journey in time. And here, I believe I can speak on your behalf too, is what made these experiences so magical, powerful and incredible.

Then came Tibet or that is all the Tibets we got to know which enshrouded us in such a close embrace that in some moments seemed almost suffocating. How many times have we told the story of these Tibets through words (me), through photographs (you) and in moving images (both of us)?
The Tibet of polychromatic religiosity, the powerful and suggestive sounds of monastic ceremonies, the kaleidoscope of sand mandalas, the multicoloured ritual dances and the exploding sound of the monks debating. Then there is also the Tibet of territories, whether the true official one or the areas along the Himalayan ridges where people of Tibetan culture live. And even this Tibet captivated us with the infinite greatness of its horizons, the enormous height of its peaks and the breathtaking intensity of its light and colours. Lastly the Tibet of exile, of refugees, diaspora and of men and women forced to flee from their country in one of the most vile and cruel invasions in the history of the twentieth

century (which unfortunately is not lacking in similar episodes). It's the Tibet of social commitment, sustaining the Tibetan people in their conflict, giving support when they faced the Chinese nation alone, forsaken by all, in particular by professional do-gooders who become indignant only if the U.S.A. is involved.

The discovery of this Tibet was for me, a sort of return to the militant days of my adolescence and youth, and for you it represented the discovery of a political dimension which until then you knew little or nothing about, and it is this Tibet which perhaps most deeply moved us. The Tibet which gave us enthusiasm, absorbed us and sometimes even disappointed us.

The battle side by side with those who are not willing to accept the status quo nor to bow in the face of the arrogance of the military, political and economic power of Bejing. Those who continue to show their ancient pride and refuse to be homologated in one of the many ethnic minorities of China. Fighting, in spite of everything and everyone, for their inviolable right to freedom and their self-determination.

Well, here on paper are the feelings, somewhat confused and dictated a little by the excitement or the emotion that the sight of the photos (and the accompanying texts) aroused in me. As you know I'm writing these words from my house in Brittany whilst watching a livid sky which embraces a stormy ocean ripped by violent winds. It is the evening before the first visit of the Dalai Lama to these lands. A significant coincidence Jung would have said and it doesn't end there. In the town where I live, a Tibetan flag (together with those of Brittany, France and the EU) hangs over the Hotel de Ville (the town hall) and the day before yesterday, during the parade of musical bands (the bagadoù) which concludes the Festival de Cournouaille in Kemper, a musician had a little Tibetan flag hanging from his bagpipes.

Like Tibet, Brittany lost its independence and during the French revolution underwent similar hardship. In the Breton territories the Jacobin terror committed some of the most barbarian deeds: mass execution of dissidents, the destruction of churches, monasteries, convents and the degrading of local traditions.

The other day I went to do the shopping in a Kemper supermarket and the walls were all decorated with enormous banners on which were written the words "Fiers d'etre Bretons", and they weren't just words. This proud spirit, this link with memory, with roots, is alive, real and can be felt in the air everywhere. But why all this digression on Brittany and its present day culture? Because I want to conclude with words of hope, I want to think indeed that the Tibetan nation will be able to overcome the present moment, that is to say, the darkest page of its thousand year old story. I want to believe that Tibetans will continue to be proud of their nation,. I would like to imagine a future in which Lhasa is once again the capital of a free country. Above all, I would like everyone to be aware that the legacy of Tibet doesn't only belong to the men and women of the roof of the world, but to the whole of mankind.

I believe this book of yours, Claudio, contributes to the spreading of this awareness.

Piero Verni
(Quiberon, Southern Brittany, 31st July 2008)

TIBETAN SHADOWS

∧ Campo fuori dalle mura di Lo Mantang, 1992
  Camping out of Lo Mantang city walls, 1992
› Un Lhasa Apso sul tetto di una casa di Lo Mantang
  A Lhasa Apso on a rooftop in Lo Mantang

Tibetan Shadows

Recent hisory of Tibet

The "light" of Tibet, in his peculiar form of Buddhism, and his original, singular, archaic and unaltered-for-centuries culture, has turned into a beacon far beyond the actual boundaries of Tibet as a nation. Its territory had the size of Western Europe before the Chinese invasion in October 1950, after that everything definitely changed. However, from the Himalayas to Mongolia all the way through the steppe of Siberia, in the Baikal lake regions, or from the thick forests of Yunnan to the rocky deserts of Ladakh, the Tibetan "light" has been seeping through the existence of millions also non-Tibetan. They all recognized the incarnation of Buddha and his principle of compassion, Chenresi, in the Dalai Lama, pontifex and sovereign of a people voluntarily secluded in their inner form of universe and in a social system as complex as controversial and enthralling. Mao's Red Army broke the spell that protected the Land of Snows and brought it back to the fierce reality: a world coming apart after the war, where the previous geopolitical balance existed no more. The archaic and a bit obtuse vision of the real world of a clergy much too busy with the inside feud while waiting for the still sixteen-year-old Dalai Lama to come of age, had no chance to win the hefty and fanatical Mao's army. Therefore, nine years of impossible coexistence, Lhasa riot on March 10, 1959 and finally the escape of the Dalai Lama to India, paved the way to the expansion of Buddhism into the Western World thanks to the refugees and the Lamas. Uncertainty, pain and abandonment do cast a shadow on Tibet's future, whereas the confining countries of Tibetan culture stand as the stronghold of an ancient culture that has influenced our world, sometimes a bit too much. Yet, the new globalization process and the hordes of cheap tourists might even take over and have an opposite effect. The reign of doom predicted by the XIII Dalai Lama's prophecies seem to mold into shape when he talked about evil forces ruling over Tibet and about a new space for buddhism in the Western World. The light has turned into "Tibetan shadows", now scattered all around the world and disquieting our post-hippie conscience based upon the old "peace and love" Gandhian non-violence, as opposed to the cynical realpolitik of the heavy and mutual economic interests that surround the Chinese power and cannot be fought anyway. So now, that distant relationship with Tibet we had in the past century, has turned into the recurrent practice of seminars, initiations, mandalas of colored sands and so forth. From an incomprehensible isolation to a familiar presence for a restless humanity desperately seeking new inner references. Many Lamas now reside in European and American towns, and have established many Buddhist centers, Dharmas, drawing all kinds of people in terms of social status, culture and profession. Associations and support groups around the world try to focus on the Tibetan issue, very pro-active in their, by now, lobbying among politicians, entrepeneurs and mostly entertainment business celebrities. Richard Gere, Sharon Stone, Harrison Ford, David Crosby,

Phillip Glass to name a few, have all endorsed the "Tibetan Struggle" usually standing or sitting side by side with the Dalai Lama during his "political-religious tours". Fund raising, long distance adoptions of child refugees in India or Nepal have become the main activities. The Dalai Lama is traveling the world relentlessly in his search for political support. All he's able to do then, is conquer the heart of many common people who are trying to relive their '60s shattered myths, but he can't cut it at any higher political and economic level, where the arrogant dissuasion of the Beijing government prevails by calling His Holiness public enemy number one. The international sympathy for the cause does not necessarily yield any solution for the "Tibetan issue" and the quest for independence has been forcefully denied by Beijing. Dharamsala, a small Indian hamlet by the Himalaya, has become the "little Lhasa" for being the headquarters of the Tibetan Government in Exile. As we write, the unexpected rally of March 10, 2008 in Lhasa has been repressed in a bloodbath and the long painful smouldering has broken out into open rebellion. The media war between the Chinese government and the rest of the world is casting a shadow on the positive outcome of the Olympic games. The Dalai Lama is not willing to take the blame for bringing up the issue in such a time frame, and invites Beijing to simply talk about it. The international attention is considered by Beijing as an offensive interference in China's domestic affair, and everybody seems to get the message loud and clear. It's a very dynamic situation, so let's take a look back in history to focus on what possible causes might have affected today's happenings.

Tibet, the heart of Asia

A boundless universe, immense space and desperate lonliness, inaccessible mountains and remote monasteries upon steep cliffs. Monks, bandits, shepherds, wandering nomads with herds of yaks and dark tents with rudimentary stoves whose smoke mixed with the incense of the votive lamps. Tanned wrinkled faces marked by the plateau sun and arcane smiles to witness a solid religious and philosophical thought source of inner peace. Prodigy, myths and legends of the mountains doused in Indian Buddhism and Shamanic cult, the "Bon", harbouring on the Roof of the World. This is more or less how the Western imagination pictured the mysterious Tibetan world in the past century… More recently, the Roof of the World has been branded instead as a "feudal theocracy". A simplicistic term to downgrade a much more complex system made of pragmatism, mataphisics, religion and secularity. The Dalai Lama was the hinge of an articulated and composite consulting structure, the Kashag where religious and lay men would gather. In our Western civilization it'd be hard to accept such a lay out, yet the driving force of Buddhism provided a general sense of balance and social harmony, which is still enduring despite the penetrating influence of the modern world. The stereotypical image of the monasteries on a ridge is what make the Tibetan world so enticing, as Alexandra David Neel pointed out, (they are) perceived as "mysterious laboratories where occult powers operate". Metaphysical suggestions aside, the monasteries have represented the core of the universal knowledge on the tablelands, and they still have such function as to teaching religion, medicine, arts and astrology. Through them, all festivities and religious matters were central to the everyday life and enclosed a strong Buddhist influence that affected the layman as well.

Fragments of ancient history tell us about violent nomads ruling the plateau, where the chiefs would lead their tribes through the endless spaces along with herds and flocks. Slow rhythms and long distances might unconsciously spur contemplation and introspection. Some of these chiefs felt the need to settle down and establish their own domain by founding real dynasties. This process was implemented around the 8th century, and Tibet began to expand under the Yarlung dynasty. Around year 600, the first model of permanent settlement was born. For that matter, also the first buildings with walls (Yumbulhakang of Tsetang is still there, although for several times reconstructed) and the rudiments of the Buddhist cult, at its peak in India back then, were now a reality. Song Tsen Gampo (569-649), considerd as the very founder of the Tibetan power, had two wives: Briguti Devi, Nepalese, brought with her the Buddhist scripts and religious images, whereas Weng Chen, Chinese, helped erect the statue of Buddha Sakyamuni, stored and worshipped to this day at the Jokhang temple in Lhasa. Allegedly, Gampo decided to send a delegation led by the sage Thonmi-Sambhota to find the right way to properly render into Tibetan some of India's sacred scriptures, which probably was the first step toward a more Indian influenced culture rather than Chinese. The apogee of the Tibetan empire came with Tri Son Detsen who envisoned Buddhism as the ultimate way to unify the culture and the phylosophical and religious thoughts of his country. In 821, Detsen clearly agreed with the Chinese emperor… on the exact boundaries and the limits of authority between the two powers: "… everything over to the East belongs to China… everything to the West has to be unconditionally considered as part of the Great Tibet. " He was fascinated with the tremendously popular doctrine followed all over the Indian sub-continent. So, he invited teachers like Shantarakshita, who had trouble dealing with "the rude mountain people of the King", and like Padmasambawa, a great yogi and tantric master from Swat (modern

△ Esposizione annuale a Ganden della grande tanka raffigurante Buddha Sakyamuni 1987
Annual exhibition in Ganden of the great tanka portraying Buddha Sakyamuni 1987

Celebrazioni dello Tsechu nello dzong di Wangdi Phodang, Bhutan
Tsechu festival in Wangdi Phodang, Bhutan

Northern Parkistan) whose intense exorcisms became an immediate astounding success. This paved the way to a sort of epic recount of prodigies, powerful exorcisms and miracles that Padmasambawa performed in the Southern area of the country and in many towns of the Himalayan chain while on his "mission to Tibet". Named "Guru Rimpoche" (precious master), his path was then crossed by temples, monasteries, chorténs and sacred caves. History mixed with myth, and his biography "Guru born from Lotus" is by now a sacred writing to the Tibetan religious world.

The monastery of Samye, founded after his coming, is believed to be the site of a spectacular exorcistic bout between Padmasambawa and probably the opposite forces of the Bonpo priests that lived in the area. Later on, Tri Son Detsen himself had to intervene and form a council in Samye and Lhasa, in order to put an end to a dispute between the mostly Chinese masters, followers of a form of Buddhism contemplating a sudden "enlightenment" called "Chan" (to become Zen in Japan) and the disciples of a more "gradual" Indian way.
It was Kamalasila who led the Indian masters to a dialectic victory which forced the defeated Chinese to shamefully return to their country. A period of deep crisis hit Buddhism between the end of the Yarlung dynasty and the restoration of the Bonpo authority through the king Lang-Darma. Persecutions and marginalization made Tibet fall in a dark age.

The dynasty ended, yet the royal family's brats founded the two important reigns of Guge and Ladakh in Western Tibet. In a short time the country ended up in the hands of local leaders ruling over smaller territories in total anarchy. Buddhism then survived in remote areas of Eastern Tibet, and only around year one thousand, some Tibetan masters like Rinchen Zangpo moved to India for a while and came back with numerous sacred scriptures. At the same time, other Indian masters like Atisha also moved to the Land of Snows to preach, probably due to the ravaging Islamic invasions of their country. All these events together surely pushed Tibet toward the Indian culture, more and more taking distance from the Chinese values. Some highly spiritual minds lived in this time frame: Marpa (1012-1096), Milerpa (the local Saint Francis-1040-1123), Gampo-pa (1079-1153), Bronton (1005-1064) to name a few.

The Dalai Lama

He is the political and spiritual leader of Tibet and is universally acknowledged for his gentle and wise non-violent attitude, his endurance and for his diplomatic action. His name is Tenzing Gyatso: the 14th reincarnation of Avalokiteshvara, bodhisattva of compassion and "patron" of Tibet, friendly called by his folks "Kundun" (the presence). He's been living in India since 1959 in a mountain small village called Mc Leod Ganj, above Dharamsala: Nobel Prize 1989, and still fighting for the dignity of his people for over forty years. How such a figure developed then?

In 1200, the Mongolean empire was at its peak while in Tibet the different branches or leagues of Buddhism were taking shape. Many remained faithful to Padmasambawa's teachings and gathered around the Niyma-pa (the ancient) league, whereas Atisha founded the Kadam-pa school starting his own line of masters. Along time, the monastery of Sakya, founded around year one thousand, became an important center of shrewd statesmen and members of the clergy that played a key role in negotiating with the Mongolian Khans to avert invasion.

Sayka Pandita Kunga Gyaltsen skillfully handled the whole matter in order to give in part of his territory and be appointed as a sort of agent and representative of the Khan, say like a theocratic Vice- King of the Steppe. When the Mongolians invaded China, the Sakya priests were given more important positions. Now nominated "Tishè", imperial tutors, they were able to set up some kind of closer relationship with the different emperors that went through many variables in time. Basically the Tibetan pontifex would interceed in all "divine affairs", and the emperor in return, would take care of his protection on earth. After the fall of the Mongolian empire, it all came apart and consequently the Sakyas power decayed. Their influence lasted until 1959, yet only over the Tsang region and some other territories of Northern Nepal (Mustang). For the following three centuries, between the fall of the Mongolian empire and the rise of the Ching (1700s Manchù dynasty), Tibet was totally independent although the Ming claimed their rights over some territories. Over such period of time, this monastic society conveyed within itself both the spiritual and temporal power. Tibetan Buddhist schools went through ups and downs. The above mentioned Nyimapa gathered around small monastic communities with a defining unique character which has remained as such up to now. Mystics Marpa, Milepa, Gampopa originated another line of reincarnation led by Karmapa. It was because of the reforms implemented by Tsong Kapa that the Gelug-pa ("those from the virtuous order") school was created, then heading to the beginning of the Dalai-Lamat. Tsong Kapa was a central figure for Buddhism promoting

the construction of the large monastery of Ganden, a sort of town really, at times with a population of up to ten thousand. Later on in time, his disciples also completed the construction of Drepung and Sera buildings, quintessence of the temporal and spiritual school by him founded: the Gelug-pa.

For almost two centuries, from 15th to 17th, the fight for supremacy was evident between the unreformed traditional schools, Karmapa in particular, and the emerging Gelug-pa better known among people as "the yellow hat" one. Officially in 1475 began to take place the tradition of annointing the new venerable master of a specific monastery by choosing the new baby born within fourty days after the death of his predecessor. Allegedly that year, Gedun Gyatso was the first of the line, succeeding to Gedun Trupa, nephew of Tsong Kapa. This ritual would become instrumental to the purpose of acknowledging all Dalai Lamas and other great masters by blending together cooptation and the already popular reincarnation. The first Dalai Lamas were even considered "retroactive".

Sonam Gyatso, third successor in the line of Tsong Kapa, was able to charm Mongolian Prince Althan Khan and turned into his personal spiritual mentor, also converting many of his fierce Mongolian knights. The prince then called him Dalai, meaning "ocean of wisdom" then extended retroactively to Tsong Kapa's other successors, Gedun Trupa and Gedun Gyatso, now first and second Dalai. Among the nephews of Althan Khan was chosen the fourth Dalai Lama, namely Yonten Gyatso who died in 1616. But it was with the "Great Fifth" Lobsang Gyatso, that the power and prestige of the Gelug-pa school really arose to the next level.
Not yet twenty, the Great Fifth would have to deal with the new prince Gushri Khan, and he worked in order to form an alliance to submit the Bonpo priests in Eastern Tibet with the help of the Mongolian cavalry. The province of U-Tsang was finally reunited and pacified, the Khan ruled over most of the region and decided to donate a good portion of Tibet to the Great Fifth. Now the political and religious scenario was getting more complex because of the different size and dimension of the issues the Dalai Lama had to deal with. That also had an impact on the aggrandizing dynamics of the theocratic structure of power in the hands of the Buddhist clergy called Gompa, a larger system that was utterly growing out of the Chinese influence. All along the harrowing decade of the cultural revolution, many temples and monasteries were destroyed, but also to this day, we can't help being in awe when we look at the towering and bewitching beauty of these buildings, at least among the intact leftovers of the over six thousand existing before the revolution. These

fortresses seem to branch out of the rocks they lie on. Probably the biggest are Ganden, Drepung and Sera, but also impressive were Labrang, in East Tibet, Tashillumpo, in Shigatzè headquarters of Panchen Lama, the second authority after Dali Lama. Then we have the Mongolian complex of Sakya and the still existing symbol of Tibet completed back then by the Great Fifth: the Potala structure in Lhasa. There are plenty of minor yet incredibly beautiful buildings throughout the area like Thiksey in Ladakh or Karsha and Phuktal in Zanskar, still perfectly preserved residencial complexes and intact in function and structure.

The story of sixth Dalai Lama, Tsangyang Gyatso, is the most enthralling and astounding episode of uncomprehensible metaphysics with regard to the Land of Snows. He was chosen by the regent who, besides concealing the death of the Great Fifth for ten years, was also able to expand the boundaries of Tibet through the western reign of Guge. The young Dalai was endowed with sharp intelligence yet not in the fields of chastisty and diplomacy. He stood out as poet and composer of music and mottos, attracted as he was to the female world, he also wrote intense poems on tormented and impossible love affairs. He started a new literary genre consisting of folklore and love chants that, although already existing in the popular tradition, were then given a more important dignity to the point of becoming a benchmark in Tibet's cultural heritage.

Regent Senge Gyatso compelled the young Dalai to give up all his spiritual prerogatives. Bewildered Tibetans claimed it was a sad mistake, others swore the Dali was putting them through the test. They surely loved him then. Meanwhile, after two centuries the Ming dynasty's decadence had begun and the power shifted to some Manciurian tribes ready to overthrow the old empire. As usual, the new ruling class, the Ch'ing, even if not Chinese, wanted to "fix" those territories that had somehow been under Chinese influence. The time came to taper down the "abhorrent" power of the Dalai and Lhasa, by now influencing almost half Central Asia. The Chi'ing conquered back the Sinkiang and tried to reaffirm their sovereignty over Tibet by sending a small but well trained army to Lhasa. The regent was deposed and the sixth was deemed as a "spurious" reincarnation. As to Tibet, sadly a whole new baleful prospective was looming at the horizon. The head of the Zungar tribe, rival of Lahazang Khan, plundered Lhasa with his army of ruthless creeps and put the seventh Dalai, still a child, on the Potala's throne, basically occupying the town for three harsh years. At this stage, the help of the lord of the celestion empire Kangh Si was the only left hope for the Tibetans. In 1720, the Chinese troops entered Lhasa for the very first time.

Tibet Today.

Now we have a lowdown on the profile of the "Tibetan nation", yet currently we are rather dealing more with the "Tibetan issue". China claims its "millenary" political rights and all Chinese publications contain the story of princess Weng Cheng married to the Tibetan king Song Tsen Gampo followed by a huge carriage carrying the statue of Buddha which still can be seen at the Jokhang in Lhasa. It's undeniable, and the Chinese are proud of it, that during the Ch'ing dynasty from 1720 to 1912, Tibet was a protectorate of sorts. Although, from 1912 on, under the thirteenth Dalai, Tibet remained independent and was as big as Western Europe, coining its own currency, issueing stamps and passports, and excert customs duties. It's also undeniable that the Tibetan empire had stretched its confines almost to Beijing in the nineth century. So, today many international law experts deem Tibet as an independent nation.

If we judge the rights over other countries by historic events, then Great Britain should reoccupy India, France should do it with Algery and Indochina, the Spanish should head back to Italy, which on its turn, thanks to the Roman empire, should lead the whole Mediterranean area. Unfortunately the Chinese abuse of power, along with the untouchability of Beijing's nomenclature have been able to make believe that both America and Europe need China's key role for the future of Western well-being. Instead, the slavery based regime of the new mandarins have pushed the Tibetan Government in Exile to helplessly give up on the cause of independence for a delusional "genuine autonomy" to be granted. But such a move has run into harsh critics also inside the Tibetan community.

The few travelers who happened to walk through the mysterious Land of Snows in the past century, could only find themselves in a completely archaic and harrowing dimension. Who was good enough to make it through the Natu La pass in Sikkim, looking out on the lunar landscape of Tuna at 4500 meters, basically was approaching the lower slopes of much higher peaks of approximately 7-8000 meters.

As the civilized world was entering the atomic era in the '40s, the basic use of the wheel was totally unknown to Tibet. That's right, people would travel on foot or straddle a horse, while any merchandise would be loaded on the back of yaks. Two Austins were broken down to pieces and transported over to Lhasa from India as the thirteenth Dalai Lama wished. They were not able to drive them for a single yard since no roads existed whatsoever: both cars, now just junks, are still sitting in the garden of Norbulingka, Dalai's summer residence, completely covered with vegetation. As odd as it sounds, this was the result of the precise will to keep Tibet inamovable for centuries. In Heinrich Harrer's definition, Tibet was a nation "intentionally non-progressing", which had shifted its attention more toward spiritual growth.

TIBETAN SHADOWS

One third of the male population lived in monasteries, not everybody was there to take their vows then, but it was the best place possible to learn about everything. No other schools existed and those who could afford a more modern education, would send their sons over to India. All religious festivities, Cham, were handled by the monastery and enclosed spectacular ritual dances, huge Tanke's exhibitions, offerings and collective prayers. Ache Lhamo instead, was the only form of lay celabration, a sort of open theater moving from square to square of every village and based upon tales of Tibetan tradition.
Therefore, in order to judge or evaluate Tibetan society, we shall stay away from any westernized idea of happiness which implies economic and social models that cannot apply to Tibet. This happened with Mao as well. China considered so outrageous the sole existence of such behind-the-times people, at least materialistically speaking, who were only interested in spiritual matters. It was not the Shangri La idealized by Hilton in the '30s, yet it was simply a piece of Buddhist middle ages that remained unadulterated on the verge of the atomic era and for that, it had to be depleted of all the poisoning religious beliefs. Radical reforms to improve incomes and living standards, social equity and all that came with it, did not belong to the Tibetans anyway, since they had never suffered any major social tension or misery either. The intellectual quality of their Buddhist thought and belief was completely overlooked, to the contrary, they were branded as barbarians and supersticious hillybillies.

The end of Ch'ing's Manchurian empire at the beginning of last century, and the turmoil caused by the "Lords of War", gave Tibet a chance to reaffirm its way to independence. The shrewd thirteenth Dalai cunningly made his moves between the British Raj's expansionist aims, whose troops had reached Lhasa to impose a trade treaty to the reluctant Lamas, and the Russian maneuvers engaged in the "big game", as Kipling would call it. The thirteenth Dalai Lama had his last moments of independence, issued stamps, passports and put together a kind of army, more formally than else then. The flag used was the same as the one we now see everywhere in the rallies in front of the Chinese embassies around the world or in the streets. Mao' s revolution and the birth of the People's Republic of China in 1948 urged the liberation of Tibet from Western imperialism.

In 1950, General Chu Teh Zhu Deh publicly declared such intentions, thus the Chinese army ultimately confronted the Tibetans in two sites along the borders. Fully equipped and armed Chinese against pictoresque uniforms and rudimentary old rifles portraying the lack of progress and technology of Tibet.

△ Vedute invernali del monastero di Lamyuru (XI sec) fondato da Rinchenzangpo-Uno dei più spettacolari dell'Himalaya.-1990
Winter sightseeings of the Lamyuru monastery (XI century) founded by Rinchenzangpo- One of the most spectacular of the Himalayas.-1990

La statua di Gyowo Rimpoche nel monastero del Jokhang a Lhasa
Gyowo Rimpoche statue in the Jokhang monastery of Lhasa

In a few days Lhasa was occupied, exactly in April 1951, after heroic as useless resistance. Tibet's isolationism aggravated by the inner fights sparkled after the thirteenth Dalai Lama's demise in 1933, didn't help achieve any improvement after the end of Second World War. In addition to all that, the new "People's Republic of China" aggressive attitude left no room for any different outcome. The young Dalai, the current one, found shelter in Yatung near the Sikkim border. Desperate delegations swung back and forth from India seeking help and agreements. It all was coming apart now, and the Chinese ambassador in Delhi even advised to send these delegations straight to Beijing. But once there, any line of communication with Lhasa was cut off and the delegation was forced to sign a 17 point agreement, signed with counterfeit seals, which granted some forms of authonomy yet erased Tibet from the map as independent nation. Unfortunately, we have to point out that those seventeen points would be more than acceptable in today's worsening situation. Anyway, the Western world did not lift a finger.

Ten years of harassment and vexation ensued, two antithetic cultures collided on the Roof of the World to a point of no return in March 1959, when rumors about a possible Dalai's abduction spread out. The whole city of Lhasa was attending the final exams of the young sovereign inside the Jokhang cathedral where, after twenty long years, the Dalai finally became Geshe, doctor of theology, brilliantly debating with the most revered and important masters. In the midst of such ceremony, two Chinese subaltern officers barged in, demanding the immediate acceptance of an invitation for the Dalai Lama to attend a theatrical show organized by the Commander in Chief of the Chinese forces in Tibet, which was kindly turned down with diplomacy. A ten day deadline was established by the malicious Chinese, but again the Dalai said to be busy with something else more important. March 10 was the fixed date for His Holiness to show up alone, without any armed back up. Suspicion turned into certainty and over 100.000 pilgrims in Lhasa brough about the largest anti-Chinese revolt even seen. Quick skirmishes sadly culminated with some casualties by the Indian mission. At the victims' funeral, the Tibetans' resentment was uncontainable, and in addition to that, the unyielding Dalai stood his ground as well. The Chinese were furious and sent more troops to Lhasa to openly threat the Dalai, now at his summer residence of Norbulingka, guarded by monks. Tension went through the roof, and at one point, all hell broke loose. As reported by Claude Levenson's interview to an eyewitness monk: "clunking sounds of iron, pinging bullets, smoke, unearthly screams and reek of blood jammed the air. The uproar seemed to calm down only at the break of dawn, on a dim day of death and dust. From bundles of mangled bodies, sighs and piercing cries could be heard, some wounded were begging to be finished off… with some other fellow monks we began to roll the bodies around fearing His Holiness could have been there too". But the Dalai was on his way to India, disguised as a soldier and protected by two burly Kampa warriors. It's the beginning of the most tragic pages of Tibet's history.

In the following years, millions of Tibetans were exterminated by the Chinese repression and most of their temples and monasteries torn down. The Dalai, along with another one hundred thousand exiles, found shelter in Dharamsala, India where he still lives. In 1959, tens of thousands of exhausted and starving refugees followed their leader toiling over the freezing Himalayas. Warmly welcomed, they were allowed to settle down in different locations helped by the local governments, yet not without some political embarassment. Those were tough years for the Tibetans but they managed to live through all the hardship and backbreaking labour to build up their new communities in Southern India, like in Karnataka or in Mungod and Bylakuppe where the two large monasteries of Ganden and Sera were also rebuilt. Himachal Pradesh and Uttar Pradesh in Northern India host many other refugees, as well as the remote Ladakh, where the camp of Choglamshar is located. Important religious and lay educational centers can also be found in Mussorie and Dhera Dun attracting students from all over the Himalayan area and indirectly promoting quality culture in such remote regions, which had been so far from Lhasa's influence. In Kathmandu, Nepal's many refugees thrive on tourism, trekking and expeditions, however the political and moral capital of Tibet in exile is Dharamsala, "Little Lhasa', where the government led by the fourteenth Dalai Lama, Tenzing Gyatso also reside. Our support, friendship and sympathy go out to these people who have never given up and kept on fighting for their values and culture, despite the realpolitik and all the sadly painful compromises of history. The westernized Shangra La of the Tibetan culture is so far away now; whenever the symbols and the rituals get stripped down to their real essence, then we'll be able to understand the real core of Buddhism and its legacy through these wonderful people. The materialistic West, wrongly seeking emotions rather than values, will have hard time getting rid of the exotic and suggestive side of Tibetan koinè, but those who will be able to look for something deeper, will also discover their inner quiet. For the real Tibetans around the world, the only hope left if a radical change of direction inside China.

△ Nel monastero di Mindroling
 Inside the Mindroling monastery
▷ Chiamata dei monaci a Drepung
 Monks call in Drepung
≫ Esposizione annuale a Ganden della grande tanka raffigurante Buddha Sakyamuni 1987
 Annual exhibition in Ganden of the great tanka portraying Buddha Sakyamuni 1987

TIBETAN SHADOWS

∧ Il villaggio di Trenkar, residenza di campagna del sovrano del Mustang-1992
Trenkar village, summer country residence of Mustang's sovereign-1992

Mustang, the last Tibet

"The plane we're waiting for, crashed right after take off", said the detached clerk of Jomoson little landing strip at 2800 meters in Central Nepal. Then added "No worries, another will be on the way from Pokhara; you know, they overload these tiny Twin Otters a bit too much, a kickback here and there to the security guy for some extra kilos, and then, like today, a few meters after take off, they fall straight down into the woods... they got lucky nobody died". So, startled by his nonchalance, we looked at our luggage on the grass along the runway, to kind of feel the weight. Sure enough, we were lighter than a few weeks earlier when we first arrived to begin our adventure in the Himalayan world: a trip in the land of Lo, the Mustang.

I had been here twelve years ago, in 1980. A long 200 km trekking to Mustang. Back then, entering the "forbidden realm" was absolutely unlikely to happen. Very few Europeans had done it before, two or three maybe. Back in the '60s some French guy had published a volume about the Kali Gandaki river civilization, the same whirling waters we went upstream for the past five days. Nepal had a very strict policy of self-segregation back then, the Dolpo was closed as much as most of the western regions. The Kumbu area, at the feet of Mount Everest and open since the '50s, was the only exception, all the other areas of great cultural interest were jelously concealed leaving the high-and-dry trekkers with a yearning for adventure across the forbidden border. There was a sort of permit bulletin handed around those "in the know", some of them would selfishly hide the news to be the first to cross the line.

Mustang looked to me so unreal and unreachable back then. From the early '50s to 1992, when Mustang was finally opened to the first foreign visitors, only four Europeans had ever traveled through the remote reign of Lo. In '52, our Giuseppe Tucci could take a quick look down to the Lo-Mustang, then a few years later, British man David Snellgrove set foot on that same land but never made it to the capital. Worn out by the grueling trip through the Dolpo region, he ultimately decided to send one of his fellows with a camera to the capital of Mustang. Still in the early '50s, Toni Hagen from Switzerland spent time to survey and collect information over the area. Lastly, Michel Peissel from France, lived for two months in the land of Lo and then published the very first account of this forgotten corner of Asia with the title: "Mustang Royame Tibeatin Interdit".

One of the best trails for trekking of the Himalayan region is between the sultry town of Pokara and Mustang, which we did in the middle of the monsoon season. Normally, the local guides advise not to take that way, but it's instead a very suggestive trip into lush and wild nature. Raging rivers, overwhelming wet vegetation, flowers, ferns, leeches. As Sthphen Bezrika said "A trek for few nepalophiles", and I can't agree more with him. The romantic and challenging dimension creates a dramatic sudden view on the gigantic mountains flanking the gorge.

The trek starts at 600 meters, from Pokhara where the towering eight thousand meter ridge hinders the sight of the yet distant pass to Mustang. The trail slithers along picturesque villages where basic but convenient shelters have been built. Nudanda, Lumle, Birethanti, Ulleri, Ghorapani make us feel confortable and at peace in the quiet rural world of high Nepal. The smooth stones of this caravan route seem to tell longtime stories.

The trail flanks the gorge along the Kali Gandaki river (black female), which originates in Tibet and flows down raging and muddy between two eight-thousand-meter mounts: Dhaulagiri (white mountain) 8222 meters and Annapurna (mother goddess of the mass) 8020 meters.
The steep Kali Gandaki Gorge between the two mountains at 2700 meters of height, is the world's deepest. Mustang developed itself along the caravan route called the "salt way". From the highlands came wool, salt and pelts whereas from the plain on the way up through Tibet, came corn, barley and cotton. Tourism, although selected and surveilled, could help the local income a great deal, yet it could also harm the proper evolution of the Tibetan identity. Along the route, the two mountains look unfathomable from any viewpoint. From the pass of Ghorepani the impressive view of the southern face of the Dhaulagiri unveils its massive vertical flow of rocks and ice from over four thousand meters. It's still considered the toughest endeavor by Himalaya's daredevils. The mountain is isolated, as immense as harmonically shaped, a true "cathedral of ice, rock and pure snow". The mammoth and more complex Annapurna, has the shape of a horseshoe with a glacier right in the center called "the sancturary" and is also surrounded by a ridgeline. Four different summits belong to The Annapurna massif, yet Macchapucchare, Hinchuli or Southern Annapurna and Nilgiri are also considered as part of it. Both mountains are within Nepal's territory, and both their eight thousand meter peaks do no confine with Tibet. Two gigantic "umbrellas" that hamper the blessing of monsoon rains to quench the thirst of Mustang. In the summertime, when you look at the white clouds

coming over from the south, they look almost stranded as if unable to get over the Himalayan barrier. The cozy village of Kagbeni, with its tiny red monastery is the door to forbidden Mustang as known by visitors and tourists. This area used to be under Nepal's administration back a few decades ago, holding on to the lifestyle of these little feudal realms as we still can see to this day with Mustang and Dolpo. The now growing number of "Tibetophiles" have always been pining for those occasional "openings" to the outer world, like they alone could take advantage of it. What is going to be the impact on this fragile environment in the likely case of massive tourism? Is it going to have the same clout of a little war as it has already in Khumbu, the Everest and Sherpa's area ? It will depend on the new Nepalese administration after years of monarchy and Maoist guerrilla as reaction to more years of corruption and outrageous scandals. That's to say that Nepal's government has always had some degree of concern as to how the tourist flow could be managed, yet not without further bureaucratic and economic standards.

In 1992, the first year, only 200 visitors were authorized. They had to pay $700 a week and be organized in full blown expeditions, with a cook, porters, and a liaison officer, this way the whole journey would imply sizeable amounts that only very motivated people would pay. Same standards have been extended to the impervious region of Dolpo, right next to Mustang, and will be also to the surrounding closed areas of the Nepalese territory. When I first came here in 1980, we ran into a sign that read "Restricted area, Please don't go beyond this point", so we knew it was the end of our road after marching for days, in the midst of the monsoon season and with leeches stuck to our limbs. Beyond that point istead, we could spot out a long winding arid creek dug by a river that should turn into an overflowing stream of muddy water in the summertime. By the manifold shades of colors you could tell what kind of interaction the mountain had with the natural elements. Not a single village, tree or route in sight, however we knew that somewhere down the land stood an ancient realm and its capital at 4000 meters of height, with some king and his fiefdom and more towering monasteries on the steepest rocks witnessing a timeless life, although in the 20th century.
We arrived at Marpha, picturesque location inhabited by the predominant ethnic group of Takhali. The extremely original architecture and the perfect blend of harmony and environment were also object of a Japanese study. From a few meters up on the mountain, you could admire the astonishing geometry of the terrace roofs with their inside yards surrounded by heaps of drying wood. The monsoon had been gone for two days now, and the hottest sun was finally shining through our wet bones and backpacks. I was lazily sitting on the step of a house along the narrow main road across the village. I was with Khamgar, our

Tibetan guide through the Annapurna massif, who, like many other refugees, would catch tuberculosis in the years to come, and would not be able to carry loads or walk for long. He still lives in Pokhara, and we still hear from each other after almost thirty years now. Two days after the monsoon was gone, we were tiredly chatting before delving into another three hour stride to Jomoson, while we heard a distant yet loud bell tinkling drawing nearer and nearer. All of a sudden, an enless slew of mules showed up all harnessed with red plumes. I could't really tell what kind of loads they were carrying, some heavy sacks. "They come from Mustang", Khamgar said, just a detail to him. Mustang! That rang some bell, and those mules could come and go without any permissions, border patrol checks and so forth; I was kind of illogically envious, as absurd as it sounds, I wanted to be a mule then, even that heavily loaded up. I thought some owner would ensue, a Lopa, as those from Lo were called, and I'd be able to talk to him through Khamgar. Nobody was with the animals.

"It's simple", said Khamgar, "here mules travel alone, they know the road and where to go or to stop. Once at the village, they get fed and rest until the next day, to then head back with a new load. It's an old tradition, nobody steals anything along the Kali Gandaki, the "head" mule is smarter than a Newari', he laughed. I was shocked and for the next fifteen years, I'd keep on remiscing that moment.
In spring 1992, I received a phone call from my friends Piero Verni and Silvio Aperio. I've been long time friends with Piero for over a decade and we traveled together on several occasions through the Himalayas and many refugee camps in India. Silvio is the owner of a travel agency in Florence, specialized in trips to sub-continental India and Himalayan area. Due to the nature of his job, he has manifold contacts with Nepalese authorities and other locals who usually keep him informed as to the possible opening of the borders to a limited number of visitors, as it happened before with Mustang. One time, he had four permits at hand, and vaguely asked me like in a joke, if "by chance" I were any interested in Mustang. A few hours later the whole thing came together. So, four longtime visitors of the Roof of the World (Piero Verni, Aldo tempesti, Silvio and I) would be the first Italians, a good fourty years after Tucci's trip, to set foot in the prohibited Reign of Lo. The flight was everything but easy, yet first things first after landing, I looked for the mules. Many things had changed since then. Many new buildings used as inns were now along the main trail. The rarefied air and the towering Nilgiri made us forget about the stifling muggy pre-monsoon heat of Pokhara, from where we had left fourty minutes before. Once over with bureaucracy and meticulous searchs through our provisions and kerosene, we were finally on our way to Kagbeni. The mules were there, right outside Jomoson, back and

forth from the quarry to the village, just a few miles, and still by themselves. The sound of their bells would become the recurrent soundtrack to our trip. In Kegbeni, we finalize the paperwork, and I feel relieved and safe once I'm given a piece of paper with my picture on. Now I can finally walk past that sign and find my way along that grey water flow. The journey winds into relentless ups and downs along the banks of the Kali Gandaki river, which at this higher stage, flows through a wide basin. It's a surreal landscape right behind us; the northern side of Nilgiri seems to rise higher and higher as we move away from the Himalayan watershed. We run into lonely merchants riding horses and then also into villages almost every four or five kilometers, but in a few hours we're gradually sinking into a remote dark age.

Here Tangbe, known for its red and grey Chortèns (site for the offerings) and its large monastery, now only ruins since the '60s with the exception of the central body.

Back in the day, the proud and brave Tibetan warriors called Khampa uselessly tried to fight their guerilla against the Chinese. In 1972, the Nixon-Mao agreement put a stop to American aid and support to the Khampa, who were also asked by the Dalai Lama himself to cease operations that would get amount to nothing anyway. There was no hope to begin with, so many combatants preferred to rather kill themselves than end up in the hands of the Nepalese police. A sad and glorious page in the Tibetan resistence against Chinese occupation.

A majestic landscape. The glowing glaciers rise above the blinding colors of the ground like altars: red, yellow, grey. The water coming down the montains get wisely channeled to irrigate the land surrounding the small scattered villages, where barley, corn and a few other vegetables are grown to be then harvested two or three times during the summer. Barley is the basic nutrition element, usually toasted and mixed with butter, called "tsampa". Used also to brew a sour beer called "chang" and to distillate the "rakshi". When the temperature drops down, the Lopa head to the Indian plains to trade small goods. There's nothing more Tibetan than Mustang, it takes quite some effort to make it there, going up and down, climbing slopes and walking on creeks which fall straight dwon on to raging rivers. The reward is the timeless emotion of a lifestyle bereft of any modern component, basically from Kagbeni on. People move on foot or riding small but very strong horses, whose bells' tinkling can be heard down the Kali Gandaki Gorge, which is so deep that the Gran Canyon might look insignificant. Mustang's poor economy has furtherly worsened since the Chinese occupation and the relative overwhelmimg invasion of their products; quilts and thermos bottles to begin with. The 12000 inhabitants of Lo spread out in a 12000 square km area, and hope to improve their poor

∧ Pellegrini in marcia verso Lo Mantang per il festival del Tee Jee 1994
Pilgrims hiking to Lo Mantang for the Tee Jee festival 1994

△ Il monastero Sakya di Tsarang-1992
Sakya monastery in Tsarang-1992

living with tourism. One major issue all around is healthcare, there's only one physician in Lo Mantang and a tiny shoddy and semi-dark room used as nursery, with a display cabinet with aspirins, ampicilline, tinture of iodine, some bandages looking not that sterilized…
A disappointed Nepalese nurse tells me people do prefer traditional Tibetan remedies over real medicine, which makes his presence in Mustang almost miserable. Nonetheless, all along the road, I've often run into various health problems, respiratory and skin infections, parassitosis etc and I've been constantly asked for "western" medications.

These days of July 1992, local elections are underway in Nepal. Since a few years ago, the absolute monarchy has turned into constitutional monarchy with the presence of political parties. At this atsge, nobody could really tell that in fifteen years from now, Nepal will be swept away by the Maoist guerrilla of "Companion Prachandra", who will be taking over step by step the surrounding areas all the way to the government building in Kathmandu. A long caravan of horses in Choile, like many others that have been riding though the dry steppe of Pamir and Tibet for centuries, is heading to the polling station in Jomoson, the different representatives of every village get ready to bring their support to the Congress party, apparently Lopa's favourite. We keep marching on in the opposite direction toward Lo Mantang. Eight hours later, we're finally approaching Tsarang, one of the most important villages along a rocky rise, reddened by the blazing sunset. At the top of the main road stands a typical Buddhist funerary monument, a red Chorten, opening the way to the old massive royal palace. More to the right, a gigantic red and grey Sakya-pa monastery with all its small waving flags, is set against the background wall of troglodytic caves. People carrying grass and chanting old Tibetan songs are coming back from the windy fields, while the yaks' tinkling bells fill the air. At 4000 meters, here the capital Lo Mantang: one entrance only, completely fortified and on a square perimeter. Amid alleys and narrow streets, the vital signs of the old Tibet: chorten, mills, "mani" walls and two monasteries, one containing incredibly beautiful pieces of art.

In the heart of the village there's the royal palace, where we had the rare chance to meet with Jigmed Trandul, current king of Mustang and 25th descendant of Ama Pal. A few days earlier we had sent our cook Pemba, as emissary out to ask for a meeting with him, which was granted and set to be held in Lo Mantang's dark postal office. Postmen still ride horses here. As we try to explain our guide Bhalaraj about Tibetan traditions and the "katag" ceremony, the gift of white shoes when visiting an important person, we get summoned. Like in a tale, we begin to climb some steep stairs in the dim light, when we run into two growling and barking mastiffs. We hear the subdued chattering of a small crowd of courtiers, beggars, peddlers and other people, here to be granted a hearing with the king in order to settle controversies. Two fully harnessed horses come down the stairs from the third floor: "these are for the king and the queen - they whisper in our direction - as they will leave for their country house after the hearing". Piero, Aldo, Silvio and I look at one another without saying a word; the crowd moves aside to let these four Italians with their cameras and tripods pass on. The sovereign stands before us, regal, tall, sturdy with long braided hair all tied together with a red noose, a turquoise earring on his right ear and a bright aristocratic smile typical of Tibetan nobles. He's sitting on a kind of couch covered with Tibetan carpets, behind him there's a big display with statues, Buddhist divinities, pictures of Lamas, abbots and the portrait of the king and queen of Nepal. Since 1964, Mustang has become part of Nepal and its original sovereign lost his official political power to be then appointed colonel of the Army of His Majesty, King of Nepal. Whatever that meant, it did not affect the locals at all. Their "real" king is the one to settle little disputes, to help and advise with his charismatic figure, and he's still the one to revere with devotion during their festivities.

The king owns a little kennel for breeding rare Tibetan molossers he often gives as gift to the surrounding monasteries. It's quite an experience to walk past these "monsters" and see them snarl at you. After a two hour conversation about tourism prospectives in Mustang and his relationships with the Dalai Lama, the king says farewell and gets down to the street level where his squire is waiting with two small horses. Suddenly some other fully harnessed horses come out of the royal palace urged by a servant; the king and the queen mount theirs amid drum rolls and the jarring blare of an oboe played by a bedraggled beggar we have seen before roaming around the village. A real royal cortege ensues like in a time warp ; a body guard carrying an old Enfield of the '20s is on top, the queen is wearing a pair of mysterious shades and her hair is tied in a Tibetan braid, then the king is waving goodbye to a small crowd, while at the bottom of the line there's his personal assistant, wearing a fading blue windbreaker, likely a leftover from some expedition and sold by merchants coming from Kathmandu. As the sun desappears behind the mountains and the wind dies down, the cortege finally approaches the outer walls, in no different fashion than 700 years ago, among bowing devotees and kids playing in the dirt. They are heading to Trenkar "the countryside", since the king needs to take a break after having seen all those many people and blessed them. One left turn out of the town's main entrance and the cortege is now flanking the wall to then slowly fade out of sight on the way down the river.

A shrieking siren welcomes the arrival of the Royal Nepal Airlines' Twin Otter from Pokhara, the roaring of the engine above our heads seems to wake us up from a dream. Along with Piero, we were looking back on our first trip to Mustang to notice that after spending twenty years around the Himalayas, even those days, we did not expect such an intact medieval side of Tibet on the verge of the third millennium. Predictably, things wouldn't last forever. Only two years later, on another trip around that area, a somehow artificial wave of eco-tourism was being advertised by the local administrations, and we saw it coming. Nevertheless, Mustang still is the most enthralling journey for a Tibetan culture's fan, although keeping an eye open on the ever-changing rules imposed by the local government. We'll see how the new Federal Republic of Nepal is going to handle the tourist flow. Normally, the "closed number" policy for the remote areas of Dolpo and Mustang should remain the same, so business as usual.

It's a pricey permit as we said, around $700 a week (a minimum of two are needed since leaving Kagbeni, the last village withing "free" reach). Then come all the extra costs and possible overheads: flight, arrangements and the full rigged expedition with guide, porters, cook and horses on occasion. It's definitely far from an ordinary trip, from Kagbeni to Lo Mantang and back it's around one hundred sixty kilometers on foot or on the back of mild ponies and it takes at least two weeks to visit temples and monasteries and check out more about the Lopa's life. Best season for Mustang is late spring, early summer basically during the Tee Jee festival. A sizzling show of ritual dances, exorcisms and folklore held in the medieval frame of the small capital between May and June. The access is denied in the winter from November though February. Most of the Lopa move down to Nepal and India for their small businesses and very few people stay home. The king also spends most of his time in Kathmandu. In full monsoon season, Mustang gets hardly hit by the heavy rains, yet the cloudy sky around such high mountains and the ice all over should be good enough reasons not to fly to Jomoson. Therefore, we should take into consideration another sixty kilometers on foot from a place called Birethanti all the way down through the villages along Kali Gandaky. From the muggy Tropics, we'll hike up to the Ghorapani pass (2800 meters), from where the magnificent Dhaulagiri (8160 meters) shows its southern face of over 4 vertical kilometers made of rock and ice. Then we "fall" by 1800 meters down to the hot water springs of Tatopani, and from there we will progressively march back up across coniferus woods and incredible waterfalls to finally reach the Takhali villages of Tugkche, Marpha and Jomoson. Mustang is now around the corner.

∧ Oboi annunciano l'ingresso dei danzatori al Tee Jee
  Oboi announce the upcoming Tee Jee dancers
> Nel monastero di Lo Mantang
  Inside Lo Mantang monastery
≫ La tanka di Padmasambawa viene dispiegata nella piazzetta di Lo Mantang
  The tanka of Padmasambawa displayed in Lo Mantang's square

TIBETAN SHADOWS

∧ Finestra decorata del monastero di Karsha, Zangskar-1981
Decorated window of Karsha monastery, Zangskar-1981
> Vedute invernali del monastero di Lamyuru (XI sec) fondato da Rinchenzangpo-Uno dei più spettacolari dell'Himalaya.-1990
Winter sightseeings of the Lamyuru monastery (XI century) founded by Rinchenzangpo- One of the most spectacular of the Himalayas.-1990

The Land of Mountain Passes

Ladakh represented my initiation. Back in 1976, while in the army (mandatory draft), I was in the splendid Florence. Along with my friend and colleague Flavio Di Luca I was trying to rig up our brand new minibus 238 Fiat, tenderly called the "Baby", for our trip to India through Turkey, Iran, Afghanistan...Pakistan: "The mother of all journeys". Everyday we'd add more accessories and whatever stuff needed to make it more aggressive. Honestly our "baby" was nothing more than a mere plain van good for construction workers transportation and our somehow cheap make up with grids covering the highlights, two gas tanks on the roof and the numerous bumper stickers, did not have nearly the same appeal of the classic hippie style Wolkswagen with split windshield or the "bad" look of Nino Cirani's Land Rover "Aziza". He was our hero at the time.

During those days I received an invitation to a slide projection where some Doctor Piemontese was presenting his documentary using two futuristic dual slide projectors combined with a Super 8 so as to connect images with films. The archetype of a multimedia center. While there, my mind was absorbing those first colored images like a sponge, my idea of Tibet was still based on some black and white books. The tray of slides showed a trip to the Srinagar lakes and across the channels of the "Venice of Himalaya" on board of a gondola of sorts called "shikara". Whenever the slides turned "alive' as if by some kind of magic, thanks to the switch that would get the Super8 film started, people would go: "ooohhhh", like furtherly amused. There was also a background soundtrack running on a separate cassette player, I remember it being some redundant Vangelis theme. Anyway, our eyes were glued to the white backdrop, now showing a shattered route across passes over 4000 meters high. Mrs Piemontese changed the cassette, and now an obscure choir was the sound to the motion picture of the Thiksey monks, a bit too dark and blurry, but definitely real. Then I made up my mind: I wanted to go to Ladakh. And I would make it happen not only once, but several more times in thirty-five years. Ladakh as my quiet and familiar angle of Tibet. Ladakh, as the passage from medieval times to a modern non-invasive tourism. Ladakh as the land that "gives' too much in the summertime but that also is so resilient and able to turn back to its proper dimension as the last stronghold of unaltered Tibetan culture.

To Little Tibet, 1984
In memory of Ulisse Nardini

Srinagar, "summer" capital of Kashmir. In the most chaotic station, we ask about the bus to Sonamarg, at the bottom of the Himalayas, and there it is, all rigged up with all kinds of knick-knacks on the windshield. A bit puzzled, we take our seats quite ahead of time so as to be more confortable. In a few minutes, swarms of passengers hop on and now there's no room even to breathe. Ulisse, draws the locals' attention for his blond hair and beard (like Reinhold Messner), and finds a seat at the bottom of the bus next to a big goat and its owner, whereas I'm sitting down by door and feel lucky I can breathe through the cracks of the cranky bus and enjoy the sight. Well, it's really not the goat to smell in here. The nipping cold helps us put up with the stench of mixed oil-ovine and curry sauce. Our fellow travelers are mostly Kashmiri, with their sharp nose, big ears, all tucked into their fur hats and with blankets wrapped around their shoulders as cloaks. In a corner, like in a mosque, the black ghosts of burka wearing women. The road winds along inaccessible ravines as the snow is visibly getting thicker. Hours later, after curves, rises and drops, suddenly we come across some much higher peaks than whatever is around us. On the right hand side, there should be the Amarnath. Inside a cave on this mountain, stands a mammoth fallic stalagmite believed to be Shiva's "lingam", changing size with the moon phases and worshipped by thousands of Indians in the month of August. Far in the back, thick juniper woods beside tiny wooden houses at the foot of snowy mountains. This is the first "spur" of the big Himalaya, like a barrier across the land of mountain passes: the Ladakh.
So we are now in Sonamarg, a small Kashmiri mountain pasture, favorite honeymoon site for young Indian couples living their romance between long walks and pony rides. The Zoji-la pass from here looks like a narrow slit down the massive bulging icy rock. It's been for centuries the main route for all carovans in transit to West Tibet, 3750 meters high, and surrounded by birches. In the 18th century, the first missionaries would cross this pass, disguised as Sadhu (Indian ascetic), semi-naked and covered with ash. "Demonic creatures" is how a capuchin monk described the Sadhu (Shivat or Vishnu), impressed by their nudity and the strange signs on their faces.

In this season the pass is closed. Too much snow. The locals, under reasonable weather conditions, usually would reach Drass, 25 kilometers from here to be walked on the snow mantle, particularly hard in the early morning hours. We are alone here, all cottages are closed and we are in the hands of the notoriously slick

Kashmiri merchants to find us a shelter. Well, we are the weird ones here, willing to cross the Zoji-la in March. So, we get offered a freezing room with a huge but empty fireplace: "Ten dollars for wood, Sir!". Wow, twice the room's price!

Shortly after, a tangy perfume of cedar warms up our igloo. We basically crash out in our sleeping bags, not before one last thought to next morning's snow we'd have to wade through. It's still dark when Mr.Shakir's clanging Mahindra jeep wakes us up. We have our clothes on already, so we sprinkle some iced water on the face and stick the now smoked up sleeping bags, into our backpacks. It's a steep ride up the Zoji-la's hairpin turns, all we see is the snow banks along the road and not much else, since the jeep's lights are so weak. I knew already the route for having been there some other times before, but it was summertime and I was sitting on the bed of some truck, from which I could spot out the wrecks of other trucks accidentally fallen down the creek. I fall asleep, maybe to sooth myself.

"Road finished, Sir!". I hear the engine get turned off, and then wake up to a grumpy and in-a-hurry Shakir, as he was about to dump us. We take a quick look around, nothing on sight yet, we can only spot out the shape of the monstrous machineries used to open the road set against the background of a big tent where the light is on. The Indian road maintenance workers there invite us in: dark faces and smoke reddened eyes between blankets and cots; there's also a little stove warming all up nicely. We get offered a Kashmiri tea with milk, flavoured with coriander, cinnamon and clove, it's a nectar. They look startled by our presence in such a place right in the middle of the night, so one guy "land surveyor" as he qualifies himself, asks us what the hell is bringing us there. I explain that we heard the Zolji can be crossed on foot, even if closed and that no special permit is needed, it's India, you never know! He smiles and cheers us up saying that tomorrow is going to be a beautiful day, thus we should hurry to Drass within the late morning as under warmer sun, avalanches may come down… Ulisse and I take a puzzled glance at each other: "never thought of that yet", he mutters. Well, we just hang on to our good luck and keep it going. Shakir, now restored by the tea, walks along carrying a backpack until the route ends and the snow mantle takes over. "You walk slowly slowly, ok Sir?". Thank you Shakir, why are you leaving us then?… A quick feeling of distress has a temporary hold on us. C'mon, we've been chasing this for so long, no way we can quit now… so we say goodbye to the land surveyor and off we go to Ladakh again. It's definitely challenging now that we're on our own, for the very fist time. Concern is more and more replaced by excitement as the six-seven thousand meter peaks seem like lit up by a gigantic beacon. It's a breathtaking view unfolding right before our eyes. The immaculate and compact coat of snow is reflecting the light of dawn with a surreal and frozen tone in absolute silence, not a cloud, not a breath of wind. Only the muffed stomping of out boots sinking in the snow, like in a kind of metaphysical picture completed by the sickle-shaped moon up there, across unknown peaks. The Vajrayana (lightning) Buddhism of Tibet, gives the shape of a diamond to the disciple's earned wisdom and freedom which is the reflection of these high mountains.

Vajra designs the lightning, but also the invulnerable and indestructable nature of our mind. A metaphore for the lightning: a heavenly fire whose flame gets petrified into the absolute purity of the diamond. These landscapes can be better described through oxymoron. The black white, the cold fire, indifferent passion, basically two opposite extremes here have the chance to meet. What we can experiment is Buddhist doctrine's superior principle of the irreconcilable opposite forces that acknowledge themselves as whole part of one sole truth. In Tibet's Buddhism, the elements of yoga and Indian tantrism are polarized as fire-diamond and eroticism-detachment. The supreme Buddha, Vajradhara, is the one who owns the lightning, the real essence, the "King of the Stones".

The passage from fire to stone and from passion to severity belongs to the Indian philosophy. I remember the proud face of a bookseller in Thamel, Kathmandu s' Tibetan neighborhood, showing me an old Italian book I was familiar with among hundreds of other volumes. The author, Guido Gozzano was also in the pursuit of happiness here through something "unlikely and supernatural". As human beings we're stuck to our one dimensional perception of the world and whatever comes with it. Here, at the very beginning of life, the sun is hot, whereas just one step away into the shade, the below zero temperature can even kill.
We keep toiling on, hunched over under the heavy loads on our back, we feel tired, yet we now connect with each other and with our inner self, that's what we are here for. Distant memories keep coming to surface as other apparently more important things become blurry and dissolve in our minds. At one point, we finally realize that the silence and the intense blue light around us are there to unveil the identity of the King of the Stones, and within our heathen hearts we begin to believe.
We look at each other both fulfilled and excited. We feel like our myths and predecessors Fosco Maraini and Giuseppe Tucci, on whose writings we fantasized similar magical moments. Wow, we're crossing the Himalayas, on foot! It's a memorable accomplishment for two humble travelers like us.

TIBETAN SHADOWS

We spot out some dark square shapes far against the mountain's wall; definitely houses, and there's smoke spewing off the roofs. We are approaching Dras, one of the coldest spots of Asia, where -50 (celsius degrees) and no sun for months take a toll on life. Today, we're "only" -20 (celsius), but we're so heavy and packed up that cold is not a problem at all. No sloping roofs and not a tree around. On some houses the signs of Buddhism show us we are now in the Little Tibet, a different world.

Ladakh "the land of mountain passes" and cradle of the Tibetan culture was the first to be opened to "modern tourism". It's been a transit region for all carovans since the Marco Polo's days, impressing the visitors for its lunar landscape, riddled with monasteries and temples of great artistic value. Ethnically speaking, the typical Mongolian characters of the Tibetans here blend with the more Indian-European traits of Central Asian populations like the Dardi, Baltit, Brokpà. The border between the Buddhist and the Muslim world lies along the Srinagar-Leh road, suitable for vehicles (450kms, 2 days of travel in summertime). Here, in Dras the Buddhist victory banners are all over the terrace roofs in typical Tibetan style, while only 30kms ahead, in Sonamarg, the last Kashmiri village, things are completely different. The road heading north toward the Pakistani border leads to Kargil, where the Muslim influence is overwhelming. In all the little stores and barber shops built after '75, the image of Ayatollah Khomeini is on the wall. However, this is the one and only stop half-way to Leh. A little farther ahead on the right, there's a gigantic statue of Chamba, the Buddha-to-be with some unusual traits reminiscing ancient Greek sculpures. As a matter of fact, the Buddha of Mulbeck dates back to almost two thousand years ago, and it was built in the Kanishka era, the Kushana emperor who led a vast Buddhist reign in the second century that stretched out to what we now know as modern Afghanistan. The so called Iranian-Buddhist art, saw the presence of various Mediterranean elements, residues of the Greek warriors deployed there during the expansion of Alexander's empire. Anyway, now we have to deal with the overhanging hairpin turns of the spectacular Fatu-la pass, at 4200 meters, looking down on desolate and wild valleys. It's all clad in hard-as-rock snow and our small Mahindra jeep with its worn out tires struggles along at walking speed. Suddenly, as we turn, here is the most unsettling and amazing monastic complex ever of the Tibetan-Himalayan world: Lamayuru. The monastery, in perfect conditions and up on a cliff looking over the village, was founded around the year one thousand by Rinchenzangpo along with another 108 all over Western Tibet. The legend speaks of an ancient lake dwelled by naga snakes back at time of Buddha Sakyamuni. One of his disciples, Arhat Madhyantaka, used his supernatural powers to dry up the lake and defeat the evil forces therein. The monastery is called by the locals "tarpaling", site of freedom, inhabited by thirty monks. The young abbot is only twenty and, like many of his "reincarnated"

Tulku peers, has studied in the Tibetan community colleges of India.

We spend the night in a freezing little room and wake up to a temperature of minus 18 celsius and thin icicles on our moustache, not bad! We crawl out of our sleeping bags, and steam is even coming off Ulisse's. Two or three cups of hot salty tea and we're off to Leh again. The little capital of Ladakh is at 3600 meters, at the bottom of the monumental royal palace of Gyalpo (the king). It's quite a typical Central-Asian town, no roofs, just ocher houses all huddled around the main road used as baazar.

The palace, similar to the bigger Potala of Lhasa, was built by Synge Namgyal in the 16th century, powerful sovereign of the homonymous dynasty that ruled the country until the 18th century. The relatively independent Ladakh, ended up in the Kashmiri hands who instead had helped achieve its autonomy in the beginning; as oftentimes occurred in many other cases in history, help equals interest. Leh is teeming with small hotels as result of the new tourists' wave. So the entire Ladakh is living two different lives depending on the season: summer brings foreigners and work in the fields, winter clutches everything into its frost bite, paralyzing life, yet to a point. It's still the end of winter in February-March when all big celebrations and colorful rituals get started in the surrounding monasteries. It's the most authentic expression of Tibet. Meanwhile, the locals keep burning the only combustible matter in a land with no trees: dried out yak's manure. People keep themselves busy spinning wool, weaving carpets and reading books as they get ready to celebrate with the monks.

The joyful colors against the overwhelming white

The struggle of a winter trip in Ladakh is rewarded by the sight of the white valleys under a thin yet hard snow mantle, and also by the festive atmosphere around the monasteries during their Cham season; the ritual dances held between February and the end of March. The Ladakhi people get all dressed up and gather to socialize, celebrate, do a little trade and also for weddings. People become such a colorful show inside the show itself. Women wear their traditional "perak", a brimless top hat that matches with their flashy brocade covered with goat skin needed for the extreme cold. Kids in their wine red "chupa" run around amused and at the same time scared by the masks, but anyway they unconsciously know in their hearts that this is where they belong. We want to be part of the show in a small village called Lakir, built around the Gompa (monastery) at 4000 meters. It's far off the main road, and the sight from the terraces is just unbelievable:

down on the back, the snowy high peaks of Zangskar clog the horizon as we can spot the half-frozen Indus river running down to the Indian prairies. The three day Lakiri festival reaches its momentum with the public display of the great "Tanka" (a painting on cloth), portraying the founder of the school and monastery Tsong Kapa. At the break of dawn, surreal sounds can be heard in the freezing air and people huddle in the yard to keep themselves warm and drink hot tea without interruption.Even when the sun rises higher in the sky the temperature isn't more than -6 or 7 C. So, the dancers exit majestically the main door and walk down the stairs waving their heavy masks. The dances alternate images of deified animals like the deer, the crow or the dog with some more terrible and scary deities (Mahakala, the "Great Black") and with the Sha-nag: black hats. These last ones carry a deep exoteric symbolism reminiscing the death of the evil king Lang Darma, who had persecuted Buddhism to replace it with the cult of Bon, by the hand of a black dressed monk who was able to hit him from quite a long distance. It's a paradoxical view of the Buddhist compassion, as the term itself extends its meaning also to the act of freeing someone from the worsening of a negative kharma, thus death is also a moment of high compassion in that sense. Sha-nag dances last for hours, the solemn steps accompanied by a gloomy and somber repetitive rhythm, generate a sort of collective hypnosis. The Cham as in the Padmasambawa tradition, is the harbinger of Buddhism in Tibet during the 7th century and the first to perform such ritual dance so as to neutralize the negative forces preventing Buddhism from spreading out. In the middle of a Cham, the onlookers get engrossed in a polychromatic show of costumes and embellishments creating powerful symbols through the moves of the dancers, while the deep and dramatic sound of traditional instruments pounds the air. This sacred ensemble gets to the hearts and minds of the audience, and that's how it has to be perceived. This is a ritual within the tantric tradition of meditation and spiritual healing through motion, and it's a religious ceremony by all means. The Cham's masks aim to symbolize the peculiar stages of man's mind. The dancer, always a monk, through his steps and "mudra" gestures, as well as through his rhythmic breathing turns himself into the deity he is representing. Although most people do not comprehend the formal aspects of the Cham, they perceive the archetypical language of the dance and understand they are witnesses to something supernatural that is at the bottom of such experience.

Definitely the Cham is one of the main elements of Tibet's identity and culture. The festival involves the body and the mind and leads to an "absolute elsewhere". The sounds, the colors, the snow-white, the height induced dizziness, the Ladakhi's wrinkled faces greasy with butter and the unfathomable distance from the

world as we know it, all these ingedients take us back to the unknown past that dwells inside of us all.
The sun is going down the mountain making the peak glow like ice blue, and I ask permission to take pictures of the monastery from a terrace-roof away from the party. As I'm placing down my tripod and start taking some, I realize there's a reddish flickering behind my back, I turn around and see four gorgeous smiling girls hunkered down by the juniper fire they just lit to warm me up.

Ladakh 2004 - Two Wheels on the Roof of the World

I happen to have been so lucky in life. My passions, feelings and professional expectations were given to me wrapped together as one gift. As a kid, like many of my generation, I had two great loves: music and motorcycles. When I was not much more than a boy, I used to sneak out at dawn to ride my uncle Gianbattista's old bike, a Matchless 350 G3L from the Second World War… A few years later, I was able to lay hands on my first guitar and my passion for music had an even worse effect on my already poor results at school. Many years later then, at the end of the '70s, I embraced the Tibetan cause with all my heart and in 2000 I ended up playing with my sons in a band called "Rangzen" in Dharamsala, in front of the Dalai Lama and another 10.000 Tibetans at the TCV party (Tibetan Children Village).
Two years later, along with my longtime friend Emerson Gattafoni, top notch documentary film maker and biker, I'm finally ready for the best trip of my life ever. Having saddled up, we reach Ladakh and Nubra Valley riding the world's highest road. Usually, our trips always bring along humanitarian aid as we do this time again for TCV. To some extent, I'm a sort of coordinator of the ongoing relations with the Tibetan institutions, which gives me the rare opportunity to have a private meeting with the Dalai Lama. September 11 has just happened, and we are now talking about the sad issues of the modern world and of how none of it seems to be having an impact on Beijing at all…

Out of the blue, Emerson asks the Dalai Lama if he has ever ridden a bike (I know he'd love to ride him around) and, much to our surprise, His Holiness tells us about that one time as a kid when he could not resist and woke up in the middle of the night to kickstart the x of one of his bodyguards. He straddled it, rolled up his habit and started to ride around the gardens of Norbulinka… I can still see the amused look in his eyes when mimicking his moves on the handlebar… he smiled at me since I virtually "made him look a thief…" Anyway, let's go back to where this whole adventure started: New Delhi. The crates containing our two motorcycles are down that hall in the dim light, straight from Italy. We've been stuck here at the customs for the past two days, helplessly trying to get our Pegaso bikes out on the road, no matter how efficient our importer has been or how accurate our paperwork is. It's damn hot too! On top of that, the hundreds of spinning fans only stir thick odors around. An army of evil looking black guys clinging jimmies pry the crates open surrounded by tired and sluggish clerks holding pens and paper. There's also some chemical material from a German company I happen to work for and not far away there's also a pile of jute sacks containing God only knows what kind of stenchy merchandise. We can see old, rickety forklifts moving hi-fi stuff, spare parts and all sorts of cartons, everything but our bikes. I'm about to throw a fit right there, whereas my more experienced road buddy Emerson takes it very easy; he's been there before, in Mumbai several times. Two days around those offices and collecting stacks of folders with all the possible paperwork a man can never think of. No way out yet. Then, like a miracle out of thin air, a chugging forklift wobbles out with the first Aprilia and the second comes next. The ritual of the "crate opening" seems to be something sacred as all the workers stop and gather around. As they remove the lids, the two "monsters" with the colors of Tibet show all their beauty to the gaping, mesmerized onlookers. Time to plug in the batteries and the thundering roar of the engines fills the air, at last. Relieved, we ride into the chaotic and polluted sunset of the city, dodging the traffic while hollering and roaring off like two hoods. Off we go, straight to the Roof of the World. Luckily for us this year the monsoon is running late, but on the other hand this is a bad sign for the Indian economy: dried out ground, hot winds like a blowdryer and a grey sky yet. No sign of rain whatsoever. We flee the scorching scenery and ride toward the 2200mt high capital of Himachal Pradesh, Simla which is now the favorite destination for British tourists and the Indian middle classes… It's going to be a 360 Km trip but the speed finally cools us off a bit. The flat Indian landscape won't last long, and big dark clouds loom as we get closer to the mountain's spurs.

By the first curves, after 300kms of straight road through the plains, we run into some scattered raindrops as we hurl by the whatever vehicles we find on our way to Simla. I can't even remember how many times I've been in this country before, yet today I feel like I'm watching everything from a new perspective, now sat astride my powerful bike. I feel completely and utterly free, totally melting into the air and in addition to that, we don't go unnoticed. Our colored helmets read "Eastern Roads-Tuscany-Tibet Raid", 'cause that's where we "officially" started from, Tuscany, and we're on a mission to bring the funds we raised over to the

Tibetan-Children village of Leh in Ladakh for the young refugees. Indians always hail as we ride by and whenever we stop they take pictures and ask: "how much does it cost?" For the real retail price of these bikes, in India you'd be able to purchase three Royal Enfield Bullets so, by the surprised look in their eyes we understand it's better to give them less staggering digits. The Enfield is an old top-of-the-line British bike available in India and lately rented by many "alternative" travellers to ride on the steep Himalayan roads knowing that, once at a certain height, the lack of oxygen won't let the carburator do its job, hence pushing the old junk becomes the available option. In our case, we have more than sixty horsepowers and Aprilia's engineers have also applied a devilish electronic device driven by an altimeter set to adjust the injection. Thus, at 5700 meters, where all the other Indian bikes grind to a halt, we still glide smoothly. So the Enfield typical rider then, pretends the peculiar elements of his "alternative" clothing are there by chance, but the accurate details of the look belie the fake rugged, scruffy wanna-be style. They usually wear various semi-filthy tank tops, no helmet, only those welder kind of goggles pulled over the forehead, and occasionally tattoos and piercings. The bike, very little chrome and mostly dented or scratched paint, is loaded beyond reality: backpacks, gas tanks and other hippie-like fetishes and knickknacks. This rider is usually shaggy and seldomly shaves so as to enhance his cocky attitude which is also expressed through showing contempt to "hi-tech" riders with fancy jackets like us. Well, for now let's just have him smell our fumes and eat our dust. So, Emerson and I speed up full-throttle and get to the last paved hairpin turns of the Hindustan-Tibet Highway. After Simla, it's going to be all about landslides, flooding water streams, rocks and dust, long rises and steep drops across the most beautiful landscapes.

Simla or Shimla looks like an endless flow of mixed Indian and British style houses that runs all the way down the side of a huge pre-Himalayan mountain; nobody would ever expect such a big urban agglomerate and a population of over 130.000 right in the middle of these high ridges. From being a tiny village in the 1800s, it has now grown out of all proportion to the point of becoming the "Curtain of the Himalaya" and the favorite location to escape to for all the Indians living in the mercilessly hot plains, at least before the rainy season. To us, it's just one of our stops along the way.
Thanks to the resourceful Emerson, we're staying at the Clarks Oberoi Hotel, the first ever bought by Mr.Oberoi. The local staff seems to be so proud to tell us the full story of this hotel while showing us the wide rooms and the enthralling decadence of the colonial furniture.
Once in my huge apartment, I can smell the mold coming off the old rug and I begin to imagine Kipling and

other British officials would spend their time up here with their ladies garbed in the fancy yet inadequate and uncomfortable dresses of that era. I think back to the "coolies" or the "seepoys" and that India was inhabited by just 160 million people by the end of the 19th century. First time I came here, there were 600 million Indians, today they are over a billion…

We parked our bike basically inside the hotel, not really because of the possibility of thievery but much rather to keep the curious locals from jumping on the saddle and play with whatever they can lay their hands on. In order to do that, Emerson decides to ride across Main Road, the only promenade in Simla. Bad call! A local cop now wants to give us hard time for a good half hour.
The lively Main Road unfolds along the outer border of the town and teems with all sorts of restaurants, bars, not without pretentious westernized elements, and thousands of motley people cramming the streets and alleys. There's also the unpleasant presence of obnoxious monkeys jumping up and down all over the place through a crowd of "preppy" well dressed youngsters and street musicians singing nagging chants. On the open square above the town, there's big Anglican cathedral with kids, tourist and chattering teens posing for pictures and riding slumberous Kathyavari horses (those with the ears bent to the back).

As we leave Simla, the temperature is perfect, the air up here is almost sparkling. The tall evergreen trees cast their shadow over the nicely paved road, but it doesn't take long before we get all the way down to the turbulent gorge of the Sutlej river, a Gange's tributary, coming from the Tibetan Plateau. Now there's no wind at all and it feels like being in a stove. The rock is burning and the muddy river roars underneath, while the route is an endless mess of mudslides and boulders blocking the way. Kind of a Russian roulette situation. Trucks seem to completely ignore us, or sometimes it even looks like they enjoy forcing us to the side of the mountain or pushing us to the unprotected edge of the road. Years ago, I wrote about the well-mannered Indian truck drivers, but can't say the same now. The "new world" is also exporting its road rage as result of everything fast, money making societies, hate and stiff competition.

It's been a grueling ride, exhausted as we are, we sleep in Kalpa, a beautiful lost village at 3300 meters in the Kinnaur region. In the astounding complex of Hindi temples we are able to witness the unsettling ceremony of the encounter between a male and a female deity, likely to be Shiva and Parvati, to perform a sort of foreplay leading to a mistic sexual intercourse during a night parade coming from two separate villages and

meeting right there in Kalpa. The moves and the whole ritual definitely hint at refined tantric and esoteric symbols which are basically unknown to people like us.
We're headed to Spiti, remote Tibetan area. Sumdo is 18 kms before the Tibetan border as we come across the homonymous tributary stream flowing into the Sutlej river. Ahead of us, only rocks and insurmountable mountains, however the road looks more decent and easier to ride. Behind us we're followed by a made in India Toyota Qualis, driven by good guy Mohen with our three friends Giulio, Maleria and Marialidia as passengers. Emerson and I have often thought about the fact that maybe we'd be faster without them in tow, yet speed brings on accidents, so it's fine like that.

A growing muddy water stream is falling from somewhere above our heads down on to the road making impossible for us to move forward. We start our bickering over the pros and cons of possible solutions as the situation gets hairier. A local bus comes closer and keeps it going heedlessly with the obvious consequence of getting bogged down in the mud right away. The passengers inside immediately scatter out trying to grab their belongings as the dark waters break into the windows on one side and flush out the other making the whole bus shake and slide toward the steep downfall and then topple down. "This is India", murmurs a lanky Sikh soldier nodding his head and walking away. We are appalled! It's a nightmare to even think about driving around the Spiti for hundreds of kilometers. No way out of here until the end of the monsoon. We are stranded. It's getting late and we have to find a shelter for the night. The only village nearby is Nako, in pure Tibetan style and close to a tiny lake at 4000 meters. It's a bright starry night as the soft lights go out and the chilly breeze comes up from the depths of the Spiti valley and makes the little prayer flags flutter. The sunk bus, the mudslides, the downfalls and the festive people of Nako harvesting peas. They wait for that truck from India to load up their peas and get a handful of rupees in return. It's been a long day so far, we hit the bed and black out in the wink of an eye.

The drastic change on our itinerary did not curb our enthusiasm. We seek an alternative route to get to Manali, a small mountain town at the bottom of the very first Himalayan pass called Rothang at 3970 meters. The map says we can "jump across" the Sutley valley through the "minor" Jahlori pass at 3300.
Good choice, after spending a muggy night in Rampur, we hit a nice trail with remote traces of asphalt unfolding a stunning natural habitat. Thick forests and fresh brooks are all we see on this one-hundred-kilometer "shortcut" and it's a very pleasant ride now. It's still daylight once we get to Manali, so we manage

to visit this old headquarters for the 70s hippies. Unfortunately, it's quite scary how good the Indians are at building the most unearthly awful structures that a mind can conceive; they basically ruined the entire place which now is completely another thing since my last trip in the 80s.

Manali is the starting point of the infamous Manali-Leh highway: 500 kilometers of shattered road at a dizzying height across the highest passes ever. Up on the Rotang the soothing view of the giant conifers will suddenly disappear right after the mountain pass to be then replaced by the dryest desert.
The colored prayer flags, "lung-ta" (horse-wind) stand as votive sign all along the pass. It's incredible how deep this religious belief is and how full of spiritual meaning these many symbols are. The unstoppable icy wind spreads this intense energy around through these flags. The snow and the rain will hit them until the colors fade and their fabric is completely worn out.
We can't go faster than 15-20 kmph and my head is aching badly, this road is like hell surrounded by heaven on earth. We all have a different perception of what paradise will look like; some believe it's all about tropical plants, white beaches while sipping coconut milk and rum cocktails. In my personal view, this barren place is the closest we can get to paradise. These dreadful cliffs hit by the blinding light show us every single hue reflecting from the rocks this way telling us how powerful the world's creation has been on mankind; all of which induces me to meditate. This broken route they pretentiously call highway, runs through this immense landscape as a cyclopean amphiteater surrounded by mountains. Anyway, from now on it's going to be uphill.

We pass Baralacha La at 4890 meters and on through the thigh-high fords across icy water streams, and then up to Taklang La at 5100. We spend the night in a tent by Sarchu at 4400 meters and to add insult to injury, we get hit by migraine and fever. The next day we head toward the highest point of the whole trip, Lachlung La, 5300 meters. Spinning head and a sponge for brain, it feels like we're about to explode. Somehow we manage to film documentary footage for Emerson here and there, however we can't wait to move down, it's like an urge. Our bikes could be able to ride higher than this. We're on the steepest final edge of the pass which a truck has uselessly been trying to overpass for three times in a row. Then, after a long reverse, wheezing and spewing like a dragon, the run is long enough to make it happen this time around. Finally on our way down, we run into the typical Tibetan funerary structures called Chorten and coming next are small agglomerates of white houses with drying wood on the roofs and black framed windows to keep negative

forces away. Emerald green barley fills the fields and the water powered prayer wheels end with a sign that reads: First Indus View Point. We are there at last, the Ladakh. The "Little Tibet".

A big Indian tank pops up as we ride the Chorten ridden road under the monastery of Shey by Leh's outskirts. Then a second tank follows roaring and clanging balefully. The soldiers driving the thing and inside the turret laugh like they are playing with a toy. It's a sadly odd sight, the symbols of Buddhist peace have become the frame to such instruments of death. Ladakh is riddled with army bases and has turned into the stronghold of the Kashmir defense unlike it used to be in the 70s, when crime and prisons were completely unknown. In this toubled area civil war is just around the corner, as we all know, Pakistan still claims the muslim territory of Jammu Kashmir and the terrorist actions have been going on forever leaving on the ground thousands of casualties and wounded. Mahatma Gandhi's teachings seem so far away.
These days there's a lot of excitement in the air for the upcoming visit of His Holiness Dalai Lama here in Ladakh. Hundreds of Indian workers gather to "embellish" the broken roads, clean up walls and hang welcome banners. That's what we are here for as well. The substantial funds raised by the Global World Foundation for the Tibetan Children Village of Leh, will be personally handed in.
My first time in Leh was in the mid 70s when Ladakh had just opened its doors to the outside world thus reducing to a two day trip on a 450 km rough route what used to be a sixteen day journey from Srinagar. Back then, no power or water pipes existed and Leh looked exactly like the medieval town the Jesuits had seen in the first place.

Nothing really changed thoughout the 90s as I could witness for several times. But today, this little town at 3700 meters, appears almost irrecognazable mostly for the mass migration of Kashmiri traders from Srinagar hit by a harsh crisis in the local tourist industry. Now, I'm adjusting to the new Leh like when you run into a handsome woman of your past that you still find as charming after the first awkward impact marked by the awareness of the time changes. We settle in Leh and take numerous rides around the region to check out monasteries and temples, so we spend time in Lamayuru, Hemis, Likir, Matho, Thiksey, yet our "core" target still is Nubra Valley, the last on Indian soil, where Tibet is the east and Pakistan the west. On our "souped up" Pegaso bikes we get to the world's highest road pass of Khardung La at 5700 meters to reach Nubra. We're testing our brand new "Lhasa" jackets under such extreme conditions, unfortunately our heads and lungs seem to freak out. Once on top, we have trouble speaking, then the open sight out on the Karakorum

mountain and the Siachen massif at almost 8000 meters make us completely dumb. As Fosco Maraini wrote: "We are in between the continents' breath…" To the contrary, Emerson lights up a cigarette. Then we move all the way down to Nubra breathlessly, as the whole scenary turns even more surreal. The valley is literally monumental and the unfathomable overhanging cliffs drop down on the almost "Saharian" sand at the bottom. Our bikes look like two insignificant little dots in an epic and metaphysical wideness. Monasteries towering from dizzying bluffs… sand dunes at 4000 meters… blinding green water… an army chopper swings across the rocks… a barrier suddenly stops the road: "It absolutely prohibited to transpass this point to all vehicles". India ends here!
Mrs Jetsun Pema, the Dalai Lama's sister and head coordinator of the whole Tibetan Children Village has been setting up a "grandiose" welcome ceremony, in the style of some presidential visit. "In order to make a better documentary", she vaguely adds, "if you could show up tomorrow around 10,30, I'm going to put something together of good use". We get ready for a nice welcome party at the school; instead as we ride toward the TCV building, we find ourselves flanked by 2000 children along the sides, all cheering and applauding and singing; this takes us by surprise at first, but then we get so emotional that tears start falling. The little marching band, the white scarves, the principal and his assistants and Mrs. Penna… We are all deeply touched by all this friendship and warmth around us. It so rewarding, so fulfilling. But now, the time has come.

The hot sun is burning through the white clouds in the bluest sky of Ladakh. The Dalai's residence is just a simple Tibetan house with its pagoda roof inside a beautiful garden wearily taken away from the desert. Three different checkpoints before entering, regardless of our credits and the presence of the TCV's director. Excited doesn't even begin to describe the way we feel now, my friends meet him for the first time, I met Kundun twenty years ago, yet nothing has changed in my heart. At times I might have disagreed with his political strategy, but his presence is all-around special. He's aware of being very affable, amiable and sometimes even intimate, however suddenly he makes you feel before a Buddha, an enlightened. Breathing and puffing, we rub our eyes and there he comes smiling his way, caressing me fondly. My legs are shaking a bit… one by one we hand out our kata, the ritual white scarf, and then follow him into the small sitting room. He snugs up in his lotus position taking his rubber flip-flops off and listening to my formal blabber to break the ice while staring at me. We ask a couple of questions for our filmed interview, and he stops like paying attention to some other side of his mind. Then he starts answering with a distinct tone and a clear voice. He strongly

TIBETAN SHADOWS

∧ Valle di Spiti. Autobus e strada travolti dall'impeto del fiume
  Spiti valley. A bus and the road in a blaze by the river
< Danze rituali a Likir. Pubblico, monaci, danzatori, gioielli, tanka gigantesche, suoni di trombe e cimbali in una delle più significative espressioni della cultura tibetana.
  Different stages of ritual dances in Likir- Audience, monks, dancers, jewels, gigantic tanka, trumpets and cymbals in one of the most peculiar expressions of the Tibetan culture

believes in dialogue and non-violence to solve conflicts. It's all so enthralling, yet I'm not so sure this would yield any positive results as Beijing has always taken advantage of his reasonable proposal. It's the moment of exchanging presents now. Giulio brought him a lap top to communicate with the world, we goofily add. He laughs and replies he thinks he's good at that already, and accepts the gift thanking us as he does with Stefano Dallari who has brought a jam made with the apricots grown on a tree His Holiness had planted when visiting the Casa del Tibet in Vortigo di Canosa, Italy. Marialidia is so thrilled to have her journal of the trip signed. Emerson is radiating, even more so when the Dalai comes out to the garden to take one last picture with us and our bikes. It's an extraordinary privilege. Jetsum Pema smiles delightfully, she knows how we feel. Then he waves goodbye and gets back inside with his typical pace and his naked arm swinging…

On the way back, we run into a Bible-like scenery on the great windy plateau, nomads with hundreds of yaks, goats and horses. It's a fragment of ancient Tibet, away from repression, pain, imprisonment, torture. A young kid walks on by wearing a greenish hat with a flower on it as I try to come up with a conversation in Tibetan. Surprisingly, he answers me in perfect English: "We're seventy families here, and we move every three days with our animals", and I ask what he thinks about the situation in his country now, and he goes "… it's getting worse everyday, I only hope (with a trembling voice) the grace of His Holiness will shine again". "How do you like your life here?", he replies: "A lot. We are free here, no tensions, no pollution, we're part of the nature…", and "where did you learn English?". "At school, at the Tibetan Children Village in Leh!"

TIBETAN SHADOWS

∧ Scendendo dal Khardung La, il valico stradale più alto del mondo. 5700 mt
  Down from the Khardung La, the highest road pass in the world. 5700 mt

∧ Nei pressi del monastero di Punaka, Bhutan.
Buthan, nearby the Punaka monastery

Bhutan

"Druk Yul", The Land of the Dragon, the last Buddhist monarchy on Earth.

In 1957, the small realm of Sikkim "reign of gnomes and fairies" up to that point ruled by the Namgyal dynasty, ceased to exist as independent state and was annexed to the Indian Union. The Kangchendzonga massif was part of it and used to be the main door to the Tibetan plateau. Past the Natu and the lush humid forests at the foot of the Himalayas, the eye of the beholder could space over the immense plain of Thuna. On the right side, mount Chomolari, a scanty "seventhousander" stood out like a barrier on the plateau. On the back, the coldest village of the world called Phari. On the left side, the huge Kangchen. The "five treasures of the big snow" at 8500 meters. The end of the Sikkim was another signal of the ongoing process dooming all of the small Himalayan realms like Mustang, Ladakh, Spiti, Zangskar, Dolpo which used to be administered by local sovereigns (gyalpo) belonging to old Tibetan aristocratic families. Most of them were enclosed in the Indian Union and others (Mustang, Dolpo) in the bigger Nepalese monarchy. However, now in 2008, even this last monarchy has been forced to leave the Royal Palace of Kathmandu after 250 years, due to a series of assassinations and tensions. Intricate dramatic stories that reached an all time low with the massacre of the his whole family by King Birendra's crazy nephew Dipendra.

It was 1987, when I spotted an Alfa Romeo GTV 2000 around the chaotic streets of Kathmandu, driving through the heavy traffic. People would bow and take off their hats, a long haired kid murmured "Royal Family". Well, I don't think it could have been Dipendra, sixteen back then, yet this makes me think that still now that mass murder is a moot subject. It still gives me the creeps to just picture the scene of the family's "chosen one" wearing a combat uniform, toting a machine gun and shoot everybody down during a family meal. Allegedly, the motive was the sheer hatred toward his mom, who was said to be against Dipendra's wedding with a young girl from the Rana family, the same that had ruled the country up until 1951. That sad year, the power was brought back to the Shah dynasty, a family with divine roots and imposing their absolute power on people at least until 1990, when king Birendra was forced to open up to other political parties and turn his monarchy from absolute to constitutional for all the good social reasons that the changing times required. And it was in 1992, during my trip to the remote Mustang, that I happened to be in Choile, a lost village by the Kali Gandaki Gorge, and see hundreds of people riding horses like in a biblical exodus on their way to Jomoson for the local administrative elections. Bharat, our liaison officer, prompted: "Those are the delegates, they'll vote for the Congress party', which had a strong influence over many areas of the country and that eventually would be harshly criticized for the alarming corruption and its inefficient policy against the Maoist guerrilla.

Why the government allowed the growth of a new radical-communist movement is still a controversial point of discussion. Anyway, some leerily suggested that destabilizing groups were given more room to move around in order to build up tension and justify a repressive intervention to bring back the regime. It did not happen though, and those who believe in kharma have a lot to talk about...It's curious how the Communist Party of Nepal (Maoist) commented on the occasion of the "royal" massacre through its spokesperson "companion Prachandra". A statement was issued basically saying that the American imperialists were behind this conspiracy to destroy the overwhelming success of the growing Maoist guerrilla and to establish their presence in Southern Asia and around the Chinese borders. On the other hand, India was also working to "consolidate" their expansionist interests. So it was clear that the massacre had to do with king Birendra's reluctance to send troops against the popular and patriotic guerrilla which was the strongest threat to the imperialists' plans. Well, we all know that lies and deceit are the foundation of every communist regime.
The role of "rat" and hitman played by Gyanendra is coming to surface now. A colorful array of theories they want people to buy, only give the impression that some dirty deeds have to be covered up. Obviously it would be grotesque to think that a so-called committee of inquiry formed by the assassins themselves could reveal the truth.

This episode proved that the traditional monarchy, based on feudal nationalism, was now dead and buried. King Birendra will forever be remembered in history for his adoption of liberal politics and his refusal to bow to Indian expansion and that of the other imperialists. Given his role as chief plotter of the massacre, the real Nepalese patriots understand that from both a legal and moral standpoint, Gyanendra could not expect to become King. What little had been gained by the people's movement of 1990 was destroyed by the Girja, the traitorous and corrupt band of assassins, who are now more than ever servants of servants. Than can be no worse example of servility than to lend legitimacy to those who perpetrated this heinous crime, thereby trampling on their own constitution and value system. Thousands of patriots such as Madan Bhandari and King Birendra were assassinated. To say that the traditional monarchy still exists, or to speak of the defence of the constitution or of the actual parliament, is to become the tool of the assassins.
"The patriotic masses of Nepal bear a great responsibility of historical importance at this critical moment in time: they must remain unified, and defend the sovereignty and national dignity. It is for this reason that all the patriotic, democratic political groups must take the initiative and form a provisional government. Under

the present circumstances, this government would take on the historic role of institutionalizing a people's democratic republic. The Royal Army, once loyal to King Birendra and the patriotic people of Nepal, would no longer have to defend the foreign invaders' servants. They could once again perform their glorious duty and support the formation of the provisional government of the patriotic masses of Nepal. Those patriots who see the monarchy as a way of protecting the country should not fear the Maoist movement, the very same that King Birendra treated liberally. If the 22 million-strong population of Nepal were to join together, no power in the world could break them. The band of assassins Girja-Byrendra, the invaders' servants, are certainly not the ones to safeguard national unity and bring progress to the country. That can only be done by a provisional government representing the patriotic Nepalese masses. It is for this reason that our political party is ready to openly join with all the patriotic people of Nepal, in full awareness and responsibility.

There is no other way for Nepal to grow into a new national unity founded upon all the people oppressed because of their class, caste, nationality, birthplace, or gender. This is a call to all the forces of the Left, progressive, patriotic and democratic groups and to the masses. This is a call for you to create a new, powerful movement that can give weight and substance to a republic already risen from the dramatic chain of recent events, uniting the country with a provisional government. During these critical times, we anxiously hope and wait to serve the country with open arms." President Prachanda.

Sitting squashed in between the giants that are India and China, Nepal has always managed to stay independent. Their "Panchayat" is the complicated system by which members of parliament without any powers are elected by town and city assemblies. This system has managed to hold on despite pressure for the last fifteen years in various ways that have made Nepal a constant presence in Amnesty International's reports. Hard prison time or even the gallows awaited those who opposed the system, but there's a limit to everything, as history has often shown. Even the divine sovereign has had to adapt, and change from a God incarnate to a constitutional monarch. Despite the "reforms", however, Nepal is still one of the world's poorest countries with an tremendously high infant mortality rate and non-existent healthcare. In the meantime, the revenue from the country's growing tourist industry – especially alpine tourism – always ends up in the pockets of the usual "friends" of the Royal family. Recently, Birendra's brother, Gyanendra, who succeeded the assassinated king in 2001, has left his position and the capital "unscathed".

Pushpa Kamal Dahal is the "Prachanda comrade", the aristocratic Brahman who led the Maoist guerrilla, and who now resides in parliament. We have no way of knowing what his next move will be. However, my great fear is that a long time will pass before we'll be able to once again experience the exhilaration of the hiking trails through the Himalayan mountains, the giant rhododendrons and the powerful torrents. And in the meantime I'm sure we'll hear and see more astonishing and horrifying stories from the region. The last "survivor" of the Himalaya's magical kingdoms remains thus Bhutan, well-organized and aseptic. The Land of the Dragon. I'd call it the "Switzerland of the Himalayas".

I went there in 1994, and for the first and only time in my life I agreed to lead a small group of four people. I had absolutely no intention of paying the greedy and unfair tax to which the Bhutanese king subjects all visitors. So I accepted the role of "group leader" and, aboard an old, wheezing Ambassador, we arrived overland at the border between India and the world's last Buddhist monarchy.

Immediately there is a clash of atmospheres. At the large archway that divides the two worlds. On one side there are beggars in rags, street barbers, freely wandering cows, rotten leaves and fruit lying amongst plastic and paper waste; on the other side, beyond a grand gateway decorated in the Tibetan style, there is a neat, paved road that divides two rows of buildings, identical in style, colour, and decorations. Everyone dresses in the same manner, the traditional skirts and jackets are made of the same checked material. Knee-high socks and English-style shoes silently pass by women wearing "chupas" – the long dresses of Tibetan origin - and strange bob haircuts. This is Puntsoling, and the doorway marks the border between swarming, chaotic India and the isolated, aseptic Bhutan: the "Land of the Dragon", and the last Buddhist monarchy of the Himalayas.

Oh, yes, Bhutan is very expensive indeed. They've always aimed for the upper-tier tourist market: the wealthy few. Unfortunately this doesn't always coincide with the "respectful" few. It's a policy that I find – partly, at least – theoretically justified, given the disasters that mass adventure tourism has caused in many parts of the Himalayas. Bhutan's real name is Druk Yul, which means "Land of the Dragon". It's been a completely autonomous region since the 16th century, and until the mid 1960's it existed in complete isolation from the rest of the world.

Bhutan is a country with a strong Tibetan character. Due to various historical, political and dynastic events, Bhutan adopted a new tourism development model in the 1960s. One much different from that of neighbouring Nepal. It could be argued that the choice the Bhutanese government made back then is very similar to the action being taken now by Nepal and India to protect the areas which are anthropologically and environmentally delicate.

Basically it's a kind of tourism aimed at a select few: wealthy and non-intrusive. This leads to a tourism model which emphasises and promotes the naturalistic and folkloric elements as the country's main attractions, paying particular attention to the Tibetan calendar's festivals. In my opinion, however, this takes away the pleasantly dramatic power of a journey in a country where the antiquity of tradition mixes with similarly archaic social and religious systems. And of course we cannot forget the lack of the one indispensable ingredient: the freedom to roam within a country, without which a journey is not a journey, but an unpleasant march round led by clingy, petulant tour guides. That sort of thing is fine with some. They're the kind of people who just want to switch off and not think about what they're doing. A classic example is the question often put to me by the other members of the group: "What's the plan for today?". Well, there's no accounting for taste….

The authorities use a system of preservation and maintenance of architectural traditions, enforced with real decrees and laws: a building cannot be constructed unless it is in strictly Bhutanese style. Neither men nor women may wear anything but the traditional Bhutanese clothes. There is also a hard policy regarding Indian and Nepalese immigration, and the protection of the Bhutanese people; this policy has provoked an international backlash due to human rights issues. Bhutan's sturdy, young sovereign, last descendant of the Namgyal dynasty which has reigned since the beginning of the century, is apparently doing much to secure substantial financial aid from wealthy countries. According to local sources he has declared Bhutan's population to be 1,000,000 inhabitants, when the real figure is actually 500,000. There are also plans afoot to develop new energy sources with the construction of huge hydroelectric power plants capable of harnessing the enormous energy potential of the water sources that cascade around the Bhutanese Himalayas. It's said that Bhutan could produce enough electricity to power half of India!

Apart from all this, Bhutan is a real living museum, and is one of the most interesting stops along the Himalayan journey. Only in Bhutan can one still witness the magnificent Tibetan religious ceremonies which once took place in Lhasa before the Chinese invasion. The main event of the our journey is in fact the year's most important religious festival: "Tsechu". Very warily, I crossed the border and made my way round the curves of the Puntsoling-Wangdi Phodang road on board a modern Japanese "Wagon". All around me the environment is that of a primordial Garden of Eden. There are tangled forests of all kinds of tropical plants given life by waterfalls and rich, pure, waterways. Flowers, orchids, giant rhododendrons and thirty-foot tall poinsettias form tunnels of red forest. The asphalted road is just wider than a car. Every now

Palazzo reale di Thimpu. Celebrazioni del Tsechu. La folla davanti alla manifestazione di Padamasambawa
Thimpu, royal palace, Tsechu festival. The crowd in front of the Padmasambawa manifestation

TIBETAN SHADOWS

and then we come across road-works. By the side of the road we occasionally see little piles of unidentified yellow things. Oh, wait… They're delicious mushrooms, hundreds of them! They're not really considered to be a delicacy around here, though, so the car doesn't stop and we have to leave them. What a shame! Small villages of deliciously identical houses seem to bless the landscape. An almost solid-looking rainbow appears at the far end of the valley after a storm. Everything seems too perfect.

In the late afternoon, after rounding a curve in the road, we come across a huge construction that looks like a cross between a fortress and a monastery. The Wangdi "dzong". Its dark, imposing form watches over the valley underneath. The "Dzong" is a kind of monastic and governmental seat, and it's the emblem of the theocratic power of Bhutan's monks and sovereignty. The "Tsechu" celebrations are underway. It's a festival of ritual dances honouring Padmasambawa, the Indian guru who took Buddhism to Tibet and Bhutan in the 8th century, and who is considered to be the country's real patron saint. He's revered more than the Buddha himself.

The show going on within the Dzong is incredible. A colourful crowd ecstatically watch the various dance sequences. They are performed by monks wearing large, coloured masks representing animal gods, and the dances can go on for seven or eight hours, this for a number of days. A large, 200 square metre tangka, a religious image painted on cloth, is unfurled down the wall of the inner courtyard. On it is a picture of Padmasambawa. The crowd is hypnotized. Surreal music and sounds fill the air with magic and mystery. There's absolutely no sign of tourists. I egoistically begin to think that I don't mind young King Namgyal's tourist policy, after all. "Tsechu" reaches magnificently spectacular choreographic heights in Thimpu, the capital of Bhutan. I've seen many ritual dances in many Himalayan countries, but the crowds of over 18,000 people crammed into the giant courtyard of the royal palace, the richness and sheer variety of the costumes and masks, together with the perfect sound execution, and the solemn, rhythmic dance steps had a kind of hallucinatory effect on us. A true journey into the arcane. Everywhere you turn there are only colours in harmony, crimson, gold, silver, turquoise, ochre. It's a feast for the eyes and the mind.
On the third, and last day of celebration, Guru Padmasambawa's mask makes its entrance into the sacred area. The crowd turns to stone. The dance becomes a kind of meditation in motion, the dancers somehow "become" the deity they represent, and the crowd appear to believe they are really seeing the Guru who took

TIBETAN SHADOWS

Buddhism from India to Tibet and all the other Himalayan countries. The earthly and the transcendental come together in this collective ritual, perhaps the highest, most peculiar expression of Tibetan religious culture.

We visit the "Dzong" in Paro, where Bertolucci filmed "Little Buddha". The film crew left their mark, and the kids come over and tell us their stories about meeting the cast and crew. There's a picture of "master" Bernardo together with the monks of Paro in one of the monks' cells. A short time afterwards a Bhutanese monk would film "The Cup", a pleasant film about the relationship between the World Cup and the asceticism of the high peaks. These are the first signs of a productive cultural "contamination". I decide to hike up the 8000-feet Thakstang, together with Luca, my erudite travelling companion from Florence. The others don't feel like it, and they wait for us at the "panoramic café", with its view – from very far away – of the "Tiger's Nest", the bold monastery overlooking the Paro valley from a cliff-top. It brings to mind the Meteora in Greece, and it's the Land of the Dragon's crowning glory. It really is striking. It disappears for just a moment in the fog that rolls up from the valley, and then reappears as if part of a dreamlike vision.

At the time of our journey, in 1994, there were no televisions in Bhutan. Pornographic videos were smuggled in from India and they contaminated the Land of the Dragon's cultural homogeneity. Some time later in Italy, I met two Bhutanese guys getting some experience working for a local TV channel in Romagna, with a view to setting up something called Bhutanese Royal TV. I gave them a copy of my documentary "Bhutan, the Land of the Dragon", which had been shown on the TV programme Geo&Geo. After a while they wrote to me, and told me that it was one of the first programmes transmitted on Bhutanese Royal TV. It was in Italian, they added, but everyone liked it just the same. There was actually a great sense of delight in the fact that in Italy, such a faraway country, someone appreciated their "Himalayan Enchantment".

Recently, friends who've returned from the county, where they spent 200$ die only on lodgings, tell me that satellite dishes now decorate almost all the roofs in Thinpu, Paro, Wangdi, Punaka, etc.

I'm not all that surprised. I think that our young friend Namgyal, absolute sovereign of the Himalayas' last (hardly constitutional) monarchy, is going to have more and more difficulty in keeping his subjects blinkered with ancient traditions imposed by law. He managed to keep the Hindus, the Nepalese and the Sikkimese at bay, but he didn't reckon with the magical power of the goggle-box.

∧ Festival dello Tsechu a Timpu
Tsechu festival in Timpu

∧ 10 marzo 1988- Debutto dell'Associazione Italia Tibet
10 March 1988- Debut of the Italy-Tibet Association

Dharamsala

It's 8 o'clock in the morning. A heavy downpour covers the view of the Himalayan mountains that surround McLeod Ganj. The manifestation of March 10th is not far away. A monk named Palden tries to reassure me that it won't rain during the manifestation. I don't know on what basis he can claim this. Together with Piero and Vicky we set off towards Laghyan Ri, where the procession commemorating the 1959 Lhasa uprising begins.

It's 1988, the eve of the foundation of Italia Tibet, and we all feel within us the "sacred fire" burning for the liberation of the Roof of the World from the Beijing regime. We've brought cameras and television cameras. We are to interview His Holiness the Dalai Lama and Lhasang Tsering, the president of the Tibetan Youth Congress. There are few representatives of the western world, far fewer than there are nowadays, at least. Jesus, a Spaniard, films and narrates everything live as he goes. He seems a bit overexcited to me. There's a somewhat clingy Hungarian reporter who's been wandering for days around McLeod telling everyone she has an audience with "His Holiness", and has a project to propose him… This "audience" never comes about, and she asks us to help. There's a couple of Australians with a Harriflex 35mm television camera. What are they going to with that? There are Siliana and Fabrizio, two Italian friends who've taken the monastic vows. They're wearing the crimson robes. Richard Gere is here, too, in the company of a hieratic Austrian princess, and with a Canon reflex camera hung about his neck. Richard's hair has been dyed an improbable shade of brown. A well-informed Tibetan tells me it's due to set requirements. Water continues to drip from the giant rhododendrons, but it has actually stopped raining. For a moment there is silence, and a colourful crowd of the secular, monks, women, students all move over to the established area. I feel a strong, growing tension, as if something is about to explode. It's my first March 10th, and within me I feel all the rage and will to help my Tibetan friends. We'd been to Tibet the year before. We'd all been there even if in separate small groups. Once we'd retuned home after the battles and subsequent repression of September 1987 in Lhasa, we found that we all had the same ideas and objective: to set up an organized group to support the Tibetan Cause. A group of monks moves to the head of the procession. Amongst them, one with a peculiar squint, begins to undergo a kind of transformation. A devastating voice rushes from his throat and begins to shout slogans that pierce right through my brain, my back, my heart. "Long live the Dalai Lama", "Long live the Panchai Lama", "Tibet belongs to us", "China, go home!!", "United Nations, we want justice!". The raging voice heads the Tibetan mass' answering calls. The Tibetan Children Village kids hold up their placards and

posters. The Tibetan women, in an expression of pure fighting spirit and femininity, seem to tear through the very air and the mountains with their desperate cries. A flood of tears fill my eyes and course down my cheeks. I look at Piero and Vicky and I see their faces twisted by the same emotions and the inexplicable pain which brought us here once again after twenty years. Our hair is a little greyer, and our faces are a bit more worn by the passage of time, but our anger is the same as before, perhaps even stronger now.

The village of McLeod Ganj is basically a handful of houses clinging to the side of a small mountain, which in turn sits at the foot of a dignified 5000 metre high peak: the Dhaula Dar. Today it has risen to a dignity worthy of an international capital city. That's because here resides the Tibetan Government in Exile, and here lives His Holiness the Dalai Lama. What does this mean?

It means that whereas once in the 1980s only a select few came up here – born-again hippies with a good nose for alternative locations, a few journalists or anthropologists curious to see how the exiled Tibetan culture was organized, or new-found students of Dharma – nowadays the situation has changed radically.

A muddle of people rush through McLeod's few streets and alleys, where one shop after another – many of which are Kashmiri – bear witness to the location's commercial pull. There are many who tremble at the thought that all this Chinese-Tibetan trade could one day bring His Holiness back to Tibet. There's a very remote chance of that happening, but hope is periodically rekindled every time Beijing declares that "the door is always open to the Dalai Lama". Until now, conditions imposed by the Chinese have kept changing, the stakes have been raised again and again. It seems more like an offensive joke rather than a willingness to talk. It reminds me of the fable of the wolf and the lamb. How long is this going to go on? On one side there's the Tibetan government and the Dalai Lama, falsely swearing their will to renounce full independence in exchange for a genuine autonomy within the context of the People's Republic of China. On the other side we have the Chinese rulers, ridiculing and insulting "the Dalai Lama's band of rogues" who "speak with forked tongues like snakes, careful when addressing the Motherland, but in cahoots with the western separatists who would annihilate China's glorious development". Etcetera, etcetera, etcetera.

After navigating an arduous road twisting through conifer and rhododendron forests we arrive at McLeod Ganj, which is in actual fact a mountainous branch of Dharamsala. From afar it looks beautiful, suggestive, and the new hotels which have been built along the road leading to Gompa Namgyal and His Holiness' residence, look a little like monasteries emerging from the intense green of the thriving vegetation. When it's covered in snow, the Dhaula Dar looms majestically over the village, and gives a vaguely alpine atmosphere to the place. The small town square opposite the McIlò restaurant is where find the bus station. Here, the

TIBETAN SHADOWS

surreal chaos is irresistible, unique. The whole world seems to converge on McIlò square. While the little Tata buses attempt to manoeuvre, enveloping the bystanders in a cloud of exhaust fumes, a group of smiling monks in red robes accosts some young, blond backpackers. They've come from the faraway Americas or Australia to see where the Dalai Lama lives. Many Indians have built trade on the basis of this tourist reality. There are mini-markets, bookshops, rent-a-car agencies, currency-exchange offices, restaurants and bars. There are also the few hardcore lepers who have no intention of giving up their begging space in exchange for efficient recovery in a leper clinic. If one leaves aside the fact that this world is the result of the illegal occupation of a country as well as the suffering of a refugee population, then the whole thing seems cheerful, merry, alive. In some way the resourcefulness and creativity of the Tibetans, together with their positive, friendly nature, have helped to generate this atmosphere. But one only needs to go to the refugee camps to see and feel the real drama which is still ongoing on the Roof of the World. The girl who meets me at the Tibetan Help Refugee Centre tells me that more than three-thousand Tibetans cross the Himalayan range every year, seeking a better life in the new exiled community. To see the Dalai Lama. To study and follow the Tibetan traditions and culture. They arrive here exhausted, often with the beginnings of frostbite which will eventually call for the amputation of toes. They're lost, and their introduction in this new society is not always as they expected. They often need psychological support. The initial terror that assails them is that they have risked everything for a change that doesn't match up to their expectations.

I came here to McLeod for the first time in 1984 with my friend Ulisse. We made the journey from Manali on a glorious day in May, sat on the roof of the bus. It was like watching a great nature film. The rhododendrons had fully bloomed, and the still snowy mountains stood out against the backdrop that was the fertile Kangra valley. We were young, enthusiastic, curious about everything. Ulisse loved the "momo", the steam-cooked ravioli that I never really managed to get in to. He loved animals, and every now and then he would start whistling in an attempt to make conversation with an Indian blackbird. "Listen… listen…" Listen to what??? "It's answering back…!" He would be forever buying bananas for the monkey population of McLeod. He was sometimes surrounded by swarms of these animals. My blood would freeze. "Ulisse, please get away from there…!" "Why? As long as you don't make any sudden movements…" It was a short, carefree stay.

I came here again with Piero a few times to do interviews and various programmes, and in 2000 I came up here with my children and all the "Rangzen", the group which I've been a part of for more than 10 years. We performed in front of the Dalai Lama and around 10,000 Tibetans for the 40th anniversary of the foundation of the Tibetan Children Village.

△ Bambini rifugiati a McLeod Ganj 1984
   Child refugees in McLeod Ganj 1984

▷ Immagini del festival annuale dello "Shoton" che si tiene in aprile a Dharamsala. Il pubblico, gli attori, le rappresentazioni. Il Dalai Lama fa il suo ingresso nello spazio teatrale.
   Images of the "Shoton" annual festival held in Dharamsala in April. The audience, the actors, the performances. The Dalai Lama entering the theater space.

TIBETAN SHADOWS

The trip we made coinciding with the Shoton, the annual Tibetan theatre festival, the Ache Lhamos, was similarly unforgettable. Antonio Attisani, one of the biggest experts on Tibetan theatre, was also there with us. He had agreed to work with us to film and review the entire week of performances at the premises of the TIPA, the Tibetan Institute of Performing Arts. With all the permits and good references we've gained over time, we're now regulars amongst the Tibetan institutions, and we come armed with tripods, cameras, and television cameras. The Dalai Lama watches the performances, partially hidden, obscured by a yellow curtain draped across the balcony overlooking the square. We've arranged an interview about theatre with him. Below his balcony, the masses patiently wait to experience together the dramas and magical stories of Tibet's traditional works.

An enormous white drape covers the entire surface of the theatre area, and protects the public's faces from the beating sun. Shoton lasts for a week, and all day long companies from various Tibetan settlements in India, Nepal, and Bhutan take turns entertaining and transmitting to the crowd those never-forgotten emotions of what can be considered one of the world's oldest forms of living theatre. The professional companies perform during the first days, and TIPA seems to garner most of the praise, both from the public and critics alike. The Dalai Lama watches the piece "Thepa Tempa". He had arrived on foot, preceded by actors in blue masks, singing and performing exuberant dance steps amongst the spectators, paralysed with emotion. Watching Tibetans in the presence of the Dalai Lama explains the bond between these people and their political and spiritual leader much more effectively than words. I've never been able to stop my tears whenever I've seen His Holiness greet a group of refugees who've just arrived from Tibet. The Dalai Lama usually does this within his residence. He waits outside the entrance as a long queue stretches outside as far as the eye can see. They wait out there for their turn to bow down to the symbol of their homeland and their religion. Silently, they flow by, helped by His Holiness' aides. Each one receives a small envelope containing some money. A little help to begin their new lives in exile. Their faces are filled with emotion. Few dare to look the Dalai Lama in the eyes. Those who do bow their heads in such a manner that their eyes roll up to their highest point. Many are in tears, and some try to tell their own stories to His Holiness. Their dramatic escape. Relatives who were lost or arrested along the way. Their destroyed homes. The violence used against them. The Dalai Lama caresses them. He blows on the head of the children who a placed before him to receive his blessing. It's a heart-rending that everyone should witness. Especially those who ask me what I find so fascinating about the political cause of a population so different and so far away from us. Tibetan theatre on the other hand shows the jovial, clever and always likeable side of the Tibetan character. There is a fantastic sense of emotional involvement, and there are positive comments or criticism for everyone. Intense moments of sorrow are sandwiched in between hilarious sketches. Institutions are regularly the subject of leg-pulling and teasing in the comedies. On stage there's an oracle who grumbles meaningless words while a clerk transcribes it into what he actually wants. The public laughs heartily and their eyes flicker upwards. I must point out here that amidst the authorities up on the balcony sits the State oracle, the oracle of Nechung, whose advice is still regularly sought by the government in matters of a certain kind. Even he laughs behind his dark glasses at this example of mockery at his own expense, and this says it all about the obtuse relationship as subjects that the Tibetans have with the clergy or their institutions. Always complex, multi-faceted relationships, including a certain kind of subjection – or to put it another way – a sort of unconditional faith in the "Illuminated" ones: the Dalai Lama and all of Tibet's grand masters of Buddhism. In any case, the image of life we're experiencing today, here underneath this giant, decorated curtain with these surreal sounds and bright colours, is a part of the Roof of the World which has travelled beyond space and time. I think back to Fosco's wonderful description of the Lhamo, in the village of Yatung, in which all its inhabitants suddenly seemed to become actors. In much the same way, a theatre company from the Orissa refugee camp come on stage on the last day of the festival. They're common people who've set up a small group of actors, and they've come to Dharamsala for their own moment of glory. They're actually very good. Quite a few of them are young. Their stage costumes aren't as glamorous as those of their TIPA counterparts, and the orchestra seems a bit shabbier. The suggestive power of their performance, however, is very strong. Perhaps even stronger. I'm absolutely shattered, but I really don't feel like leaving my place in the crowd, which is by now decimated.

I feel an immense love and gratitude to these people. A place like Orissa has nothing to with Tibet in an environmental, human, and climatic sense; it's "elsewhere" in every sense of the word. In spite of this, the strength and goodness of heart of these people has led them to a need to keep alive their own noble culture through the medium of a unique art-form. The essence of Tibetan culture survives to this day thanks to people such as these, their resolve, and their refusal to be broken and consumed by destructive outside values and systems. Antonio and Piero avidly and euphorically take notes. Antonio would later publish a book on the Ache Lhamo, the only one of its kind in the world. From Piero I now borrow a happy summary of this cross-section of central-Asian life: refined and abstruse. Colourful and surreal. Tear-jerking and funny. But always unique. "Laic Tibetan theatre has the sole purpose of entertaining, even if the themes it addresses are of religious or mythical origin. Tibetan theatre pieces are generally defined "Operas", as they were set to dance and song before they were acted out. Tibetans call this form of artistic expression lhamo, a word which literally translates as "fairy", or ache-lhamo (ache means "sister") probably because of the fact that the oldest operas in living memory where fairy-tales. Given that the origins of Tibetan operas date as far back as the 7th century, it would seem to be the oldest existing example of theatre performance, and seems to have similarities with other forms of theatre (Hellenic, Hindu, Japanese and Chinese). The costumes, and above all, the masks held a fundamental role within the ache-lhamo performances, as they were needed to identify the different characters. The distinctive Blue Mask, derived directly from an even older white mask, is one of the oldest lhamo symbols. At the beginning of the performance the actors wear it over their faces as a sign of respect for the public, but during the dance they wear it on top of their heads so as to be able to move more freely.

The performance of a lhamo is a spectacular event much appreciated by the public. Its execution generally lasts an entire day, from morning until sunset. Usually the operas are divided in three parts: the introduction (a purifying ceremony), the actual opera, followed by a closing ceremony. A lhamo is never divided into different acts. The various episodes of action are linked by a narrator who summarizes what has happened and what is about to happen. Every character expresses themselves with their own melody, and they are sometimes accompanied by the others. Music leads the events on the stage, while narrative song alternates with song in dialogue and instrumental music. Narrative song consists of a quick recitation of the plot in a peculiar intonation which alternates between a high- and low-pitched voice. The various songs in dialogue form are performed by the protagonists, and they are followed by a dance which begins and ends with the repetition of the fourth line of the verse. The melodies are enriched by means of characteristic variations called gyur-khug. The choir which follows the main characters' songs also play an important part. Composed of all the stage actors who don't have a main role, they remain on stage for the duration of the performance. Last but not least it's worth mentioning that in every Tibetan opera there's a comic character who doesn't have to follow the script. He may improvise his lines, and the public always listens very carefully to what he says, in the belief that his words are inspired by great wisdom.

The performances usually take place outdoors. There is a kind of altar in the centre of the stage with which the actors and members of the public pay homage to Thonthong Gyalpo, a revered Buddhist master considered to be the forefather of Tibetan theatre. The operas are referred to as "biographies", as they often consist of the narration of a personage's life and the events within it. The events which make up the heart of the tale are usually recited in first person form, while the other actors sing their parts in verses. The more intense parts are emphasised by a small, accompanying music group, usually composed of a drum (nga) and a pair of brass cymbals (rolmo).

The lyrics of the most famous ache-lhamo have only recently been transcribed. For centuries it had remained an oral tradition and their original authors are still unknown. A passion for theatre was widespread in Tibet before the Chinese invasion, and every town and village had its own theatre companies who would put on a great many shows. Some of these groups would go on tour and take their repertoire with them across Tibet's three great regions: U-Tsang, Amdo, and Kham. Each company had a kind of manager, who acted as the mainstay of the group. This person was considered to be the "soul" of the group in as much as he was the artistic manager, playwright, director as well as their spiritual leader. The manager also had the task of naming his successor. The actors in the main companies were professionals who dedicated their lives to the theatre and earned a living from it. However, for every three or four professional groups, there were other several dozens comprised of "local" actors, so to speak. These men were amateurs who all had other jobs and who would become actors on occasion of the various holidays in order to perform some of Tibet's most famous lhamos.

CARDIOLAB in McLeod Ganj

The last time I went to McLeod Ganj, was just a few months ago, in October 2007. It was an unusual visit, part of a very original "scientific-humanitarian" mission. I travelled there with a group of friends, all doctors from Rimini. We had organised a "Cardiolab", a kind of mobile clinic kitted out for cardiovascular tests, used to calculate the risks of heart-attacks or strokes among the Tibetan population. The idea came talking with Dt. Tsetan Sadutshang, Chief Medical Officer of Dharamsala's Delek Hospital and an old friend of mine. Chatting with him one day, I let him know that for five years Bayer had supported this prevention programme around Italy, and in that time had monitored more than thirty-thousand patients. "Why couldn't we do that in McLeod, too?" we discussed. "In the Tibetan comunity actually there is very limited epidemiological facts or statistics that can tell us how healthy our people are in that respect." And so began a lengthy procedure to set up this scientific expedition, ready to leave in mid-October. The need to monitor the risk of heart-attacks or strokes in Tibet was largely dictated by the lack of epidemiological statistics, as well as by the growing number of such incidents in various developing countries. Bayer agrees to support the initiative, and the project begins to take shape. The "historical" Rimini doctors are called upon. They've already run five Cardiolabs, and together they form a close-knit group ready to face the long journey and the screening of around 800 people: a wide and representative sampling of exiled Tibetan society. Our medics managed to communicate with this incredibly different culture with the extraordinary help of some of Delek Hospital's nurses. Personal stories mix with peculiar medical cases: the drama of they who show certificates testifying they've been tortured by the Chinese in Tibet, and the serenity of the person who, at more than ninety years of age, walks the "kora" (a circumambulation around the residence of the Dalai Lama) three times a day. A total of 6 kms. Cardiovascular prevention and peace of mind… It turned out to be an important, professional, human experience for all involved, and one which powerfully shaped the way they saw the world and their conceptions of solidarity. Many Tibetans came. They were curious, calm, respectful and deeply grateful, and they were as profoundly liked by the Cardiolab India team as they are anywhere else. Results showed that cholesterol levels were generally lower than ours, while glycaemia levels were basically higher. Their blood pressure is quite high, mainly due to McLeod's altitude of around 1.700 metres. The overall risk of heart-attacks or strokes is lower than ours.

Smoking is practically non-existent among the older generations and the monks, but it's starting to spread though the younger generations. The real meaning of prevention is obviously the monitoring of people under 40. We've asked ourselves what is the real meaning of such a modern and sophisticated analysis in a world where problems regarding even the most basic needs are yet to be resolved. But then we look at the pride, the professionalism, and the love with which Dr. Tsetan, Dawa Punkyi, the hospital's administrator, the nurses, and all those who contributed showed in helping to carry out this task. We see the passion and dignity of those who take care of their own community for the simple pleasure and satisfaction of doing some good. Those who honour the principle of compassion and altruism. In a way it was actually the whole Tibetan community in exile that persevered in the enormous task of protecting the essence of what had been corrupted, trampled on and destroyed in Tibet. Medicine, both the traditional and western kinds, handicrafts, the variously expressive forms of art, music, theatre, literature. Religion, partly in terms of its rituals, but mainly in terms of its principles and teachings. All this, together with the ability to live a "modern" life, with technology of all kinds, but without ever losing track of what it means to be Tibetan. I truly believe the whole world should be grateful to the Dalai Lama and this handful of refugees, without

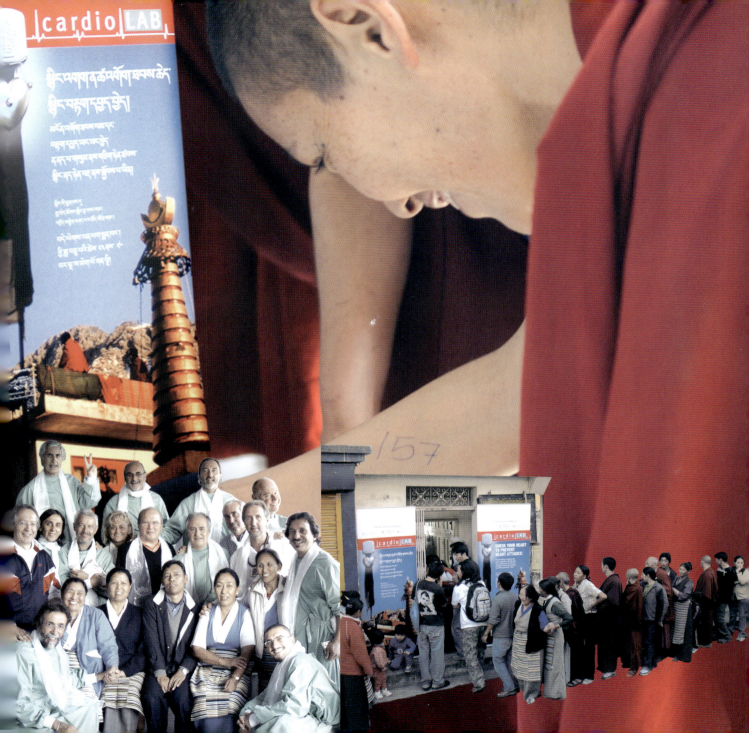

△ Mercanti nel Barkor di Lhasa
Traders in the Barkor of Lhasa

Tibet 1987-2004: Conquering the West

The date is June 21st 2008, and the Olympic torch has just passed through Lhasa. I'm currently in my home in Secchiano, the place where I was born, and where I write about Tibet, about the "Tibetan Shadows". I'm watching the news on TV, transfixed. They managed it! Lhasa is completely locked down. All the shops are closed. Only a few authorised, people participate in the ceremony in front of the Norbulingka and later at the Potala. An unprecedented deployment of troops controls every corner of the town. The Chinese freed 1130 prisoners yesterday. Only until very recently they had denied there had ever been a rounding up and arrests. Every move, every little detail has been minutely calculated. Just a few weeks ago, a new advert for the Lancia Delta came out. In it, a grey-haired and melancholic-looking Richard Gere sets off down a shining Hollywood road, and then walks down that famous sidewalk with the stars' handprints. He steps on his own, complete with autograph, only to find himself – after a few surreal bends in the road – on the eternal snows, with the Potala of Lhasa in the background. The look on his face is profound, but it's veiled with an indescribable nostalgia as he caresses the steering-wheel and rejoices in handling this sleek, black, vaguely retro vehicle. The Potala looms dark in the background, and is wrapped in storm-clouds. It's snowing. It's cold. After negotiating another bend, the light suddenly gets brighter, and a red tunic seems to flicker in the car windows. The actor's expression brightens and a little monk with an indescribably likeable face flashes an irresistible smile at him. His two front teeth are missing…

They both bow and press their hands – of clearly different dimensions – into the pure, white snow. They share a smile. "Delta: The Power of Difference!". Inevitably, the Chinese protested the use of a notoriously pro-Tibet actor, and a few days later, Fiat apologised to the Chinese government. Fiat is heavily present in China. Images appeared not so long ago on the internet of Iveco vans kitted out as mobile "death chambers". Death sentences were carried out in these vans by means of lethal injections. The outrage this caused was vast, but as is so often the case, people's emotions and moral outrage were largely forgotten with the passage of time. Only those who had experience with the "death chambers" seem to remember them now. Looking closely at the Delta newspaper advert with the Potala in the background, I notice four gigantic red drapes hanging down the walls of the commanding palace. On it are inscribed some Chinese ideograms. Enormous "tangka" once hung from that same wall. Religious paintings which the monasteries would once a year unfurl for a few intense, magical moments. The message of the advert is now clearer to me, and it's not just about a car. We are in Chinese territory!

They're very nervous in Beijing. Right now even more so, as they prepare to display themselves to the world during the Olympic Games. The logo, which looks like a little running man, is actually a stylized ideogram which means "capital". Capital of the world. Because, in case anyone missed it, China has every intention of once again becoming an empire halfway between Heaven and Earth. On Earth, with the entire western world or, in more generic terms, anywhere beyond China's borders, are the barbarian hordes. The Chinese

stand halfway between the barbarians and divinity, Heaven. Whether it was the Ming, the Ching dynasty, or Mao Tse Dong who conceived it, this idea is deeply rooted in the Chinese psyche. In order to have achieved this, China managed to set up a regime which brings together the worst two aspects of the modern world's political systems. Models which are historically opposed: Marxism and capitalism. On the one hand we have a totalitarian state; no civil freedoms, non-existent workers' unions, press and internet censure with the unforgivable complicity of Microsoft, Yahoo, Google and the like (who could some day become accomplices of other governments and in other ways against "inconvenient" websites or people…) A ruthlessly effective police state with full power and "re-education" camps, the notorious Laogai, containing thousands of dissidents subjected to inhumane treatment. On the other hand there's a level of worker exploitation that would shock even the denizens of Oliver Twist's England. And this in a state that calls itself communist!

The shapeless mass of immigrant workers (hundreds of millions of people mercilessly worked until the life has been squeezed out of them) are transferred to the industrial cities. Here, many – not all – western companies reap huge profits by cheaply producing at Chinese labour costs, and then selling their products at western prices. The magical 2-figure GNP that seemed so attractive to those who sought "new markets" has now boomeranged. Western companies are now shutting down because they cannot withstand the unfair competition. It would only take a minimal improvement of union rights and a little investment in the sector to blow away the magical GNP. And the Chinese are so nervous because on the eve of their great Olympic festival, something is starting to stink behind their shiny display window to the world. In the meantime, people are waking up to the idea that the slaughter in Darfur is being efficiently carried out with Chinese weapons bought by the Sudanese government in exchange for oil and other goods.
Then there's the case of Burma. Through the media, the whole world was able to see the river of red robes flooding the streets, and we were told about the dark cooperation between Beijing and the Yangoon Generals' squalid regime. This cooperation once again born of "energy" interests: quick, direct access to the Bay of Bengal in order to save their oil tankers and merchant ships having to go around the Malacca peninsula. China finances ports, oil pipelines, roads. And they protect the military junta. So first of all there's Sudan, then Burma, and lastly – back after 20 years – China's raw nerve: Tibet. Hardly a surprise, really. The Olympics are an opportunity for the media to sweep through the place and bear witness to all those who've been subjected to bullying, violence, and alienation by Beijing. Not only Tibet, but also Turkestan, Falung Dafa, Mongolia… Incredibly, on 10th March 2008, the Tibetans crowded the streets of Lhasa and they peacefully protested for freedom, human and religious rights. "Chinese out" they shout. "Long live the Dalai Lama"…

Just the thing to get on Beijing's nerves. Not just before the Olympics, you don't!
The reaction is immediate. Furious repression, shots fired at the protesters. It only takes a few hours for the

situation to deteriorate. First in Lhasa, and then in all of Tibet, the people find the courage and daring to face their occupiers, who are overwhelmingly more powerful in terms of men and weapons. It's a total mismatch. The Chinese give an ultimatum, more than anything in order to have time to take more men and armoured vehicles to Lhasa. Then, the repression begins, widespread and savage. It's like a larger scale answer to the insurrection of 10th March '59. It's a war of numbers and accusations. The Chinese accuse the Tibetans of having attacked shop-owners and burned their stores. This was partly true, but it was merely a consequence. What did they expect? What can one do when they see their home surrounded by foreign invaders' shops in which they speak a different language? A mass of arrogant bullies, making money by selling objects stolen from monasteries or Tibetan houses… Just in case anyone were under the impression the people of Tibet were an inert, stupid, somewhat bovine species, let me remind them that Tibetans are human beings! There are a few pictures – always the same ones – doing the rounds on the internet of beatings and attacks against the Chinese. A picture of a group of police officers carrying some red robes in their arms is released on the net, and Beijing is subsequently accused of organised provocation. The picture turns out to be a fake… Some people think the media are stirring up trouble. Then we see authentic images of Tibetans, killed or maimed by grenades, gunshots to the nape or chest. The pictures are shocking; the exiled Tibetan government denounces the killing or arrest of thousands. Beijing claims only around a dozen protesters are dead. The Dalai Lama disassociates himself in an almost serene manner from the violence, thus arousing much controversy and heated arguments, even within the Diaspora. He threatens to leave his post if the violence does not stop. He once again talks of his line of a non-independent Tibet, and even hints at the possibility of participating at the Olympics. Sarkozy and Merkel's vague boycott threats now seem somewhat hollow, and they have the good sense to go back on their word.

The controversy spreads, but the Tibetan people will never go against the Dalai Lama's word, whose Holiness is so popular around the world precisely due to his non-violent line and a willingness to "discuss matters". Even if we know that matters cannot be discussed with the Chinese.

The Tibetan population's discontent with their institutions' policies has deep roots. Essentially they began with the evident failure of the "Delegations". Since 2003 the only thing they've done is to pathetically take moral stances that are "very distant" from those of the Chinese government.

On the anniversary of the Lhasa insurrection of 10th March 1959, a group of Tibetans in exile set up the "Tibetan Uprising March": a completely new movement, wholly independent from the government line. This was an important step towards the new democracy that "governs" their world in exile since 2003. Inspired by Gandhi's Salt March to Dandi, Tibet's five most important non-governmental organizations make the decision to march on foot into the Roof of the World, to cross the border into their homeland, symbolically regaining possession of their lost nation. The people of Tibet are enthusiastic and willing to support the march, but the Tibetan Government in Exile's authorities and even the Dalai Lama himself

don't seem very impressed. They actually appear to take – officially, at least – a hostile stance. Inexplicably, the media doesn't seem interested in an event which has all the qualities of a heroic, highly symbolic and epic deed. This march is clearly inspired by the strong need for independence within every Tibetan's heart. It isn't, however, in line with the Institutions' policy, where they obstinately continue with the "Middle Way Approach", for reasons best known to themselves. The march across the border will surely have been a sign of encouragement for those Tibetans still in Tibet. A bit like in '87, when the masses of tourists led the Tibetans to believe that the whole western world was with them. Out of the 300 who had started out, the last 50 or so stragglers who hadn't been arrested or manhandled by the Indian police were stopped for good just a few miles from the Tibetan border. There were heart-rending scenes as the marchers were arrested and taken away in trucks and military buses. So now even Delhi has adapted to "realpolitik". India has submitted to the Chinese Communist Party's diktat, flying in the face of the widespread solidarity the Hindu people have with their Tibetan counterparts. China will not tolerate "outside interference in their internal affairs", but will happily interfere in the internal affairs of the rest of the world. Anyone who's been to Tibet in the last few years has witnessed first-hand how the omnipresent and ruthlessly efficient controlling machinery of the Chinese police leaves no space or hope for claims of autonomy or independence. Every street corner of Lhasa is covered by CCTV, and there are spies everywhere. The air of fear and paranoia is such that only an unspeakably great exasperation could ever move these people to rise up and openly dissent. To openly manifest and praise the Dalai Lama or freedom would result directly in the certainty of jail, torture, even death. At the time of the first delegations from exile in 1980, the Chinese discovered that thirty years of repression hadn't "normalized" the Land of Snow's people. Tibet hadn't much changed from that backward, archaic world the invaders found in 1950.

"Only" about 6000 temples and monasteries were destroyed, and more than a million Tibetans died as both a direct and indirect result of the invasion. Those who did not perish continued with their lives, melancholically working their sheep farms or making and selling handicrafts. The difference was that now they were under the dark, smothering shadow of the occupiers. The monasteries emptied and political commissaries went round checking the few towns and villages. The nomads were the last free Tibetans on the Roof of the World. Nowadays they live in squalid, concrete, urban settlements, forcibly deported there by the Chinese. With the new Denghist "get rich quick" line, waves of Chinese colonized Tibet, where they now outweigh Tibetans in numbers: 8 million Chinese, compared to 6 million Tibetans. Most of all they took over all the most important roles. The Chinese hold all the political and commercial power, while the Tibetans have only secondary, subordinate roles. In practical terms all this results in a very distressing fom of alienation. After I'd been to Tibet in 1987, I noticed many differences on my subsequent journey in 2004. There'd been an exaggerated growth in the number of shiny, futuristic new buildings, shopping malls, pubs, clubs, brothels, karaoke bars and everything the colonists could ever want. However, the only difference I noticed in the

Tibetans was the disproportionately greater number of beggars wandering the streets. Children, adults, the elderly. The emotions I felt on my two separate trips to Tibet were very different. I'd had my doubts, but I made up my mind to go there in 2004 only after my friend, Professor Elio Marini, had repeatedly insisted on it. We were to make a cast of the Christian bell left in Lhasa by Father Orazio Olivieri, a Capuchin missionary. Orazio, our fellow countryman and native of Pennabilli, had been the papal nuncio in Lhasa for more than thirty years, and will be remembered in western-Tibetan relations history as the first person to compile a Tibetan-Italian dictionary.

In virtue of this eventful episode of a meeting of cultures, adventure, religious fervour, and dialogue and understanding between different faiths, I managed, together with Elio, to bring His Holiness the Dalai Lama to the village of Pennabilli, in Montefeltro. According to other peoples' reports of what the Dalai Lama had said, they had been two of his most interesting and intense ventures abroad. He came for the first time in 1994, for the bicentenary of Orazio's birth. In 2005 he returned to the "roccione" in Penna, to inaugurate the bronze bell that had been copied during the eventful journey to Tibet the previous year.

In 1987 I'd actually entertained some optimism and hope that Tibet would open itself to a cautious period of reforms and autonomy. That year it really seemed like Tibet was being brought back to normal in some way. The first travellers who went there on package tours organized by the Chinese came back with reports of an apparently calm situation. It seemed as if China was finally offering Tibet some strange, masked form of autonomy, after the terrible, appalling years of the cultural revolution. It seemed as if the outline of a tourism project organized on the Roof of the World could give the Tibetan people some financial aid, as well as the chance to come into contact with the outside world.
Even the year before, China had begun issuing individual visas. The forbidden door was now open: the fabulous kingdom of the "Roof of the World" was now just a step away. We could go there without tour guides and hike across the plateaus without having to ask permission first. I could finally accomplish my dream: to see Lhasa, Gyantse, Shigatse, Samye, Sakya, or at least to see what was left of these great names. My years of reading about Tibet had turned them into mythical places belonging to a much-loved fairy-tale. Each name would evoke passages from various books. It would be impossible for me to arrive at Gyantse, "Sovereign Peak" if not in the company of Fosco Maraini, whose "Segreto Tibet" tells so efficiently and dramatically of his arrival in this legendary city. Whenever I read it, it's like I can actually hear his steps, I can see the lamas and street-acrobats, and I can see the flags flapping in the breeze. The tale has a rhythm of its own, almost musical, and by the time you reach the end of a chapter, it feels as if you've been singing rather than reading from that fundamental tome. And what about the appearance of the Himàlaya, then? I know of no writer who has bettered Maraini's description of the significance of seeing the Himàlaya for the first time. Not pale, or seen from far away, through the window of an airplane approaching Tribhuvan airport, in

Kathmandu. No! The Himàlaya should appear to you all of a sudden, when you've been walking for days, fatigued and suffering from the heat, at the bottom of a tropical gorge where you'd never have imagined you were but a sort distance from the Earth's third pole. Ferns, orchids, rhododendrons, and clouds that are heavy and swollen with rain. Suddenly, a breeze in the midst of this bursting green vitality. For just a moment, a gust of wind discloses a dark blue night sky, and a frightening figure looming over our heads: a dreamlike vision of a gigantic cathedral of ice, rock, and pure white snow.
That's how I saw the enormous Nilgiri for the first time, in the village of Tatopani in central Nepal. We were at an altitude of 1,000 metres. The peak of the Blue Mountain was 6,000 metres above us, but it felt more like 60,000. It was so surreally close, but at the same time it was so surreally far away. It stood, pure and uncontaminated with a trail of clouds that seemed to flow from the peak itself. The dwelling of the Gods… That's what it was. Having witnessed the spectacular sights that only this part of the world has to offer, one can understand how the sacredness of the mountain has reached such sublime levels across the Himalayas. Both elves and gods make their home in the Himalayan peaks and valleys. Great hermits dwell in the caves and the mountain passes are blessed with prayer flags: there is an aura of myth and the supernatural all across the Himàlaya. Now, however, we're at Zangmu, the squalid checkpoint between Nepal and occupied Tibet. Here, the Chinese have built a bridge over the river Sun Kosi, and they've taken the liberty of naming it "the Friendship Bridge". Referring to the friendship between China and Nepal. At the checkpoint we understand right away what the situation is. A Chinese officer begins to inspect our bags, prodding them with a bamboo stick. One side of the visa in my passport is slightly less visible, because of the way it was stamped at the Chinese embassy in Rome. He hands back everyone's passports except mine, which he puts to one side. He gets up and starts chatting with his military colleague. I politely request an explanation, and he answers "No good, I no English speak".

My protests fall on deaf ears. He's clearly ignoring me, and there's no dialogue between us. He doesn't understand – or doesn't want to understand – English, and there's no way I'm going to try and convince him with the little Tibetan I know. With all the self-control I can muster, and with a vaguely imploring tone, I somehow explain that we had all applied for our visas together, at that it's absurd to consider mine not valid. He looks at me contemptuously.

It's easy to lose your cool in the face of this kind of treatment, and it's just as easy to get in trouble. A sudden, violent downpour seems to distract our friend. He stares at me with even more contempt than before. He hands me my passport and with a nod of the head he tells me to be on my way. I take it and thank him. As is the case with all Chinese military personnel in Tibet, this officer has probably been sent to this strange, inhospitable place as punishment. In much the same as Italian police officers were once threatened with being posted to Sardinia.

TIBETAN SHADOWS

So really, his bad mood and his need to lash out against the "capitalist tourists" is perfectly understandable. That evening we slept in a damp, foul-smelling, wooden hovel. My sleeping-bag gives me the little comfort and rest it can offer. I don't make an issue of it, though. I simply wait excitedly to climb up there among the sunny plateaus and deserts, where, as Milarepa used to sing "a strange form of trade goes on: you can swap the vortex of life with endless bliss…" The welcoming we received, however, wasn't great.

We wake up early the next day. There are a few dozen Tibetans wearing tattered, black chupas outside our hovel. The second I come out they assail me, offering to carry my things. It pierces my heart. They know they can't all be chosen, so they all extend their arms to me, so that I may mark them with a biro. Something to identify them. A kind of signed agreement. They're all alike, and full of sorrow, but proud at the same time. I'm aware of the fact they are recruited by the Chinese on the plateaus, and forced out here to the borders where there is often need for "carriers". They surround me, impeding my exit. They whine incomprehensibly. "Mi Gu raghi rè": "I need nine men", I try to explain, and I see the imploring faces of those who have not been "marked". Until recently, these people had been the proud inhabitants of the Roof of the World. Brigands, monks, nomads, farmers "always ready to laugh, sing, to believe in a prodigy" as Fosco Maraini had noted. Now they're just poor wretches. The only remnant of their ancient, traditional outfit is the red ribbon they use to tie their braids, so similar to the tail of the Yak, and gives them the semblance of the noble ethnicity of the Po-pa, as Tibet's denizens are called. It's a most sorrowful spectacle. They won't let me come out of the doorway, and they keep pushing. Suddenly, a Chinese officer, who had been watching the scene, pulls out an electric cattle prod and begins randomly shocking the Tibetans. They disperse, howling in pain. Proud at the result of "a job well-done", the officer looks at me smugly. He has helped to "protect" Tibet's new visitors from the savage, feudal hordes who populate the plateau. I look him up and down with as much contempt as I can muster, and I go back into the hovel, in search of a bit more peace and quiet. A half-hour later we come out again, and we find those few, smiling, "marked" Tibetans. We half-heartedly agree on a price, and feeling rotten about it, we load our bags into their panniers. We have to cross the dangerous remains of a landslide which blocks our way out of Zhangmu. We'd already heard some unidentified, ominous rumbling sounds during the night. It had been a cross between a rattle of firearm shots and thunder. The whole thing had been preceded by whistles, which had sounded just like signals.

When we arrive at the landslide we realize precisely what we're up against. A sea of water, mud and rocks falls at irregular intervals over our heads, coming from an unknown source. There's some guy perched on a rock higher up. He can see where the landslide begins, and he whistles every time he sees it's safe to cross. We find ourselves on the main artery of traffic that connects Nepal with Tibet. Innumerable merchants and travellers put their lives in the hands – and whistle – of this single citizen on a rock, 50 feet above their heads. If you don't stop, you don't risk a fine, but you do risk being knocked down by a river of mud and rocks into

∧ La parete nord del monte Everest dalla piana di Tingri
The Everest north face from the Tingri plateau
> Esposizione annuale a Ganden della grande tanka raffigurante Buddha Sakyamuni 1987
Annual exhibition in Ganden of the great tanka portraying Buddha Sakyamuni 1987

Our chain-smoking driver starts the engine, and begins the tortuous never-ending climb towards the Roof of the World. All thought begins to leave our heads, and with the change in altitude comes a dulling of the senses. The brain feels like it's soaked in oil. We begin to feel an indescribable sense of weakness. We look at the altimeter: 3,800 metres, then 4,500, and then, just as we begin to leave behind the long gorge we'd been climbing, it says we're at 5,200 metres. On all sides there's a stormy sea of shining peaks. Above us we see the Shisa Pangma (8013m), and further over that way there's the Cho Oyu (8153). Other peaks whose names are unknown to us seem to pierce upwards through an ochre, yellow and grey carpet. There are no words to describe this landscape. It seems like we're on another planet. It feels like we're witnessing all of creation, like we're hearing the continents breathing. I feel as if I'm going crazy as I continue to observe and mentally note all the peaks I recognize. In the far distance, just over the top of a 5,000-metre-high pass I make out an immense mass of rock: surely one of the 8,000 metre peaks. Using the detailed Himalayan range-finder in my head, I try to work out which one it is. It can't be either the Makalu or the Manaslu, they're too near Mt. Everest, which I can clearly see nearby. No. That enormous mass looming in the background over all the other mountains could only be Kangchendzonga, the world's third highest peak. Looking at a real map,

Just a few kilometres later the road regains a decent shape. There's a shabby-looking bus at the side of the road, almost as if it had been waiting for us. The bus goes to Lhasa, and has forty seats. There are only eight of us, and without hesitation we buy all forty tickets in the desperate need to leave this nightmare behind as soon as possible.

The daring ones are the first to cross. There's a really critical part where you have to jump between two large rocks that aren't actually all that near to each other. The river of mud and debris roars and flows at a frightening speed below us. Falling down here would mean bouncing off the rocks all the way down a seemingly bottomless pit. Zhangmu, Khasa in Tibetan, is perched on the steep side of a mountain rising vertically above the Sun Kosi river, the "river of milk" as it's clumsily been called. I say clumsy because it's actually a powerful torrent with a discharge similar to that of the Po, roaring away 1,600 feet below us. My heart wants to leap out of my chest during the "flight" across the rocks, but then after a moment we're safely across.

a precipice about 160 feet below. Voices of opposition to the crossing pipe up immediately. "I'm calling a helicopter and going back to Kathmandu!" one of them says. "If you want to go ahead, I'll wait for you here," says another. "I'd rather wait a month for you to come back than cross it," concludes a third voice. All of this goes on while our carriers, fully loaded with our bags, wait for the whistle, and easily cross the landslide. After a good hour or so of filming people playing this incredible version of Russian roulette, we finally pluck up the courage and launch ourselves across the real border separating Nepal from Tibet: the Zanghmu landslide.

here. As the bus wedges itself into another ravine and we begin to "descend" – if you can call it that – I can't take my eyes away from that apparition. The mountains disappear after a few miles, and they are swallowed up by the yellow and reddish sea that is the high-altitude desert. "It can't be Kangchen…" I say again to myself. "It's as if I could see a mountain in Bolzano all the way from Rimini! It can't be…". However, it really was Kangchendzonga, the Five Treasures of the Great Snows, with its twenty-thousand feet-high satellites. The bus speeds along the soft track of beaten earth. We're currently at a height of just over fifteen-thousand feet. My head feels like it's about to burst. All of a sudden, a familiar outline appears on the horizon. A gargantuan pyramid of ice, rising majestically for over two and a half miles above the background of boundless plains. There she is, Mount Everest: "Chomo Longma", as the Tibetans call it, the God Mother of the Earth. It's about 60 miles away as the crow flies from our lookout post, but the air is so clear, I feel I could simply reach out and touch it.

The dulling effect on the senses of the extreme altitude combine with the apocalyptic vision of the world's tallest mountain range on a fortunately radiant August day, all of which leaves an indelible impression on my mind of a journey beyond time and space.

When one stops to admire these endless landscapes, it becomes easy to understand how the people of these mountains could have elaborated and practised Tibetan Vajrayana Buddhism: the doctrine by which the perception of vacuity, or "Tong pa ji", as it is called here, forms the fundamental basis of religious thought. All is empty; nothing exists except within our troubled and chaotic minds.

Our bus stops in a small town square at Lhatse, where there also appears to be a place to get something to eat. The bus driver – who had not once stopped smoking during the entire journey – somehow manages to explain that he needs to refuel, and so we finally have the chance to stretch our legs a little.

I'm actually so tired that I can't even manage to get up from my seat near the door, the place where I've basically thrown myself like a corpse. Aldo doesn't seem to want to get up either. The deafening roar of the engine is gone, and this factor combines with the rarefied air to push me deep into an abyss of heavy sleep. I must have slept that way for only a few minutes, when I feel someone timidly touching my hand. I open my eyes with a start, and a see an elderly lady with a wrinkled, leathery, weather-beaten face. She greets me with a hand on her head, and sweetly mumbles "Dalai lama par? Dalai Lama par chik, ronang?". "Do you have an image of the Dalai Lama, please?". My rucksack contains about two or three-hundred pictures of His Holiness Tenzing Gyatso, XIV, the Dalai Lama of Tibet, since 1959 in exile in India. I have quite a stash of them. I had heard they were very much appreciated here. Swaying slightly, I get up to get a couple; there are two old ladies. Smiling, I pass them over with a reverential gesture. The women take the pictures wordlessly. They gently hold them against their heads, murmuring mantras, and with infinite sadness in their eyes, they look at the image of the Dalai Lama: he is the earthly incarnation of Bodhisattva Avalokiteshvara, the

Lhatse 2004

I feel as if I've already seen this place. It's the crossroads formed where the road from Nepal joins the carriage road that takes you from Lhasa to Kailash. Yes… this is the place… the resting place is the same, but there's been a sharp increase in the number of squalid, faceless buildings along the main road to Lhatse. Zhangmu is ten times more built-up than it once was, and it's more of a mess, more colonial than ever. There, I climb aboard an ancient Toyota Land Cruiser, and I travel down the same road (much less devastated now) I travelled 18 years ago, when Tibet had only just been opened to outsiders. Now I'm entering the Tibet in the middle of the Chinese economic boom. A Tibet of sumptuous, luxurious investments. A Tibet with the highest railway in the world.

Outside the Chinese restaurant, there are several enormous brand new Toyota SUVs. A few Chinese tourists emerge wearing yankee-style caps, fancy clothes, and with digital cameras and camcorders. They laugh coarsely. They look rich, happy. They're young. Two Tibetans scruffily dressed in vaguely traditional outfits begin to sing and perform a few rough dance steps. This display is accompanied musically by a rudimentary lute. They look awkward. I'm not entirely sure why, but a very clear memory comes to me: that of a Turk and his dancing bear who asked me for money near Topkapi Saray in Istanbul. That was thirty-five years ago… Frozen, I watch this scene unfold. The Chinese start to take pictures and videos of the performers. Their eyes are dimmed by a veil of endless sorrow, and it pierces your heart to see them. They continue to dance and whirl. One of them persistently looks at me. One of the Chinese women hands them some spare change and then stands between the two and turns to her companions, so that they may take a picture of her with her "exotic" dancers, a keepsake to take home. She then climbs into one of the powerful off-roads with tinted glass, and they all speed off in a cloud of dust. Nowadays, internal Chinese tourism heavily outweighs the foreign kind. The frontier territories are seen as the borders of an empire by the new rich citizens of recent

Chinese economic growth. Here, they can experience the emotions of the new kind of "adventure tourism" taking hold amongst the middle classes of Shanghai, Peking, Canton, Chengdu… A lot of companies are now offering their employees incentive trips to Lhasa, or Kashgar, in Chinese Turkestan.

The queue at the entrance to Tashilumpo monastery is neat and orderly. There a four of us and two French travellers. The rest are all Chinese. Hundreds of them. They look Japanese, actually. Their mobile phones are out on display as they take pictures of one another. As was the case in Lhasa, the clothing seems very modern. Some women wear atrocious clothes, improbably silly hats with veils and flowers. The entire mass of the monastery is not wholly visible. It's divided into various buildings, temples, and lodgings for the monks. In the "golden days" it hosted about six-thousand monks. However, it was mostly known as being the seat of the Panchen Lama, the second highest authority in Tibet after the Dalai Lama. The Panchen – now present in his 11th reincarnation – was originally an official religious authority. During the time of occupation, however, the Chinese tried to manipulate him in order to create a public figure who would in some way contrast with the Dalai Lama, who had fled in exile. Essentially they wanted a puppet. The Panchen – younger than the Dalai Lama by a few years – was coaxed, threatened, and imprisoned. He was forced to take a Chinese bride. During his years of segregation he was repeatedly subjected to brainwashing and torture. Once he appeared to have been "tamed", the Chinese freed him and sent him on tour in Tibet as a spokesperson for his new owners. At the beginning, the Panchen behaved like a robot, preaching exactly what Beijing expected of him. The reforms, the two peoples and the same homeland, the Communist party, acting as a guiding light for the glorious Tibetan race, one of the "54 minorities" that made up the great Chinese motherland. Then all of a sudden, the Panchen began to wander away from his "pre-ordained" path. With ever-increasing vehemence he began to denounce the appalling consequences of the Chinese occupation in Tibet. During the inaugural ceremony of a stupa in Shigatse in 1989, he stated in no uncertain terms that the Tibetans had paid morally, and in terms of lost lives, culture, and freedom, were far higher than anything they had ever been given back by the Chinese. He died a few days later. Allegedly it was a heart attack. He was buried at the Tashilumpo monastery, and was immediately defined both a hero of the Communist revolution by Beijing, and a here of the resistance by Tibetans in exile.

In 1994, just a few years later, a band of Tashilumpo monks began secretly searching for the latest incarnation of the Panchen amongst the districts of Tibet. The formula was set in stone. They looked for esotericism, oracles, visions, dreams. One child in particular, one Gedun Choekyi Nyma, seemed to fit the bill perfectly. The Dalai Lama received a detailed report on the child, and in what was probably a highly imprudent decision, he publicly declared the official identification of the child as the 12th Panchen Lama. No sooner had the news spread amongst the people of Tibet, than Gedun Choekyi Nyma disappeared together with his family at the hands of the Chinese authorities. 15 years have now passed and still nothing is known of their whereabouts, while Amnesty International have declared him to be the world's youngest political prisoner.

The Chinese refuse to give any information except to say that he does not wish to be disturbed. That he lives a quiet life with his family and his studies. A new child has since taken his place, a young boy, actually. Jang Zemin himself, a self-declared expert on the once abhorred practice of the nomination of the "Tulku", or the new reincarnation, has identified this boy as the new Panchen. His image may be found on the Tashillumpo altars, and the monk who light the butter lamps warn me not to take pictures. Today there are 600 soldiers inside the monastery. Beijing's puppet Panchen is due to arrive, and a suitable welcome is organized, grand enough to match the old fascist parades. Absentees will be marked down. An important-looking monk approaches and asks me where I come from. A game begins. It's a test of my knowledge on the deities that adorn the altars. I do quite well, actually, and, feeling pleased with myself, I try out my broken Tibetan language skills: "I'm an old friend of the Tibetan people..." The lama looks at me and with an ironic grin he replies: "Nga Po-pa trogpo ma re…" "I'm not a friend of the Tibetan people…" I get it. He's a collaborator for the Chinese… They're quite rare, but within the monastery there are those who've switched allegiance. They carefully check and make sure that no religious practice ever crosses over into political activity. They're spies and servants of their new owners. And of course, to them, Tashillumpo bears watching very closely indeed. It's worth mentioning at this point that the relationship between the different schools, sects, and lines of descent in Tibet were far from perfect, even before the Chinese invasion. Many outsiders seemed to think of Tibet as a kind of Paradise on Earth, where everyone just pottered about, spinning their prayer wheels. They didn't consider the internal feuds, power struggles, and political intrigue that formed a part of everyday life, just as in all other countries. This all played into Beijing's hands, as they sought to portray Tibet as a culturally backward, class-conscious, feudal country, in which absolute power belonged to the clergy and the aristocracy. This was certainly true in some respects, but personally it's of no interest to me. Especially if it's used to justify a system of enforced slavery, much worse than the Tibetans' original situation, in the name of "liberation" and "reforms". Needless to say, if the Tibetan people were truly happy with their so-called liberation and reforms, they certainly wouldn't have committed the desperate attempt to rise up against their rulers in 2008, an act resulting in yet another round of arrests, torture, and brutal repression.

I come across a group of nomads in Tashillumpo. They're here on a pilgrimage. I watch them closely because they seem to be oblivious to the other tourists. Rapt, they prostrate themselves at the temple entrance, bowing to the Dharmapala, the guardians of the four cardinal points who watch over the entrances to the Gon Khang, the Zukla Khang, and the various kinds of temples within the monastery. A gigantic statue of the future Buddha, Maytreya – Chamba, in Tibetan – towers in one of the many temples.

There's a sparkle and shine of votive butter lamps all around me. Their smell, together with that of the juniper incense and other resinous plants, masterfully defined for me that typical, pleasant aroma. That which Marani referred to in his typically likeable manner as "fetor tibeticus".

The nomads move round the massive statue as part of some ritual. They light candles and whisper mantras with their eyes half-closed. They are enchanted by the power of the Buddha. Although I do not understand what they are saying, I perceive a sense of lament, and almost tears from their invocations. I only understand the deep sorrow emanating from their sun-burnt faces and their worn, yet still peculiarly dignified clothes. A sorrow that seeps through from the entire Nomad culture, a people living on borrowed time simply because the world has moved on and they refused to change their ways and move on with it.

This is but one of the many episodes I have witnessed of the suffering in Tibet, and to me it's a lesson worth much more than all the theories in circulation about social development, and regime pamphlets. All this, the asphalt, the concrete, the glass, lights, petrol, music, sex for sale, all this is worthless. It means nothing if deep within your soul, you can't carry the enormous weight of what's been taken from you. And whether Vattimo or all those others nostalgic for the "great helmsman" like it or not, the Tibetans were perfectly happy with the world they had before. In conclusion, I think it's safe to say that whatever happens, and however the Olympic Games may fare this year, the Tibetans have never and will never bow to the splendours of the new China. They'll never bow to the wonders of unbridled consumerism, or to the delights of the loss of one's own identity. And I truly believe that the overwhelming majority of them will remain "real" Tibetans to their very last, and that the bond that holds them to their moral values and way of life shall never be broken. Maybe if we took a moment to stop and reflect on what's currently happening in the Land of Snows we could glean an important lesson from it.

On Travel in Tibet

Given that currently the only way to visit Tibet is in the context of a trip set up by one of the travel agencies linked with the official Chinese organization Luxingshe, I believe it would be useful to include some of my own tips and ideas.

A journey to the Roof of the World is rendered an unforgettable experience largely due to the sheer beauty of the landscapes. It's worth remembering, however, that Tibet is a country under Chinese occupation since the beginning of the 1950's, and the political situation is very tense. Especially now after the riots during the spring and summer 2008. A large part of the country's artistic and cultural heritage has been destroyed, and the few temples and monasteries left standing have frequently been subjected to some rather quick and rough restoration work (Samye, for example). Many of the religious holidays – with the exception of Mon-lam, which takes place in February-March – have been bunched together during the summer season in order to take fuller advantage of the greater tourist flow in the zone.

Ladakh is much the same in this sense. Winter temperatures are relatively bearable in the Lhasa area, so if we can brave a bit of cold weather, we can see the country in a whole new light. A little less like the exotic amusement park that the Chinese would have us see. Such seems to be their project for the development of tourism in Tibet. Once the flow of tourists begins to dissipate, a country with problems and situations anchored in reality appears before us. As well as seeing Lhasa, Shigatse, and Gyantse – the main cities of central Tibet, Samye is also well worth a visit. This monastery lies in a splendid valley, on the banks of the Yarlung Tsangpo, and was the first monastery founded in Tibet by Padmasambava in the 8th century. The ruins of the monastery complex of Sakya, not far from the Nepalese border, are also very interesting. The western part of the country is spectacularly beautiful, especially the area around Mount Kailash, one of Asia's sacred places. It is here that the Wesak holiday takes place, usually in May: Thousands of Buddhist and Hindu pilgrims arrive to walk around the mountain considered to be both the home of Shiva and a symbol representing the inner universe. It's a particularly arduous journey, which requires not only an entire month to complete, but also a great spirit of adaptability. The Nepalese authorities have recently opened some of the "forbidden" borders, such as that at Purang, near lake Manasarovar. These journeys give us the chance to experience - for yet a little while - the charm and allure of the first romantic forays into the Roof of the World. Those made by the great explorers at the beginning of the century: Alexandra David Neel, Giuseppe Tucci, Fosco Maraini, Anagarika Govinda, Marcos Pallis, etc.

Kham, in the oriental part of the country, couldn't be more different from western Tibet. Colours change drastically. From the ochre shades, yellows, and greys of the desert-like territory of Kailash, we move on to velvety green grasslands which grow due to the elevated amounts of yearly precipitation. The south-eastern region of Amdo also sees much more rainfall, and it's home to a thick jungle of bamboo, the giant panda's natural habitat. Unfortunately, this area has also been largely devastated by mass deforestation on a par with that of the Amazon rainforest. The eastern region of Golok, near the Amnya Machén massif, is also worth a look together with the great monasteries of Kum Bum, Labrang, and Taher.

It's also possible to organize a trip to Tibet directly from neighbouring Kathmandu. The streets of the Nepalese capital city are plastered with adverts offering all kinds of trips and experiences at prices that vary greatly from one poster to the next. It's quite easy to get tangled up and confused in this myriad of choices. The safest bet is to go with experienced, trustworthy travel agencies.

Please bear in mind that, as I've already mentioned, the unstable political situation can lead from one day to the next to changes in the rules and regulations of the country. It's always best to keep up-to-date with the latest news and events before you are due to travel. In this moment for example (sept 2008) Tibet is still completely closed to foreign visitors. I still believe, however, that people seeking close contact with the real Tibetan culture should first of all pay a visit to Tibet's surrounding areas.

Ladakh, Zanskar, Spiti, Mustang, Dolpo, Sikkim, and Bhutan still retain a precious degree of authenticity, due to their geographical placing at the frontiers. These areas may be particularly useful for those who study and deal with the issue of Tibetan refugee camps in the Himachal Pradesh and the Karnataka in India. It is my opinion that these travel itineraries represent the best and most authentic way to experience the society, faiths, and traditions belonging to this extraordinary "Planet Tibet".

il Gyatso La in Tibet la foto è del 2004. Oggi, 2008, anche le piccole scritte in tibetano sulla parte alta del cartello sono state eliminate. Cantiere della nuova ferrovia Golmud-Lhasa. La più alta del mondo. Secondo i programmi di Pechino dovrà trasferire 40 milioni di cinesi in Tibet nei prossimi anni

Gyatso La pass in Tibet. This shot has been taken on 2004. Today, 2008, even the small tibetan script on the top has been removed. Only chinese ideogram remains. Work in progress on the Golmud-Lhasa railway. The highest in the world. By the plans of Beijing it will transfer more than 40 millions of chinese ban in the next years.

Fosco Maraini con un monaco a Gyantse nel 1937. La fotografia è un dono del professor Maraini all'autore.
Fosco Maraini with a young monk in Gyantse, 1937. This picture has been presented by Maraini to the author.

Homage to Fosco Maraini

'I'd like to include a few thoughts on my relationship with Professor Fosco Maraini. It was my good fortune and honour to meet the professor on my return from a trip to Zangskar in 1981. Through the friend of a friend of one of his friends, I let him know I would contact him. In the end I simply looked him up in the Florence phone book: Maraini Fosco, Via Magalotti 6. Could it be him...? Without his title of professor...? I guess the only way to be sure was to try it. I dialled the number. He answered my call personally. I told him I was a fervent admirer and reader of his works, and that I would love to meet him for a chat and to talk to him about my trip in far away Zangskar. We arranged to meet. I felt somewhat overawed as I arrived at the doorstep of his Florentine home at the very top of the Poggio Imperiale. It was one of the most beautiful houses I'd ever seen. Not in terms of size or sheer magnificence, but more in the sense of the overwhelming abundance of objects and stimuli through which Maraini sought to evoke not only his beloved Orient, but also his internationally Tuscan identity. Books, books, books, Tibetan tankas, Japanese katanas, sculptures made by his father, Antonio, lemon-houses, verandas with yet more books, books, books. One of the things of which I'm most proud in my life as a traveller is the esteem with which he began to regard me, and the friendship that began from that moment on. I presume he grew attached to me at the beginning because of the way I would quote his books off by heart. He would laugh under those big glasses of his and his sharp features. With the passage of time his face had somehow become almost Oriental.

Maraini did actually have a "Japanese" posture as well as eyes. When I think of the days spent in his enormous library, sitting in front of a fireplace so large I could have easily stood inside it, I am affected by a deep nostalgia, and a yearning of a privilege never fully realized. His wife Mieko would bring us green tea with Japanese fruit sweets and cakes. Fosco would sit in the armchair next to the fireplace and he would show me all the black-and-white prints he hadn't used in "Segreto Tibet", his most famous best-seller. It had been translated into sixteen different languages, and was also a tome of reference for the Dalai Lama himself. His travel literature was - in my opinion – pure written perfection, so I didn't really feel I could begin any kind of discussion of a literary nature with him. Instead, I loved to discuss photography with Fosco, a passionate subject for him. He seemed pleased when I would try out comments or dissertations on his formidable shots. I can say without a shadow of a doubt that it was one of his famous pictures that forever bonded me with the Tibetan world.

It was a picture of Gyantsé, taken from high up on its fortress, and it was love at first sight. This was back in 1972, at the Gambalunga Library in Rimini. I was perusing "Segreto Tibet", which was then the only book available on the subject, along with "Indo-Tibetica" by Tucci. I'm sure I felt in that way I described the moment more than once during my time spent with Maraini. I kept on doing it every time I came across one of his important friends: De Donato, his first editor, Betto Pinelli, Tiziano Terzani, a number of American and Japanese journalists…. I still remember that day clearly…. This edition was published in the 1950's. It's old and frayed. It contains a lot of images; back then they were new, exciting images, mainly because of the lack of available material on the Roof of the World. The picture of Gyantsè is slightly overexposed, and it's nothing special, technically speaking. It's a nice, well-framed shot, but under the surface the subject conceals a vaguely "esoteric" quality. There's something in the blinding whiteness of the houses and monasteries, those walls that "galloped across the mountain ridge like the Great Wall of China…." Something in those golden concentric circles that tower over the surreal chorten of Kum Bum. In all these things there's an urgent, pressing call to the supernatural world, beyond the deep black sky where a blinding light shines through nonetheless. Gyantsè looks like a city of the future, set on some inhospitable planet. Barren and deserted. But from up here, its people…. well, they hint at a higher knowledge. Their civilization seems to be focused on the soul and the spirit…. We're in the 1930's and there aren't any vehicles, electricity pylons, power cables. It's an important place, that much is clear, but it's outside of space and time. There are only boldly jutting rocks, grey and white walls, disquieting windows with black frames, and on the roofs, golden metals that launch beams of light up towards the infinite sky, or if you like, into the very depths of our soul.

Fosco Maraini told the story of Tibet in a way no one had ever done before, during his journeys in Tibet as a member of the Tucci expeditions in 1937 and 1948. He did it as both photographer, and as author in his book Segreto Tibet, a work which never fails to provoke in the reader a lifelong feeling of love for the unlucky Land of Snows. Fosco Maraini's photographs, strictly in black-and-white when Tibet is the subject, tell the real story of "Lost Tibet". They tell it in the relentless documentation of the works and masterpieces destroyed – in every sense of the word – by the cultural revolution. But most of all, these pictures tell a story through the eyes, the airs and postures of its extraordinary inhabitants. "A happy, cheerfully loud people, always ready to laugh and joke, and to believe in a prodigy". Some of these portraits wound the soul deeply… the image of little Trommò Tulka, for example, a sacred reincarnation, with a thoughtful look, somewhere in limbo between his divine nature and a lost childhood…. the filthy "canaro", a nomad in tattered clothing but proudly smiling and wearing his flashy and "aristocratic" Turkish earring. The sweet and unreachable princess Pema Chöky on the snows of the Natu-La mountain pass. She seems to be taking one last look down at a Tibet on the eve of the dark tragedy that was the Chinese invasion. These are just a few examples.

Using everyday people as his subjects, Fosco was able to leave behind his shyness as a photographer. With his images of Tibet's monks and other prelates, on the other hand, Maraini hints at his ability to use that unspoken but undeniable vanity that comes with any position of spiritual or temporal power. This "quality" is evident in the haughty looks, or in the unctuous hand movements of the Geshe (theological doctor), or in the magnificence of the brocades belonging to Ngawang Lodro, one of the inaccessible sakya high clergymen. Thus Fosco Maraini's "Lost Tibet". It's a book I've cherished and loved not because of some childish affection for the exotic, for something beyond space and time, but for its story. A first-hand account of a strange and magical world where, somewhat incredibly, the people had managed to keep focused for centuries on one religious element: Buddhism, the common denominator and cornerstone of Tibetan civilization. Fosco shows us the real Tibet in the touching humanity of his photographs. It's not the arrogant, superficial version of an academic, and it isn't the cobbled together, rushed version of so-called "travellers" who write about other people's experiences rather than their own. It isn't filled with absurd ideas and clichés. It's the Real Tibet. The people's Tibet, their thoughts, their spirit and their religion. It's also, however, the Tibet of the privileged and the cunning, and a Tibet whose austere existence and good values create a real joie de vivre. These values still have the power to astonish us within our western world. A world that seems to have everything except for inner tranquillity. It is to Maraini's words and pictures that I owe the path my life has taken. My destiny. My only regret is that I can no longer thank him and present him with these "Tibetan Shadows".

Bibliografia

Libri del Dalai Lama

DALAI LAMA - *My Land And My People*, McGraw - Hill, New York 1962, nuova edizione Potala Corporation, New York 1983 (ed. italiana, *La Mia Terra E La Mia Gente*, Sperling & Kupfer, Milano 1998).

DALAI LAMA - *Freedom In Exile* - Great Britain 1990 (ed. italiana, *La Libertà Nell'esilio*, Frassinelli, Milano 1990).

DALAI LAMA - *The World Of Tibetan Buddhism* - Wisdom Publications, Boston 1995 (ed. italiana, *La Via del Buddhismo tibetano*, Arnoldo Mondadori Editore, Milano 1996).

DALAI LAMA - *Kindness, Clarity, And Insight* - Snow Lion Publications, New York 1984 (ed. italiana, *Benevolenza, Chiarezza E Introspezione*, Ubaldini editore, Roma 1985).

DALAI LAMA - *The Opening Of The Wisdom Eye* - The Theosophical Publishing House, Wheaton, Ill. 1972 (ed. italiana, *L' Apertura Dell'occhio Della Saggezza*, Ubaldini Editore, Roma 1982).

DALAI LAMA - *The Way To Freedom*, The Library of Tibet, Usa 1994 (ed. italiana, *La Via Della Liberazione*, Nuova Pratiche Editrice, Milano 1996).

DALAI LAMA - *The Kalachakra Tantra*, edited & introduced by J. Hopkins, Wisdom Publications, London 1985.DALAI LAMA ET AL. - *MindScience, An East-West Dialogue*, Wisdom Publications, Boston 1991 (ed. italiana, *La Scienza Della Mente: Un Dialogo Oriente-occidente*, Chiara Luce Edizioni, Pomaia 1993).

DALAI LAMA - *The Good Heart*, Wisdom Publications, Boston 1996 (ed. italiana, *Incontro Con Gesù*, Arnoldo Mondadori Editore, Milano 1997).

DALAI LAMA - *The Global Community And The Need For Universal Responsability*, Library of Tibetan Works & Archives, Dharamsala 1992 (ed. italiana, *La Comunità Mondiale e La Necessità Di Una Responsabilità Universale*, Chiara Luce Edizioni, Pomaia 1992).

DALAI LAMA - *Samsara, La Vie, La Mort, La Renaissance*, Les éditions du Préaux Clercs, Paris 1996 (ed. italiana, *Samsara, La Vita, La Morte, La Rinascita*, Mondadori Editore, Milano 1997).

DALAI LAMA - *Cultivating A Daily Meditation*, Library of Tibetan Works & Archives, Dharamsala 1991.

DALAI LAMA - *Collected Statements, Interviews & Articles*, DIIR Publications, Dharamsala 1986.

DALAI LAMA - *Speeches, Statements, Articles, Interviews 1987-1995*, DIIR Publications, Dharamsala 1995.

DALAI LAMA - *On The Environment, Collected Statements*, DIIR Publications, Dharamsala 1995.

DALAI LAMA, *Saggezza Antica E Mondo Moderno, etiche per il Nuovo Millennio*. Sperling & Kupfer, 1999

LEVENSON CLAUDE B. - *Le Seigneur Du Lotus Blanc: Le Dalai Lama, Lieu commun*, Paris 1987.

LEVENSON CLAUDE B. - *Ainsi Parle Le Dalai Lama*, Balland, Paris 1990.

VERNI PIERO - *Intervista Con S.s. Il XIV Dalai Lama*, Fiore d'Oro Edizioni, Milano 1981.

DALAI LAMA - *La Visione Interiore, A Cura Di Piero Verni*, red edizioni, Como 1997.

DALAI LAMA - *The Bodhgaya Interviews*, Edited By *José Ignacio Cabezon*, Snow Lion Publications, New York 1988. AVEDON JOH - *An Interview With The Dalai Lama*, Littlebird Pubblications, New York 1980 (ed. italiana, *Il Dalai Lama ci Parla*, Chiara Luce Edizioni, Pomaia 1986).

VERNI PIERO - *Dalai Lama, Biografia Autorizzata, Nuova Edizione Aggiornata*, Jaca Book, Milano 1998.

Libri sul Tibet, la civiltà tibetana e la situazione politica

CARLO BULDRINI - *Lontano Dal Tibet - Storie da una nazione in esilio*, Lindau, 2006.

ANAGARIKA GOVINDA - *The Way Of The White Clouds*, Rider & Company, London 1966 (ed. italiana, *La Via Delle Nuvole Bianche*, Ubaldini Editore, Roma 1981).

ATTISANI ANTONIO - *Fiabe Teatrali Del Tibet*, Titivillus edizioni, Firenze 1996.

AVEDON JOHN F. - *In Exile From The Land Of Snow*, Vintage Books, New York, 1986 (ed. italiana, *Il Dalai Lama*, Dall'Oglio editore, Milano1989).

BELL CHARLES - *Portrait Of A Dalai Lama*, Wisdom Publications, London 1987.

BELL CHARLES - *The People Of Tibet*, Oxford At The Clarendon Press, Oxford 1928.

BELL CHARLES - *The Religion Of Tibet*, Oxford University Press, London 1968.

DOWMAN KEITH - *The Power Places Of Central Tibet*, Routledge & Kegan Paul, London 1988.

GOLD PETER - *Altar Of The Earth*, Snow Lion Publications, Ithaca 1987.

GOLDSTEIN MELVYN C. & BEALL CYNTHIA M. - *Nomads of Western Tibet*, Serindia Publications, London 1989.

GOLDSTEIN MELVYN C. - *A History Of Modern Tibet, 1913-1951*, University of California Press, Berkeley 1989.

JOHNSON SANDY - *The Book Of Tibetan Elders*, Riverhead Books, New York 1996 (ed. italiana, *Il Libro Tibetano Dei Saggi*, Armenia, Milano 1997).

LAUF DETLEF INGO - *Tibetan Sacred Art*, Shambala, Berkley & London, 1976.

LEVENSON CLAUDE B. - *La Chine Enrahit Le Tibet*, Editions Complexe, Bruxelles 1995 (ed. italiana, *Tibet, Storia Di Una Tragedia*, Edizioni Lavoro, Roma 1997).

LO BUE ERBERTO - *Vita E Canti Del VI Dalai Lama*, Libreria L'angolo Manzoni Editrice, Torino 1993.

MARAINI FOSCO - *Segreto Tibet*, Corbaccio editore, Milano 1998.

NORBU JAMYANG - *Warriors Of Tibet*, Wisdom Publications, London 1986.

NORBU NAMKAI - "*The Necklace Of Gzi*, Information Office of H.H. the Dalai Lama, Dharamsala 1981.

NORBU NAMKAI - *Viaggio Nella Cultura Dei Nomadi Tibetani*, Shang-Shing Edizioni, Arcidosso 1990.

OLSCHAK B.C.- GANSSER A. - GRUSCHKE A. - *La Regione Del Himalaya*, Touring Club Italiano, Milano 1991.

PALDEN GYATSO (WITH TSERING SHAKYA) - *Fire Under The Snow*, The Harvill Press, London 1997 (ed. italiana, *Tibet, Il Fuoco Sotto La Neve*, Sperling & Kupfer, Milano 1997).

PATT DAVID - *Strange Liberation*, Snow Lion Publications, Ithaca 1992.

POWERS JOHN - *Introduction to Tibetan Buddhism*, Snow Lion Publications, Ithaca 1995.

RICHARDSON M. HUGH - *Tibet & Its History*, Shambala, Boulder 1984.

SCHWARTZ RONALD D. - *Circle Of Protest*, Columbia University Press, New York 1994.

SHAKABPA TSEPON W.D. - *Tibet: A Political History*, Potala Publications, New York 1984.

SMITH WARREN W. - *Tibetan Nation*, HarperCollins India, New Delhi 1997.

SNELLGROVE DAVID - RICHARDSON HUGH - *A Cultural History Of Tibet*, Prajna Press, Boulder 1980.

SNELLING JOHN - *The Sacred Mountain*, East-West Publications, London 1990.

STEIN R.A. - *La Civilisation Tibétaine*, Dunod Editeur, Paris 1962 (ed. italiana, *La Civiltà Tibetana*, Giulio Einaudi editore, Torino 1986).

TUCCI G. - *Tibet Paese Delle Nevi*, Istituto Geografico De Agostini, Novara 1968.

VAN WALT VAN PRAAG MICHAEL C. - *The Status Of Tibet*, Westview Press, Boulder 1987.

VERNI PIERO - SEVEGNANI VICKY. - *Tibet Le Danze Rituali Dei Lama*, Nardini Editore, Firenze 1990.

VERNI PIERO - *L'ultimo Tibet, Viaggio Nel Mustang*, TEA, Milano 1998.

DAVID SNELLGROVE - HUGH RICHARDSON - *Segreto Tibet*, Corbaccio, 1998

ICT - *The Case Of Tibet - Tibet Sovereignty And The Tibetan People Right To Self Determination*, 1998

TULKU THONDUP - *L'arte Di Curarsi Con La Mente*, Sperling & Kupfer, 1998

GILLES VAN GRASDORFF - *Panchen Lama, Ostaggio Di Pechino*, Sperling & Kupfer, 1998

CHOGYAM TRUNGPA - *Nato In Tibet*, Sperling & Kupfer, 1999

ISABEL HILTON - *The Search For The Panchen Lama*, Viking 1999

ANTONIO ATTISANI - *A Ce Lha Mo, Studio Sulle Forme Della Teatralità Tibetana*, Leo S. Olschki Editore, Firenzen 2001

ANTONIO ATTISANI - *Uno Strano Teatro*, Legenda, Torino 2001

TENZIN CHOEDRAK - *Il Palazzo Degli Arcobaleni*, Sperling & Kupfer, 2000

MASSIMO DUSI, *La Fuga Del Piccolo Buddha*, Marsilio editori, 2000

ANI PANCHEN (CON ADELAIDE DONNELLY) - *Storia Di Ani-la, La Monaca Guerriera Del Tibet*, Piemme, 2000

PATRICK FRENCH - *Oltre Le Porte Della Città Proibita*, Sperling & Kupfer, 2000

ELIOT PATTISON - *Il Mantra Del Reato*, Hobby & Work, Milano 2001

GILLES VAN GRASDORFF - *La Favolosa Evasione Del Piccolo Buddha*, Il Punto d'Incontro, 2002
JAMYANG NORBU - *Il Mandala Di Sherlock Holmes*, Instar edizioni, Torino 2002
RENATA PISU - *Oriente Express, Storie Dall'Asia*, Sperling & Kupfer, 2002
PIERO VERNI - MASSIMO BOCALE - *Tibet, Ai Confini Del Cielo Tra Natura E Spiritualità*, Polaris, 2003
PIERO VERNI - *Tibet*, White Star edizioni, 2003
AUTORI VARI, *Tibet And Her Neighbours*, Hansjorg Mayer, Londra 2003
GIUSEPPE CEDERNA - *Il Grande Viaggio*, Feltrinelli, Milano 2004
JAMYANG NORBU - *La Carta Dell'Indipendenza Tibetana*, ed. ISCOS Piemonte, Torino 2004
DANILO DI GANGI - *Il Gioiello di Neve*, L'Arciere, 2004
JUNG CHANG - JON HALLIDAY - *Mao, La Storia Sconosciuta*, Milano 2006